設計基礎原理－平面造形與構成

| 林崇宏　著 |

全華圖書股份有限公司

|陳序

設計基礎的課程在設計教育中是最基本的設計理念課程之一，最主要的目的是訓練學生創意思考的能力。設計基礎以「造形」、「構成」為基本內容，造形能力的好壞，可引申出設計創意的好壞與否。國內近年來的基礎設計教育方面較不受到重視，歸因於電腦教學課程越來越受到學生的青睞，也因此造成學生的基本理念越來越薄弱，徒手繪圖的技巧也越來越生疏。

本書作者有鑑於此，乃利用課餘時間，潛心完成「設計基礎原理：平面造形與構成」一書，探討設計理論中的「平面造形」、「視覺構成」等課程議題，從造形探索過程中帶出設計理念與應用的訓練，內容包含有基礎理念、平面構成原理、平面設計元素、平面設計要素、平面構成設計方法、平面設計應用等學理基礎，其完整的教學內容與理論方法，實為國內設計教育之基礎教學課程之優良參考規範。作者在本書的編撰除了闡述基礎設計理念外，更提供了許多作品的範例，確實可以讓初學者在理念與實作之間融會貫通。

林崇宏老師執教於大學商品設計相關科系已二十多年，在基礎教育教學上盡心盡力，本人知道林老師在基礎造形學術的研究與教學上有相當多年的經驗與心得，多年來一直鑽研基礎設計與設計美學方面的教學方法，也多次將其研究成果發表於期刊與研討會，無論在設計專業的教學或產學技術的研發，個人對林老師如此的勤奮不倦投入在研究與教學上，深感佩服，並相當肯定林老師在教學與學術研究上拘謹態度。

透過林老師如此優質學術涵養及業界設計經驗兩者之整合，將基礎設計的平面造形構成與創新方法的重點與精華描述的鉅細靡遺，其所論述的設計觀念與內涵相當新穎且豐富，實為一本不可多得的優良研究著作，本書的完成乃是基礎設計學術界的一大福音。如本書的觀念性思考分析，能貢獻給予設計教學與研究界的專家朋友做為參考，則本書之目標已達矣！本人感佩崇宏君在設計相關領域孜孜不倦的研究精神之餘，願意極力推薦本書給設計界，並撰寫本文給予佳許及勉勵。

義守大學傳播與設計學院 教授兼院長

許國祥 博士

中華民國 105 年 4 月於義守大學

序言

　　設計基礎的課程在設計教育中是一種最基本的設計理念課程之一，內容為培養初學設計者的觀念，因此，「基礎設計」是一切設計基礎的訓練課程中重要的一門學科，課程的內容包括了造形、美學、色彩、構成、設計方法、材料、視覺原理、造形心理、平面設計、立體設計與空間等。基礎設計教學最主要的目的是訓練學生創造思考的能力，而「創造思考」的內涵包含了設計方法、分析與判斷、製作技巧、美學與設計理念，教學內容則是以「造形、構成」為主要的訓練方法。在造形的教學課程中，仍以創造思考力的培養為首要目標，而其研究的內容相當豐富與鉅深，為了提高教學品質，實可將基礎設計原理好好的整理規劃為一門完整的教學與學習理論方法學，作為國內設計教育基礎教學課程之共同規範。使一年級新生對正確「設計」觀念的認識，為爾後其進入專業設計領域墊定更穩固的設計認知與價值觀。

　　本著作是依前「設計基礎原理」為架構重新再撰寫，將原有一冊分為上下兩冊，第一冊以平面設計構成為主，第二冊以立體設計構成為主。除了保留原「設計原理」版本內容外，另再重新整理內容大綱，按基礎設計理念、基礎造形理念、基礎設計方法、造形應用等重新撰寫，所使用的圖片與相片全部換新，選用近三年最新之為學生的精良作品與筆者周遊國內與國外的拍攝圖片，希望藉此提供給予讀者更新、更豐富的資訊與美好的概念來源。本著作「設計基礎原理（一）：平面造形與構成」以平面設計原理之視覺構成概念為基本架構，探討的設計理念的「平面造形」、「視覺構成」為課程內容，從造形探索過程中帶出設計理念與應用的訓練，內容包含有基礎理念、平面構成、視覺構成、平面設計元素、平面設計要素、平面構成設計方法、平面設計應用等學理基礎。

　　本著作撰寫之目的乃是為了提高大專設計科系之基礎教學品質，將基礎設計原理規劃為一門完整的教學與學習理論方法，作為國內設計教育基礎教學課程之共同規範，使一年級新生對正確「設計」觀念的認識，為爾後其進入專業設計領域墊定更穩固的設計認知與價值觀。

以大一新生初入設計領域學習，養成熟練的表現技巧和建立正確的設計概念相當的重要，設計基礎建立好之後，在爾後從事高層次的視覺、產品、空間、媒體或其他設計相關創作時，能有更突破的水準作品。本書在造形方法的論述中，配合適當主題的構成作品為示範，讓學生能有更清楚的理解與學習方向。全書所探討之重點如下：

（一）基礎設計導論

（二）平面構成設計理念

（三）造形構成要素

（四）平面構成元素原理與設計

（五）平面設計形式原理

（六）平面構成設計方法

（七）平面造形應用

　　本著作之出版，承蒙全華圖書公司主管的鼓勵與贊助，以及設計編輯部的幾位好朋友之專業校稿與美術編輯；內容方面感謝恩師前台北科技大學工業設計系李薦宏教授、前銘傳大學設計學院吳千華院長與旅居美國任教於愛荷華大學設計系的胡宏述教授前輩，也給與作者許多寶貴意見。也感謝提供精美圖片的義守大學創意商品設計學系 100-102 級、建國科技大學商業設計系 92-93 級、東海大學工業設計學系 85-87 級、環球技術學院視覺傳達設計系 91 級等四所學校的同學們，沒有他們的貢獻，本書不可能出版，在此一併致謝。

　　國內高等教育基礎設計教學之推動，尚祈設計教育各界能攜手共同為基礎設計教育的目標一起努力，則本著作出版之用意已達矣！本著作或有遺漏之處，尚祈見諒，並歡迎各界人士不吝賜教，無任感荷。

義守大學創意商品設計學系

林孟宏

賜教處：（07）6577711 轉 8364
中華民國 105 年 4 月

目錄

第一章
基礎設計導論

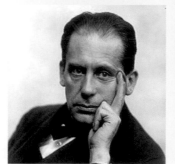
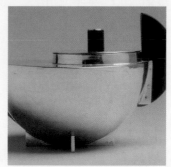

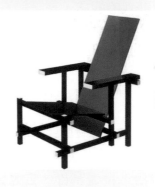

　　了解設計基礎訓練課程觀念，包括：視覺基
礎、立體造形、色彩概論、設計史、基本繪圖、
造形原理等課程。認識基礎設計教育的起源、基
礎設計課程內容與學習基礎設計的目的，並瞭解
學習基礎設計的重要性。

第一章
基礎設計導論

● ● ● ● ● ● ●

一、基礎教育的重要性

　　基礎課程在設計教育中是一種最基本的設計理念課程之一，目標為培養初學設計者的觀念，是設計基礎訓練課程中重要的一門學科，課程內容包括：形態、美學、色彩、構成、設計方法、材料、視覺原理、造形心理與空間等。基礎設計教學最主要的目的是訓練學生創造思考的能力，而「創造、思考」的內涵包括：邏輯思考、設計方法、分析與判斷、製作技巧、美學與設計理念表達，教學內容則是以「造形、構成」為主要的訓練方法。

　　基礎設計必須透過長期的觀念培養，至少是兩年的時間，國外基礎理念（Foundation）的課，會將之分散為多門理論課，分別灌輸學生基本的觀念，包括：視覺基礎、立體造形、色彩概論、設計史、基本繪圖、造形原理等課程。以臺灣多年來基礎設計課程的演進，傳統的基礎設計教學多將其內容區分為平面、立體兩大形式，在大學一年級的必修課，上學期為平面設計、下學期為立體設計，主要的內容是導入「造形」元素的應用，引導學生以視覺的概念做出作品，主要在於「創意」與「美感」能力的培養。

　　國外大學的設計建築相關科系對於基礎理論也相當重視，如美國建築景觀設計之最先驅的領導者─哈佛大學（Harvard University）的設計學院教育，在教學和研究上強調評論與分析，鼓勵學生先從歷史先例、藝術、設計理論、設計分析著手，再瞭解設計理念方面的視覺語言、歷

史、美學、文化等可充實學識涵養的科目；而在賓州大學（University of Pennsylvania）的景觀設計學系，其設計教學也是以學科作為核心課程，學科的拓展體就如同細胞質，是提供細胞核所需要的營養與活動的拓展空間[1]。由以上兩所名校的設計教學理念可以得知，設計理論是一切設計課程之本，是激發設計創意的基本根源。設計理論並不是設計的法則、歷史、作品介紹，設計理論是有關設計的淵源、歷代設計風格、大師作品精義解析、審美哲學、文化風貌、文字語言詮釋與設計價值觀的等方面的綜合觀點，令設計師創作時，注入涵養，讓作品產生風格與個性、特質與價值。

　　有鑒於基礎教育的重要性，臺灣的設計教育因襲了包浩斯（Bauhaus）設計教育的影響，各大學院校設計科系為了培育學生，也紛紛將此些基礎設計的理論，開始採納於設計的教學課程之中，並融入了其他有助於設計教學的學門，包括美學、機構學、造形、繪畫、圖學、製造學、空間學、色彩學等，就成為了現代設計教育中「基礎設計」教學的特有課程；此一方式延續到今天已五十多年，基礎設計教育也擔當了相當重的任務，成為了設計師所必備的創意與思考最佳的訓練課程方法，並成功的培養了許多優秀的工藝家、設計師和建築師。

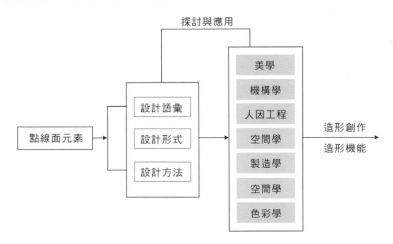

圖表 1-1　基礎設計理論

註 1　武荷茳（2006）。創造與批評的世界。新設計叢集（第一集，p.59）。中國杭州：中國美術設計學院。

　　設計相關的專業發展到今日已分為相當多元的領域，在這不同的領域雖有不同的高階課程訓練與導向，但對修習設計科系的學生而言，其基本的學理與觀念是相通的，初習者必須先了解設計原理基礎，等到基礎觀念養成後，再根據所學的各項專業領域尋求更高階層的發展[2]。使一年級新生對正確「設計」觀念的認識，為爾後其進入專業設計領域奠定更穩固的設計認知與價值觀。在如此教育理念的薰陶之下，會引導學生以內心的情感表達出抽象概念進行思考，這與過去進行美術工藝操作的技巧訓練有很大的不同[3]。再而基礎設計教學主要是在於以「思考」做為媒介的一項訓練，再導入以手繪及手作的表達，就是包浩斯教育中手腦並重的教學精神。

二、基礎設計教育的起源

　　全世界最早且較具系統的設計教育，源自德國籍的建築師華德 · 葛羅佩斯（Walter Gropius）於西元 1919 年在德國威瑪（Weimar）創辦的包浩斯設計學校，其紮實且有系統的設計教育制度，對於後世的設計教育貢獻功不可沒。包浩斯設計教育的教學理念為凡事從頭學起，透過基礎課程教學和工廠實習方式達成理論與實務並用的目標，學生都能正確地使用適當的材料，並應用在金工、雕刻、陶藝、紡織和建築設計上。包浩斯設計學院的教育乃理論與實習並重，尤重手腦並用及思考性的啓發，忌諱非個性或非創造性的臨摹；希望以「心」、「物」二合為一的方式，創造一具有美感又理性化的產品。他們的理念是：使創造者能將自己的情感和思想完全融入作品，並且毫無拘束地表現其自由理念。

註2　林崇宏、陳俊瑋（2010）。基礎設計教學課程探討 - 以設計理念之造形創意為主的課程內容建構。嶺東學報，28，pp.245-270。

註3　Rowena Reed 非常推從包括斯的基礎設計教學理念。因而她的教學理念反應出一切造行或是空間的元素是由最簡單的點線面開始。見 Design Element，p.27。

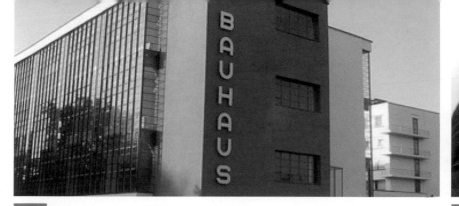

1-1 德國迪索的包浩斯設計學校（Bauhaus, Dessau）

1-2 包浩斯設計學校第一任校長（華德‧葛羅佩斯）

　　包浩斯的設計教育過程分為三階段，初期為六個月，稱為基礎教育；中期為三年，稱為發展教育；第三期為工廠實習教育或專業訓練，期限不定。第一階段的基礎教育在實施基本形態和構成觀念之教學；第二階段則重在美感與形態的探討、材料與構造的表現方法；第三階段則著重於工廠的產品設計與製造技術。包浩斯設計教育的教學理念為德國設計的現代主義先驅，以美感為基本觀念，特別重視工業技術應用於設計，認為設計必須由最基本的單元著手。

階段	教育過程	教育架構	期限
第一階段	基礎教育	實施基本形態訓練和自然材料的體驗與構成練習	六個月
第二階段	形態教育	‧觀察階段：自然研究、材料分析 ‧創作表現階段：材料與工具教育、構造與表現教育 ‧構成：空間原理、色彩原理、造形原理	三年
第三階段	工廠實習技術指導教育法	石工在雕刻工廠、玻璃在嵌瓷工廠、木工在木工工廠、陶器在陶土工廠、金工在金屬工廠、色彩在壁畫工廠、紡織在紡織工廠	期限不定

圖表 1-2　包浩斯設計教學課程表

13

　　包浩斯在基礎設計的知識累積，是由各設計、藝術、建築等專業領域的教授群，以相同的觀念規劃出不同的教學方法或是教材，基於當時的現代主義的風格，包浩斯大膽地將現代主義風格之大量生產、模組化與幾何造形的比例學概念，融入在設計教學的課程中，乃為當時的一項創舉；由於教師群的努力以赴，包浩斯的理念的持續推動，因而產生了機器美學、功能造形、幾何模組化的概念，建構起包浩斯獨有的特色與影響力，更留下了許多經典的作品為各大博物館所收藏，所以，之後當包浩斯的師生流轉到世界各地時，自然將此套課程理念發揚下去，至今市面的許多產品造形的應用，也都採用包浩斯的幾何、線條、模組等樣式。

　　十八世紀中期，英國的瓦特（James Watt）發明蒸氣機，從此，整個世界掀起了一股工業機器的風潮，在史學上稱為「工業革命（Industrial revolution）」。機器的製品代替了傳統的手工製造，社會生活型態也往前推進了一大步。在歐洲的德國首先倡導工業大量生產化，在當時以工業化設計（Industrial design）的名稱，定義了「工業工學標準」的理念，使零件與產品朝向標準化與規格化統一，不只可節省大量成本，更簡化了工業產品的形式。包浩斯的設計理念興起之後，由於民間設計師的新潮理念，認為工業設計是一項新的整合工程，可以結合「工業技術」與「文化藝術」的精華，使工業品以新的面貌呈現給大眾，並可以大量的、標準化的生產以供大眾使用，興起了一股所謂的「機器美學」。工業產品開始引進了美學概念，例如：家電產品、工藝品、傢俱、裝飾品、燈具與各種生活用品等。民眾可以使用到又美又有功能性的產品，這是自十九世紀美術工藝運動以來，藝術家與工程師合作的一大成果。因而刺激了工業設計的經濟市場興起。

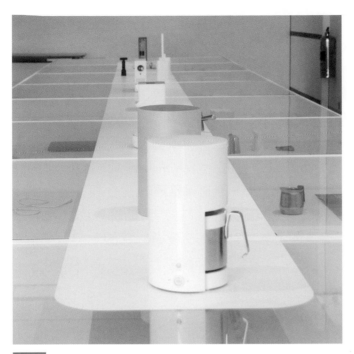

1-3　模組化與幾何造形的比例學概念產品

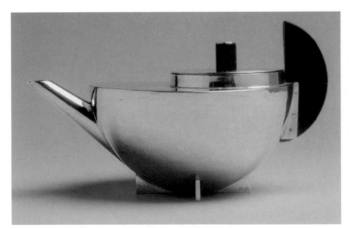

1-4　包浩斯時期的機器美學產品 I

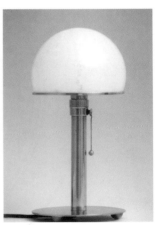

1-5　包浩斯時期的機器美學
產品 II

　　包浩斯的經典理念與基礎教學方法，乃在建立技術的訓練與心思的養成觀念，確實是建立初學設計正確觀念與激發學生創意思考的好方法。設計的精神透過了「包浩斯」的教育理念與設計課程的建立，開啓了設計教學的先鋒，包浩斯也因此而培養與訓練了大量優秀的設計師、建築師與藝術家，並將其概念散布到世界各地，萌發了各個國家的設計教育理念，對後代的設計教育有很大的影響。在設計教育中所教授的，不僅是製造的方法和繪畫的技能而已，對於設計思考與創意設計基礎理念的培養也相當重視，有了堅固的基礎教育訓練之後，設計師就不只是一個工匠而已，而是一位有素養、有内涵的創作者，所以設計師本身的素養與特質對設計教育來說，思考理念與個人的特質提升是重於技術訓練的。

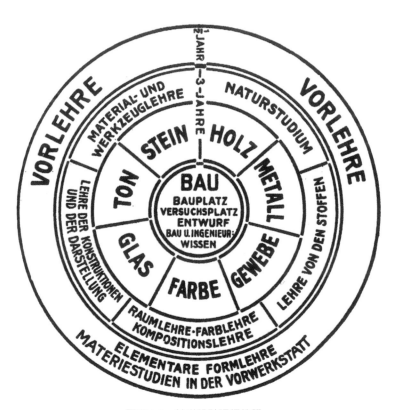

圖表 1-3　基礎設計課程教學

　　包浩斯是世界上第一所完全為發展設計教育而建立的學院。當初創辦的理念乃為了整合應用藝術和設計，成為一種新興的工業技術，稱為工業設計（Industrial design）。所以創辦之初，葛羅佩斯聘請了多位畫家來主持一些造形與色彩的基礎課程，如：保羅‧克利（Paul Klee）、康丁斯基（Wassily Kandinsky）、約翰‧伊登（Johannes Itten）和葛哈‧馬克（Gerhard Marcks），和莫荷裏‧那基（Moholy-Nagy）等，為的是要加強學生的基礎理念，再施以手工藝技巧的訓練。包浩斯剛開始深受工業革命的影響，葛氏瞭解，傳統的手工藝最後終會被機器大量生產化和材料改良所代替，為了讓機器產生的產品更美化，不淪於呆板的樣式，包浩斯的教學倡導了結合藝術的觀念，將工藝品引導至產品化的設計，並以系統化、簡單化和標準化來達到大量生產，此種結合美學與技術的工業設計思想[4]，慢慢地傳到整個歐洲大陸各國，甚至影響美國和亞洲其他各國。

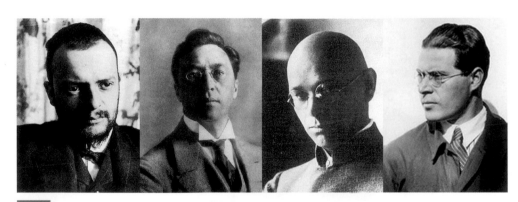

1-6　包浩斯教授群，由左至右為：保羅‧克利（Paul Klee）→衛斯里‧康丁斯基（Wassily Kandinsky）→約翰‧伊登（Johannes Itten）→莫荷裏‧那基（Moholy-Nagy）

註4　Sparke, P. (1987). Design in Context (pp.146-147). London, UK: Bloomsbury Publishing Ltd.

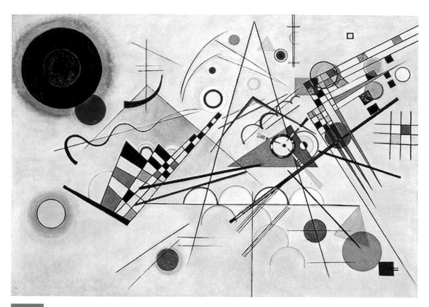

1-7 康丁斯基作品：構成第八號（1923）

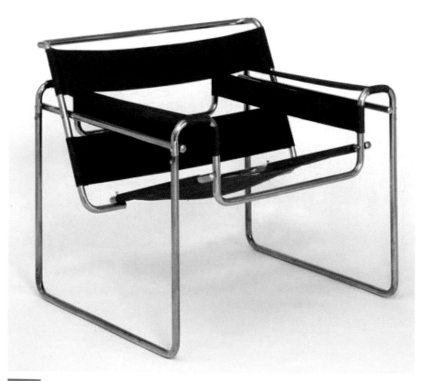

1-8a 馬歇爾・布魯耶（Marcel Breuer）金屬鋼管椅（1925 年）

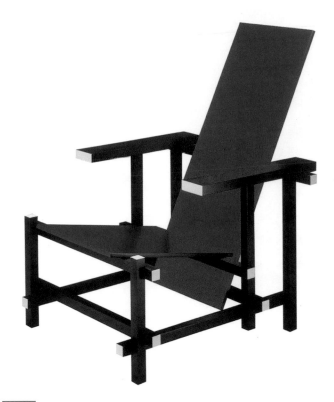

1-8b　吉瑞特‧湯瑪斯‧裡特維德（Gerrit Thomas Rietveld, 1888-1964）設計的紅藍椅

　　到了德國的包浩斯第二代——烏爾姆（Ulm）學院派的興起，以古典美學為基礎發展的設計方法學，認為包括產品的功能、造形、人因等發展，都是依據方法學的過程而完成的[5]。自從德國建築師華德‧葛羅佩斯成立包浩斯設計學校，成為現代設計教育誕生的拓荒者以來，正規的設計教育在西方已發展了近 100 年，包浩斯從一開始就將藝術、手工藝因素納入整個設計教育體系中，將藝術與技術作為一套不可分割的訓練[6]。在這個近百年的歷史中，歐美設計院校的辦學理念、課程設置及教學方法等都有了飛躍的進步，其發展主要是以學分制為前提，強調提高設計專業學生的綜合素質，體現整合工業技術、美學、市場經濟等學科的交叉性，同時以師徒制的小班教學，強調理論教學與實務工作制度相結合的方式，培養了許多優秀的建築師、設計師、藝術家與工藝家。

註 5　造形研究的範圍相當廣泛日本基礎設計學者朝倉直巳教授認為造形重要因素在於三次元與二次元的構成問題，點線面體空間五種元素是構成三次元與二次元的重要現象。見朱炳樹、洪嘉永、林品章（譯）（1994）。藝術設計的立體構成（原作者：朝倉直巳，pp.27-28）。臺北：龍溪圖書公司。

註 6　林書堯（1987）。基本造形學（p.27）。臺北：維新書局。

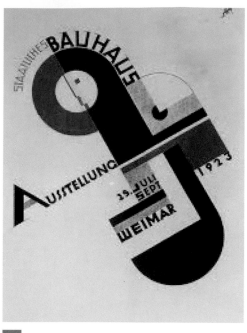

1-9 包浩斯時代的海報作品

1-10 包浩斯時代的家具作品

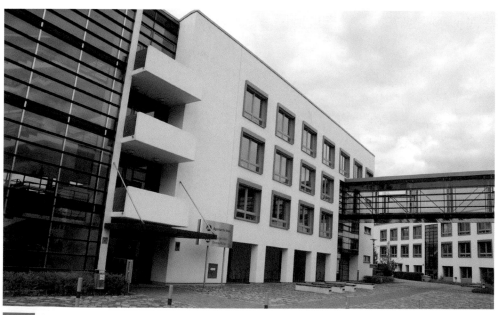

1-11 葛羅佩斯設計的建築

三、基礎設計課程內容

　　以目前國內的大專學院校的基礎設計教學形式而言，內容大概分為兩大類：一為平面設計，另一為立體設計。平面設計課程單元中，主要包含設計元素、視覺現象、色彩原理、造形原理、形式構成、構成方法及表達技巧；而在立體設計課程單元中，主要探討材料、結構、機能、空間原理、立體造形之構成表現等，兩者主要內容仍是以「造形」及「構成」為主的創造思考設計理念。前所談論的重點是設計理念教學，屬於觀念的理解與思考，除了在於單純的造形概念培養之外，還需注意到作品的創作必須有內涵。例如：在產品設計須表達產品意義、形態象徵、功能美感、傳統或是現代風格的呈現；而平面設計的作品中，可細膩地營造圖面中的意境，表達出色彩、線條、形態之美感，或是戲劇性等構想；而在空間或環境設計則有建築意象、符號學、空間象度、環境、文化新秩序或是宗教建築等概念，此些理念是互相交織、緊緊相連的。

　　近年來國內各大專院校所使用的「基礎設計」教學課程內容不一，其課程名稱也不盡相同；其名稱不外乎為「基礎（本）設計」、「設計基礎」、「造形」、「構成」、「造形原理」或「造形基礎」。根據國內坊間已出版的基礎設計相關教材，所探討的主題都大同小異，就是以造形構成為主的點線面、造形心理、美的形式、文字、符號、立體、空間、自然形態與人為形態、幾何形與抽象形、色彩、構成原理等；此些內容也都來自於包浩斯時期所幾位藝術家、設計師、建築師、工藝家所發展出的基礎教學課程內容；例如：伊登的色彩教學是基礎造形必學的一門課；康丁斯基以點線面的形態理論融入了設計的構成方法；葛羅佩斯以比例、模數的幾何學概念創作了現代主義的建築思維，克利也以美術的構圖方法加強學生的美學概念。那基更嘗試以各種金屬表達各種藝術創作及教學方法等，都可以培養學生札實的基礎理念[7]。

註 7　Wick, R. K. (2000). Teaching at the Bauhaus. Ostfildern, Germany: Hatje Cantz Verlag.

　　　　基礎課程所探討的設計理念雖以「造形」、「構成」為基本內容，但從課程內容探討的過程中，更啓發了設計理念的本質訓練與正確的設計價值觀；而造形訓練在基礎設計的教學中一直都受到重視，因此，造形能力的好壞，可引申出設計創意的好壞與否。以日本的基礎設計教育課程而言，內容包含造形史、造形原理、形態構成、造形心理學、形態學、形態論、形態表現、造形設計、造形語言、造形論、造形美學、造形力學等。可得知日本的設計教育對於造形的基礎、造形感覺，及造形表達技術等基礎設計相關理論與訓練相當重視。

表 1-1　基礎設計的課程內容

主題	目的	主題	內容
基礎教學目標	在基礎教學方式上有一致性的基本型式，追求紮實的基礎設計理念，培養創意與思考的自主性與啓發性，養成對設計美學的認識、思考與運用。	確認系統化的教學綱要、方法及引導式的教學過程。	1. 基本設計的歷史與淵源。 2. 設計理念的培養。 3. 設計美學的認識。 4. 設計與創意力。 5. 基本設計的新理念。 6. 基本設計原理研究的方法。
基礎設計理念	了解基礎設計的各項要素與條件，以作為設計創作的基本理念，培養觀察、設計、分析與思考能力。	1. 造形的起源 2. 基礎設計要素 3. 基礎設計之構成	1. 造形的起源：概要、形的起源、造形的意義、造形運動歷史與變遷、造形的省思。 2. 設計要素：形態、色彩、質感、空間、結構、機能。 3. 基礎設計之構成：造形美學、構成元素、線形構成、半立體構成、立體構成、空間構成。

主題	目的	主題	內容
基礎構成元素	養成造形、構成之創作模式的建立與創作的應用設計，對抽象形式的認識與轉換能力，及各種創意方法的應用。	1. 基礎設計實感理念 2. 造形構成的元素 3. 造形構成方法 4. 造形構成應用理念	1. 造形元素：點元素、線元素、面元素、體元素、空間元素。 2. 構成方法：構成動機、構成心理、構成變化、構成特質、構成現象。 3. 構成美的形式：反覆、漸變、均衡、律動、重點、調合、比例、對比。 4. 造形語彙：配置、軸向、連續、模仿、重疊、疏榮、分割、集合、排列、重疊、發散、量感。 5. 構成原理：具象形式、半具象形式、抽象形式、幾何形式、自由形式、數理形式、自然形式。 6. 設計應用篇：文字造形、圖字造形、形象構成、線條構成、色彩計畫、立體設計、空間設計。

　　而另一方面，要實施基礎設計教學，更須從設計教育的歷史淵源充實作起，先探討西方現代設計教育的特色與優點。從最早英國的工業革命開始，大量使用機器與鋼鐵材料導致藝術價值的墮落，一些藝術家認為工業革命已剝奪了工匠們的手藝水準，因而引起了以威廉莫里斯（William Morris）為首的美術工藝運動（The Arts & Crafts Movement, 1850 ～ 1900），目的在尋回藝術家們的崇高風格與社會地位。經過多次設計風潮的轉變，如：新藝術運動（Art Nouveau, 1890 ～ 1905）、機器美學（The Machine Aesthetic, 1900 ～ 1930）、裝飾藝術（Art Deco, 1925 ～ 1939）、包浩斯的成立（Bauhaus, 1919 ～ 1933）、現代主義至後現代主義（Postmodernism, 1970 ～）設計，多年來的變革影響後代的設計風格甚鉅。早期包浩斯設計學院派的教學理念與精神，更是今日國內各大專院校奉為基本理念教學的經典。由此可見，設計理念的培養，是奠基在技藝與科學技術的應用及「人文哲理」中的思考觀念。

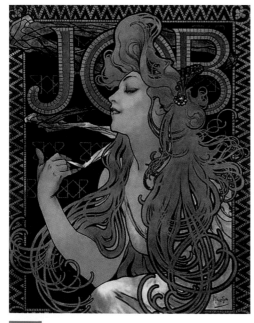

1-12　美術工藝運動設計風格

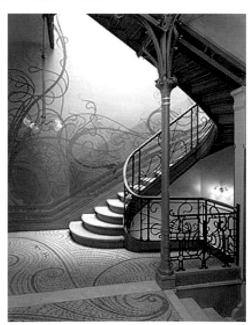

1-13　新藝術運動設計風格

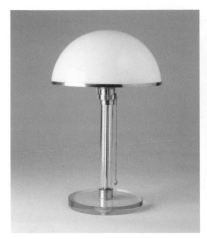

1-14　機器美學

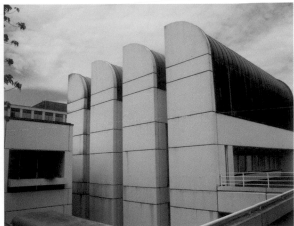

1-15　現代設計風格

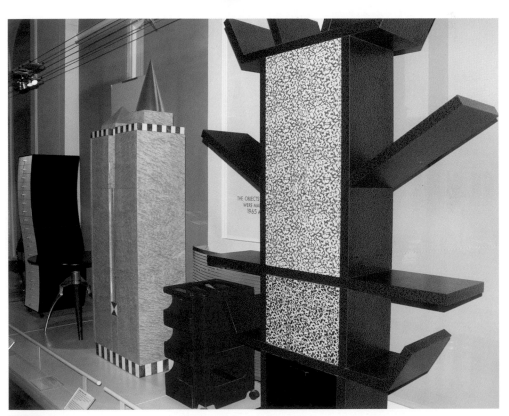

1-16　後現代設計風格

四、基礎設計教學之前瞻性

　　林書堯[8]教授認為「創造力」也是基礎理念的培養重點，尤其是在造形的創作上。基礎設計教學內容有形態、色彩、材料、構成及空間五種重要工作，基本設計教育的第一目標是創意思考的培養；第二目標則是基本概念的認識，使學生具備美學的觀念與判斷，最後才是基本設計的造形能力與技巧。由以上的分析，可將基礎設計理念研究之目標分為以下三點：

1. 激起學生之創造力，發展學生天賦之藝術才能，並從經驗與認識中，使學生走向真正的設計創作，一種實際的設計觀念認識與創作思考的訓練。

2. 有關美學的觀念，有屬於主觀的表現，也有客觀的表現，這兩種看似不同之表現，實是呈多樣之面貌相互交錯。透過研究美學的各種淵源，將學生之觀察力發展到客觀的世界。

3. 幫助學生盡可能利用實際材料從事造形構成的練習，並對材質感產生認識，諸如木材、石材、金屬、玻璃、黏土或塑膠等，儘量給予學生有實地操作之機會，以此發展他們的創作活動，並加強製作的技法與嚴謹要求，使入門學生受基礎訓練後有更佳的表現水準。

註8　林書堯（1987）。基本造形學。臺北：維新書局。

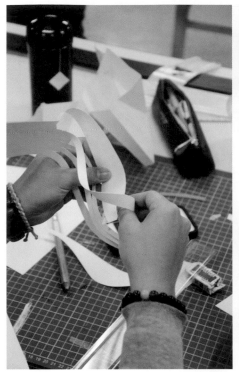

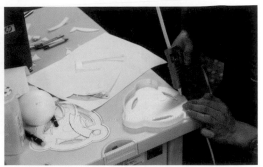

1-18a　模型製作的技法

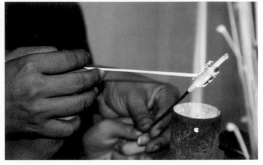

1-17　設計觀念激起學生之創造力

1-18b　玻璃的燒製

　　基礎設計教學包含多方面的內容，除了以造形、構成外，其所衍生的附屬內容又包括了美的原理、構成元素、設計方法、材料應用、視覺設計原理、造形思考、色彩學及空間元素等觀點出發，於造形內容（點、線、面、體、色彩、材質、空間等）漸進地導入設計分析過程。基礎設計原理所探討的內容，幾乎都環繞著以「造形、構成」為主的範圍，已成為設計教育中不可缺少的主題。

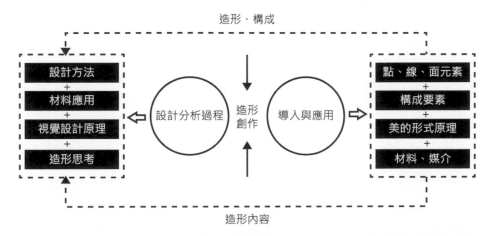

造形、構成

設計方法
＋
材料應用
＋
視覺設計原理
＋
造形思考

設計分析過程

造形創作

導入與應用

點、線、面元素
＋
構成要素
＋
美的形式原理
＋
材料、媒介

造形內容

圖表 1-4　造形的創作過程

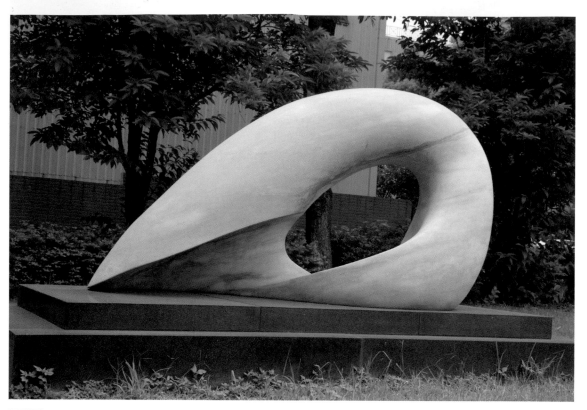

1-19 體構成

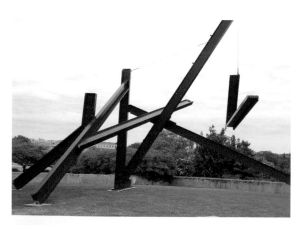

1-20a 空間構成Ｉ

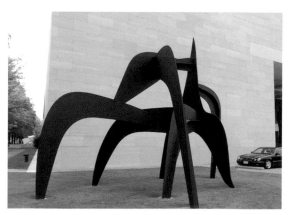

1-20b 空間構成ＩＩ

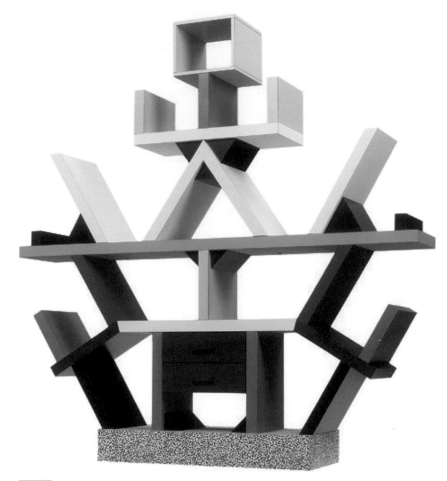

1-21a 形態 I

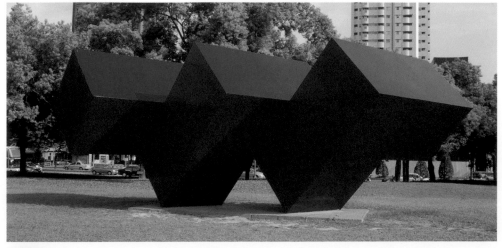

1-21b 形態 II

　　基礎設計教學是一種共通理念之觀念培養，經長期設計教育心得之探討與教材改進，最適合設計原理的教學內容，應是在於「造形能力」與「美感鑑賞」的培養。此兩種基本概念的穩固建立，對爾後要轉變至任何一種專業領域之創意力發展，都有相輔相成的功效。再就造形來探索它，無論是在平面造形或立體造形，都須經過「構成」（conposition）的手段才能達到造形的目標。造形本身的構成需要元素（element），在創意力（creativity）的實施下，成為一種發展思考與感官行為；而在造形的實施要點上，必須從點、線、面、體、空間五種元素去發揮，再由形態、材料、色彩、空間四種要素著手進行。

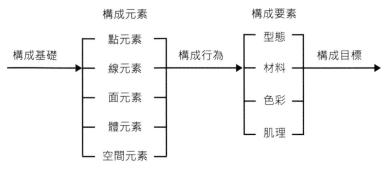

圖表 1-5　基礎設計之觀念培養

　　在應用點、線、面構成之前，我們更應學習包浩斯設計學院的幾位大師，如：康丁斯基、克利、伊登等，他們對造形的根本元素作了很深入的探討，以了解其精神及意義。對此精義有深入的瞭解之後，我們才開始進入所謂的構想思考發展，而在今日的基礎設計教育而言，師生是否對此種教學觀點有共同的認識，值得大家去探討，否則，雙方理念不同，會影響教學的品質。

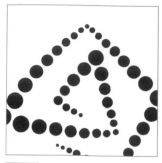
1-19a 點 I

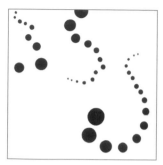
1-19b 點 II

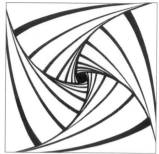
1-19c 線 I

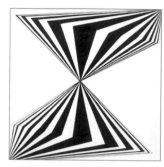
1-19d 線 II

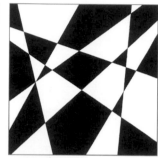
1-19e 面構成 I

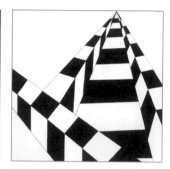
1-19f 面構成 II

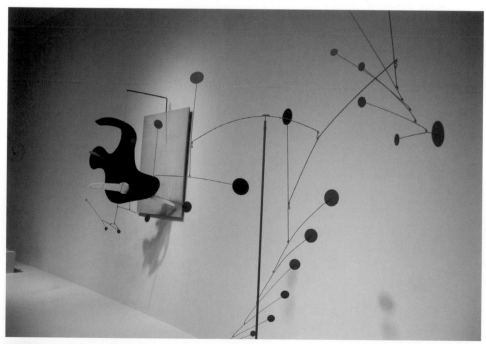
1-19g 點、線、面的立體構成

　　基礎設計在教學原理上，是以活用多元化教材的教學模式，引導出有興趣地探索、自由無拘束思考之學習模式。如何幫助學生解決問題，並訓練學生解決問題的能力，正是基礎設計教學的宗旨。在這科技進步的資訊時代，設計師無論從人格思想或者是專業上的設計能力等，都應有超越時代及領導時代的使命。設計是具有多層面、多角度的思維方法與驗證模式，在這新時代的社會中，人類的需求來自無法滿足現有的狀況，然帶領這世界潮流趨勢並作為主宰世界的傾向，必定是有創意和新理念的人。因此，設計的思維理念就顯得特別的重要，它並非是完成設計行為的一種工具或手法，但它是主導設計思想內涵與要義的一種重要的信念（belief）。基礎理念需透過設計原理中的造形基礎訓練養成，使學習能在思考的引入與驗證的導出中融會貫通，其目的是在培養一位優秀且有創意能力的設計師。由此可知，基礎設計的理念教學訓練，對學生的學習有極大的幫助，盼國內設計教育或設計事務的貢獻者，有著同樣的想法與概念。

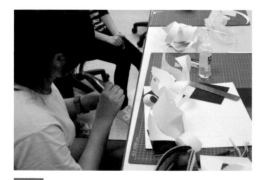 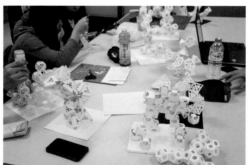

1-22 「造形能力」的培養

摘要整理

一、基礎教育的重要性

　　基礎課程在設計教育中是一種最基本的設計理念課程之一，目標為培養初學設計者的觀念，是設計基礎訓練課程中重要的一門學科，課程內容包括形態、美學、色彩、構成、設計方法、材料、視覺原理、造形心理與空間等。基礎設計教學最主要的目的是訓練學生創造思考的能力，而「創造、思考」的內涵包括邏輯思考、設計方法、分析與判斷、製作技巧、美學與設計理念表達，教學內容則是以「造形、構成」為主要的訓練方法。造形原理的點線面元素開始，透過設計語彙、設計形式與設計方法，創作造形與機能，並衍伸至美學、機構學、人因工程、空間學、製造學、空間學、色彩學等的探討與應用，成為了現代設計教育中「基礎設計」教學的特有課程

二、基礎設計教育的起源

　　全世界最早且較具系統的設計教育，源自德國籍的建築師華德・葛羅佩斯（Walter Gropius）於西元 1919 年在德國威瑪（Weimar）創辦的包浩斯設計學校，包浩斯在基礎設計的知識累積，是由各設計、藝術、建築等專業領域的教授群，以相同的觀念規劃出不同的教學方法或是教材，基於當時的現代主義的風格，包浩斯大膽地將現代主義風格之大量生產、模組化與幾何造形的比例學概念，融入在設計教學的課程中，成為當時的一項創舉；由於教師群的努力以赴，包浩斯的理念的持續推動，因而產生了機器美學、功能造形、幾何模組化的概念。包浩斯的經典理念與

基礎教學方法，乃在建立技術的訓練與心思的養成觀念，確實是建立初學設計正確觀念與激發學生創意思考的好方法。

三、基礎設計課程內容

　　基礎設計教學形式而言，內容大概分為兩大類：一為平面設計，另一為立體設計。平面設計課程單元中，主要包含設計元素、視覺現象、色彩原理、造形原理、形式構成、構成方法及表達技巧；而在立體設計課程單元中，主要探討材料、結構、機能、空間原理、立體造形之構成表現等，兩者主要內容仍是以「造形」及「構成」為主的創造思考設計理念。

四、基礎設計教學之前瞻性

　　基礎設計理念研究之目標分為以下三點：

1. 激起學生之創造力，發展學生天賦之藝術才能，並從經驗與認識中，使學生走向真正的設計創作，一種實際的設計觀念認識與創作思考的訓練。

2. 有關美學的觀念，有屬於主觀的表現，也有客觀的表現，這兩種看似不同之表現，實是呈多樣之面貌相互交錯。透過研究美學的各種淵源，將學生之觀察力發展到客觀的世界。

3. 幫助學生盡可能利用實際材料從事造形構成的練習，並對材質感產生認識，諸如木材、石材、金屬、玻璃、黏土或塑膠等，儘量給予學生有實地操作之機會，以此發展他們的創作活動，並加強製作的技法與嚴謹要求，使入門學生受基礎訓練後有更佳的表現水準。

課 題

課題一：基礎設計教育的起源

課題目標：理解基礎設計教育

創作方法：請敘述「包浩斯設計教育」的課程內容與理念

創作規格：以 Word 打字於 A4 直式紙上 800 字 ~1000 字

課題二：機器美學

課題目標：了解現代設計風格

創作方法：請敘述「機器美學」的起源與概念，並以代針筆或是麥克筆
繪出三樣機器美學的產品。

創作規格：以 Word 打字於 A4 直式紙上 800 字 ~1000 字，產品繪於 A4
直式紙，每張繪一件產品。

課題三：模仿物品的造形繪圖

課題目標：觀察力與表現方法技巧的訓練

創作方法：觀察物品（拉鍊、刮鬍刀、美工刀、香水瓶、指甲剪、牙膏等）
特徵，請以黑色麥克筆手繪出該物品形式的轉換圖形。

創作規格：

1. 在 A4 的紙張，繪於 20cm×20cm 框內（草稿）

2. 以黑色墨汁平塗在 20cm×20cm 西卡紙上，再貼到 30cm×30cm 黑色美
   國紙板。

3. 請參考範例

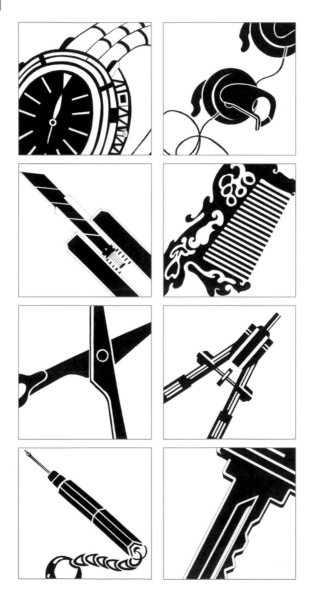

課題四：質感造形創作

課題目標：材料造形構成的練習

創作方法：請蒐集各種可以用手感覺到其質感的各種材料（毛織品、沙子、樹葉、木材、細石子、碎布等）。

創作規格：

1. 將所蒐集到的材料以各種黏劑黏住於20cm×20cm Form Core（5m/m厚）。

2. 再將 Form Cores 黏貼於 30cm×30cm 之黑色美國紙板上。

3. 請參考範例

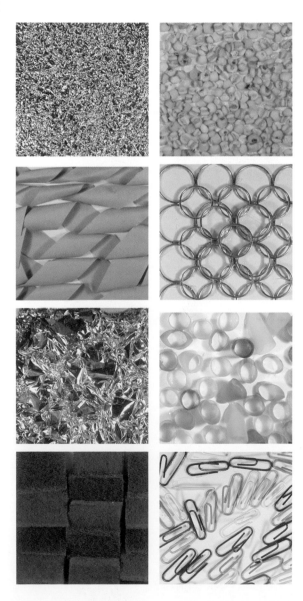

第二章
平面構成設計理念

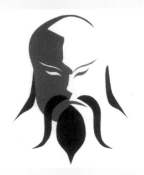
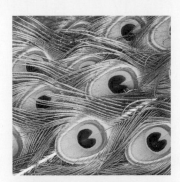
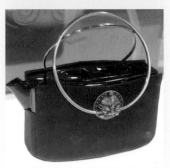

　　了解平面構成設計理念，熟悉構成元素的特性，並可以有創意性的將之應用於美的設計形式，懂得如何搜集各種相關的訊息，並將隨手可得的資訊、主題或材料，以綜合的手段及系統化的思考，將之轉化為平面構成設計的創意。

第二章
平面構成設計理念

一、平面構成形式

　　形的構成除了依其目的之不同而相異外，構成的條件（形式）也有相當大的關係，在平面或立體空間中，選擇最恰當的構成元素（點、線、面、形、體、空間），追求秩序性的配置，將之轉換為「形」的媒介，方法包括位置的配置、形式的變化、材質的處理、或是顏色的調配[1]等，表達出其形象內涵，使形的視覺感受趨於完滿，且具豐富的生命力。造形的表達，是要把想像中或無形存在的基本觀念變成一種能見、感覺的到且合理的現象；不論是屬於具象或是抽象形、幾何或自由形，最終的目標乃是藉這些可見的現象表達創作者的意念與想像。

1　　楊清田（1997）。構成（一）p.143。臺北：三民書局。

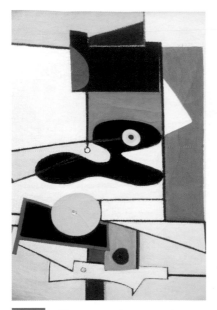
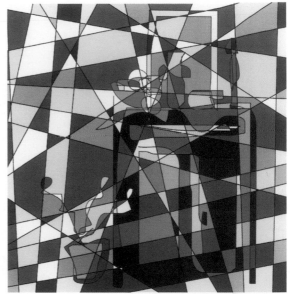

2-1　以構成元素表達的視覺圖案

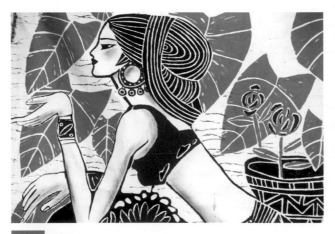

2-2a　具象形 I

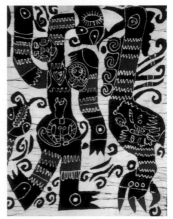

2-3a　抽象形 I

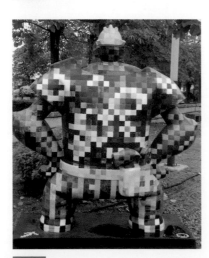

2-2b　具象形 II

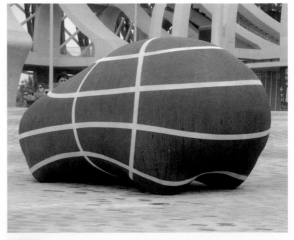

2-3b　抽象形 II

　　平面造形構成的內容依條件之不同而變化，在造形表達中，視覺中的「形」是最主要的基本研究對象。平面造形是一種多元化的造形活動，它在視覺表達現象中，不再只是一個輪廓圖形而已，其內在更是重要；也就是一般人所說的內涵，是心靈層面的知覺表達，透過外在的形象表現出來，內外兩種因素形成了設計構成的生命現象。以視覺藝術中的平面設計而言，所追求的是一種美學形式原理中秩序性的安排，使在視覺表達上的感受完滿；在設計形式之構成中，講求表現最適當的一致性、協調性；在整個視覺畫面中，每一個點、一條線或每一個面形，都在作最準確、最適當且最合理的安排與規劃。

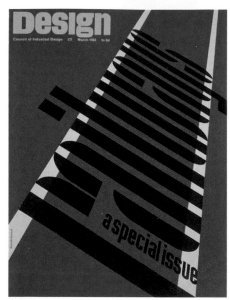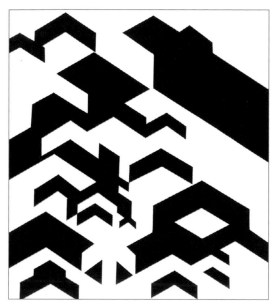

2-4　有協調性的視覺畫面

　　平面構成形式，一般是以視覺的感受去探討造形的原理；而造形表達，是要把想像中的或無形的、存在的基本觀念變成一種能見且合理的現象；不論是屬於具象或是抽象，最終的目標乃是藉這些可見的現象表達一種存在感覺的體會。平面視覺藝術的實現必須動手去實驗，才能體會出製造過程的問題或困難，為達到良好的製作成果，必須對設計方法

特別研究。所謂的設計方法，是將設計原理與概念應用於思考的過程中，使之具體化；而設計原理，並非是一種守則或不變的律法，而是在於創作者如何活用，因為設計的方式是隨機應變的，創作者可以自己的主觀感覺去發起想像，並加以客觀條件與外在因素相輔相成。因此平面設計的方法是需要隨著目標和當時的狀況隨時調整。

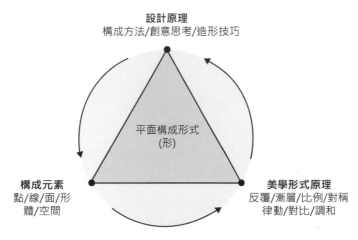

圖表 2-1　平面構成形式

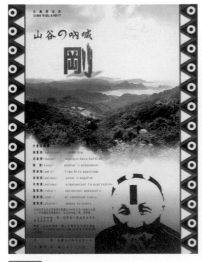

2-5a 平面視覺藝術 I

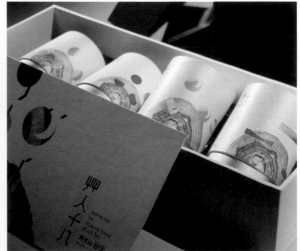

2-5b 平面視覺藝術 II

二、構成元素

　　構成的最基本元素分為平面與立體造形兩種，包括點、線、面、形、體、空間等。此些元素各具特徵，其構成方法分為幾何形式與自由形式兩種，其中幾何形式較常被運用，但有時以有機的自由形式方法，可以得到更有變化的創意效果[2]。基本元素乃一切造形發展之基礎，點線面有視覺上的各種連續性的形成效果，而形、體及空間將點、線、面的範圍更擴張到動態變化的三度空間，使造形元素在造形發展中更具主導地位，使構成現象感受都不盡相同，必須善用各種元素，使其達到最佳的組合效果。

　　設計構成的元素主要在表現出物的面貌，創作者更要加注「精神內涵」。自古以來，美學原則一直是藝術家或設計師引用的經典方法，它是文藝復興承襲希臘羅馬以降的客觀形式美學，包括對稱、均衡、對比、韻律、和諧、漸變、反覆、統一等，並崇尚維楚維斯（Marcus Vitruvius Pollio）的《建築十書》（Ten Books on Architecture），以簡單、實用、美觀、形而下美學作為範本，並開始以人為中心，探討人與建築、都市的關係，期望用羅馬元素來建構古典空間秩序。西方的美學觀點，來自於感官美學或經驗美學，透過文藝復興的藝術創作特色，例如：建築、繪畫、雕塑等型式，可以感受到設計構成元素不外乎以下三項：

1. 從平面形式：線條、色彩、形狀、對稱、軸線、紋路。(圖 2-6a-f)

2. 從立體形式：對稱、韻律、比例、量體、層次、質感。(圖 2-7a-f)

3. 從空間幾何學：點、線、面、體、空間。(圖 2-8a-e)

2　　owers, J. (1999). Introduction to Two-Dimensional Design: Understanding Form and Function (pp.36-38). New York, NY: John Wiley & Sons.

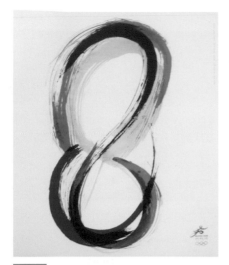

2-6a　平面形式構成的元素I

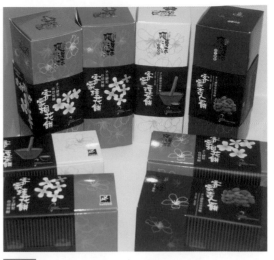

2-6b　平面形式構成的元素II

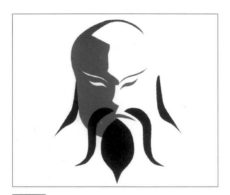

2-6c　平面形式構成的元素III

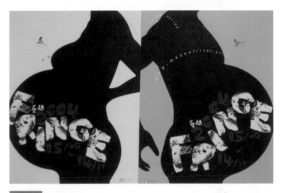

2-6d　平面形式構成的元素IV

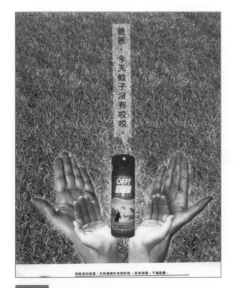

2-6e　平面形式構成的元素V

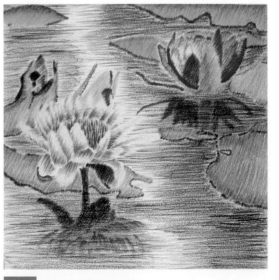

2-6f　平面形式構成的元素VI

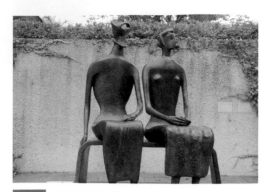

2-7a 立體形式構成的元素 I

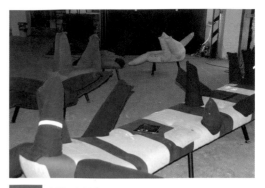

2-7b 立體形式構成的元素 II

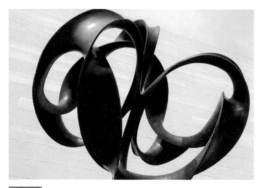

2-7c 立體形式構成的元素 III

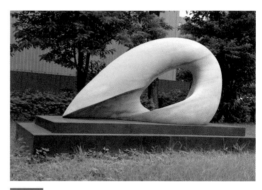

2-7d 立體形式構成的元素 IV

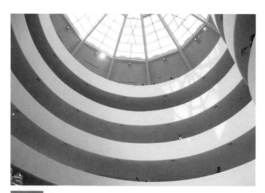

2-7e 立體形式構成的元素 V

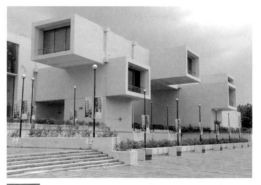

2-7f 立體形式構成的元素 VI

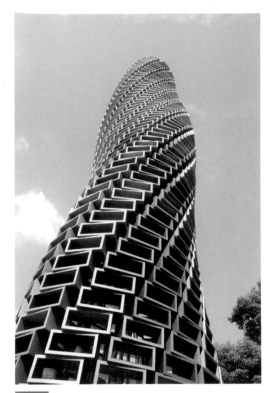

2-8a　空間形式構成的元素Ⅰ

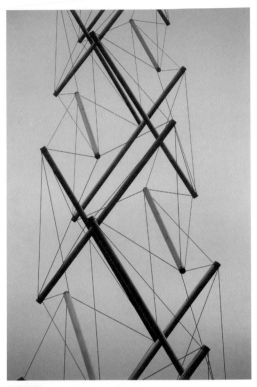

2-8b　空間形式構成的元素Ⅱ

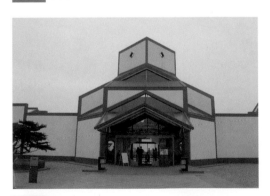

2-8c　空間形式構成的元素Ⅲ

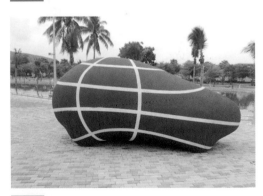

2-8d　空間形式構成的元素Ⅳ

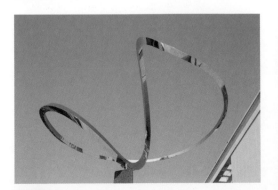

2-8e　空間形式構成的元素Ⅴ

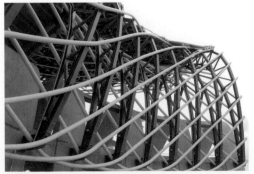

2-8f　空間形式構成的元素Ⅵ

　　由設計元素構成了設計形式，表現出設計的精神與理念，追根究底「設計」的本質卻仍然有它共通的精神內涵，這些精神內涵的水準，在相當程度的範圍內決定了我們日常生活環境的美學品質[3]。以「形」來說，平面構成的基本元素為點、線、面三種；亦稱為平面構成的三要素，而應用點、線、面的構成時，其各具特徵，給予人視覺上的感受不同。

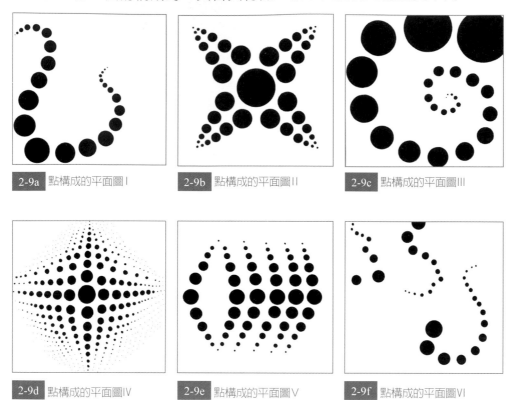

2-9a 點構成的平面圖 I	2-9b 點構成的平面圖 II	2-9c 點構成的平面圖 III

2-9d 點構成的平面圖 IV	2-9e 點構成的平面圖 V	2-9f 點構成的平面圖 VI

3　　刁新廷（2002）。北斗家商教師教學心得研究報告：設計與現代生活美學。取自 http://www.pthc.chc.edu.tw/

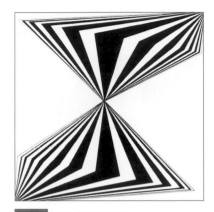

2-10a 線構成的平面圖 I

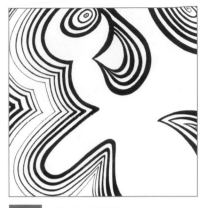

2-10b 線構成的平面圖 II

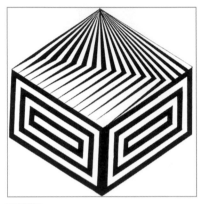

2-10c 線構成的平面圖 III

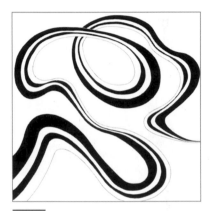

2-10d 線構成的平面圖 IV

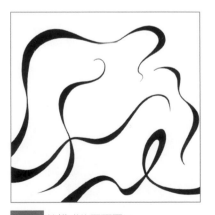

2-10e 線構成的平面圖 V

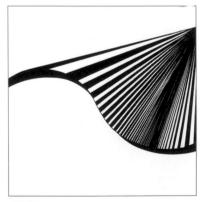

2-10f 線構成的平面圖 VI

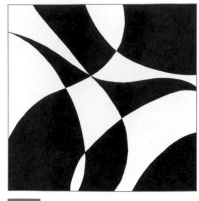

2-11a 面構成的平面圖 I

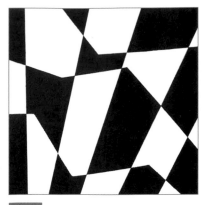

2-11b 面構成的平面圖 II

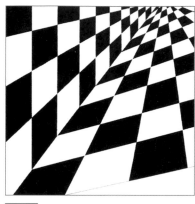

2-11c 面構成的平面圖 III

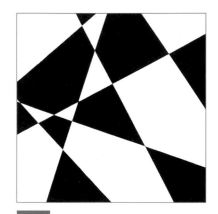

2-11d 面構成的平面圖 IV

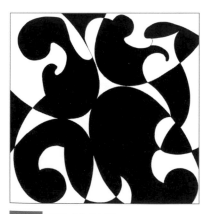

2-11e 面構成的平面圖 V

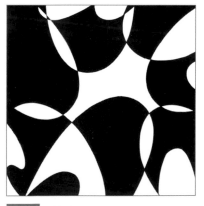

2-11f 面構成的平面圖 VI

（一）點元素

「點」的特徵為沉默、無聲，在外表上，它不是形象，而是一個符號，但卻是具有實際目的一種元素，它必須被定義為無形的東西，若以物質來定義，點就等於零，所以點是高度的沉默語言，人們常常忽略點的存在。

在構成中，「點」表示了位置，沒有長度，是存在於兩條線的相遇處，是一條線的開始或終點。點在幾何學上的定義是「只有位置，不具有大小面積，是零次元的最小空間單位」。但以造形學的觀點而言，點卻是一種具有空間位置的視覺單位。康丁斯基將點當作一個符號（sign），只有符號才會繼續擴張引申成為象徵（symbol），於是點所要表達的意思因此而產生。如此，點內在沉默的特質就愈來愈明顯及壯大，這個特質就是點的「內在張力」。

2-12 點的特徵為沉默

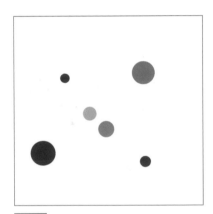

2-13 點只有位置

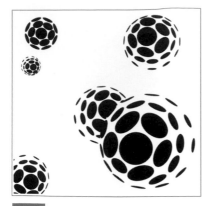

2-14a 點的不同構圖形式 I

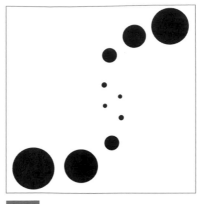

2-14b 點的不同構圖形式 II

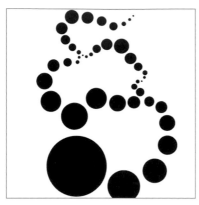

2-14c 點的不同構圖形式 III

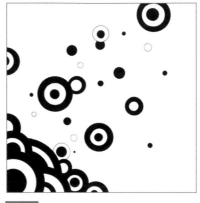

2-14d 點的不同構圖形式 IV

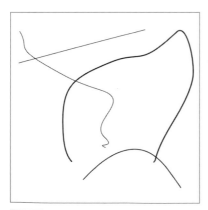

2-15 線沒有寬度、厚度、形狀

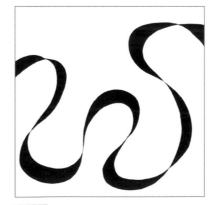

2-16 線本身就存在有力量

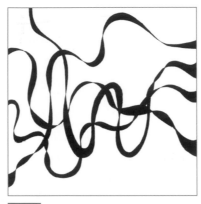
2-17a 線的無窮延伸

2-17b 線的動感現象

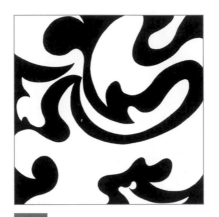
2-17c 線的力象徵

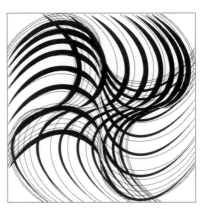
2-17d 線的無窮變化

（二）線元素

　　「線」是點移動而產生的連續軌跡。線與點的相異之處，在於線是點之位置的延伸，線沒有寬度，也沒有厚度，更沒有形狀。如果點是屬於零次元素，則線應為一次元的要素。康丁斯基認為「線」本身就存在有使點移動的外力，當外力不使點轉向時，此條線就是方向不變，成為一直線且有無窮延伸的可能。有了外力的加入，則線可能轉彎、變粗或是變細。線是點移動的軌跡，或是許多點組成的結果。線有方向和長度的特徵，其構成特性主要是有動感的現象，因為線有「力」的內在力量，使線有運動和力的象徵性。

（三）面元素

　　「面」是線的累積，在幾何學上是屬於二次元空間的元素，基本的面形中，有一股內在急欲釋出的力量，因而形成了有內涵的量感，它跟線的動感是異曲同工的現象。面的構成特性有「位置」、「形狀」及「方向」等要素，其最重要的特性在於「範圍」的構成，比點和線更具有豐富的量感和生命力。在面形構成原理中安海姆（Rudolf Arnheim）[4] 認為面有「輪廓」存在；康丁斯基則認為面是用「量感」來表現作品的內容。就平面的形成原理而言，是直線在二度空間內移動的軌跡，無論是直線或任何不規則的曲線都可構成面形。

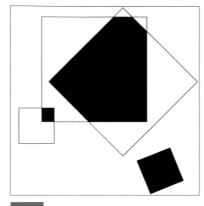

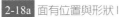

2-18a 面有位置與形狀 I

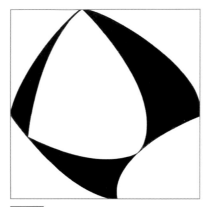

2-18b 面有位置與形狀 II

　　「面」的種類，原則上分為「幾何面」與「自由面」兩大類。平面最為單純，其感受比曲面冷而理智，沒有複雜曲面那種親切和藹的感覺，但簡單的平面也能具有很深刻內涵。面在理論上是沒有厚度的，不過和點、線一樣，在造形的領域中可以容許有些微厚薄的存在。當面形的感覺超出範圍的時候，就會形成立體或形成空間。嚴格來說，面的定義就是範圍的延伸，也可以說是內力往外擴張。

4　　Arnheim, R. (1954). Art and Visual Perception (1st Ed.). Los Angeles, CA: University of California Press.

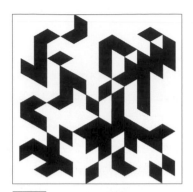

2-19a 幾何面構成 I

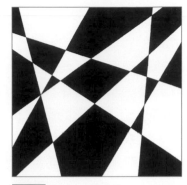

2-19b 幾何面構成 II

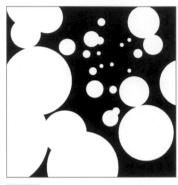

2-19c 幾何面構成 III

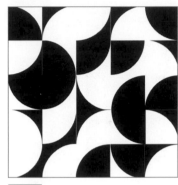

2-19d 幾何面構成 IV

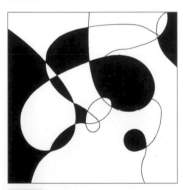

2-20a 自由面構成 I

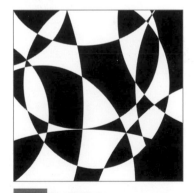

2-20b 自由面構成 II

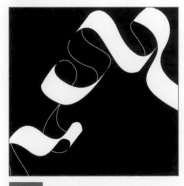

2-20c 自由面構成 III

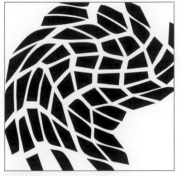

2-20d 自由面構成 IV

（四）形元素

　　「形」是來自面的延伸產生的一種「形態」（shape），基本上是屬於二度空間元素。形的產生比面更為複雜，面發展到形的狀況已沒有幾何與自由面的規範了，形的範圍又包括各種可以表達人為與自然的特定形式，例如：蝴蝶形、樹葉形、人形、八角形或星形等，可以具體表現出特徵的形態，都是屬於形元素。

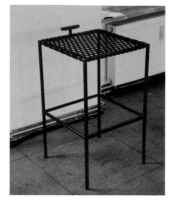
2-21 四角形

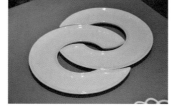
2-22 圓形

2-24 蝴蝶形態

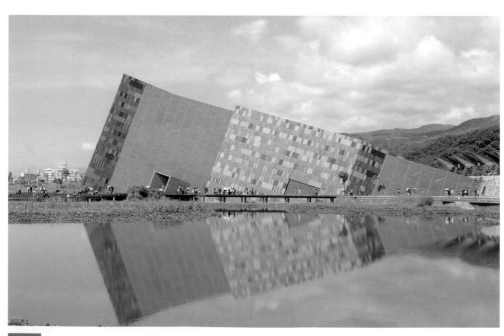
2-23 三角形

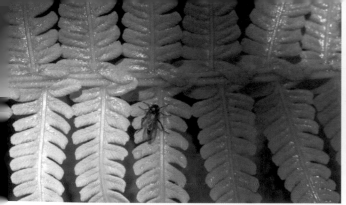

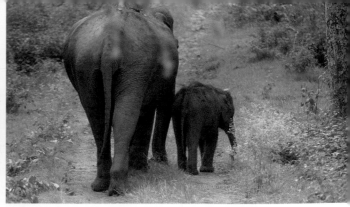

2-25 樹葉形態

2-26 大象形態

三、美的形式原理

　　美學的理論常被應用於形的構成中，尤以「感覺美」的學說最常被採用。從人類誕生開始，生活上的大大小小事件就都伴隨著美。古希臘哲學家畢達哥拉斯（Pythagoras）[5] 認為美就是「和諧」與「圓滿」；美學家叔本華（Arthur Schopenhauer）更以「意念」把握美的本質，使用心靈去認識美。而今，我們將美學的感覺或意念應用於設計構成中的「形」，追求完美的實際形狀。我們如將這些美的理念加以歸納後，可以整理出「美」的共通原則，如：由數學概念衍生在形態學的美有連續、漸變、對稱、對比、比例、平衡、和諧、律動、統一及完整等 [6]。英國藝術評論家魯斯金（John Ruskin）認為美應該是來自於創造性的智力運作，而不是依據規則而製造，生活上的特徵就是美的來源：偉大的藝術作品之所以為經典之作，就是因為它超越了規則而不是遵行了規則，所以對於美的創作不應將之訂與任何制式的規範 [7]。

5　畢達哥拉斯：古希臘哲學家、數學家和音樂理論家。畢達哥拉斯派美的觀念是和諧與比例，參考：朱光潛（1988）。西方美學家論美與美感（p.1）。臺北：天工出版社。按當時的醫學家和哲學家的學說，身體美確實在於各部分之間的比例對稱。

6　「美學」最早是由德國的一位哲學家鮑姆加敦（Alexander Gottieb Baumgarten，1714 ～ 1762）在 1750 年首先提出。他將「美」與「感性認識」聯繫起來，研究對完整和諧的具體現象，感性的認識並非理性的概念認識，此種論調乃是從哲學中的理性概念認識分立而出；美學家奧古斯丁則認為美是秩序的精華，即所謂「美」就是圓滿的感覺。

7　陳伯沖（1997）。建築形式論——邁向圖像思維（p.71）。臺北：田園城市文化事業有限公司。

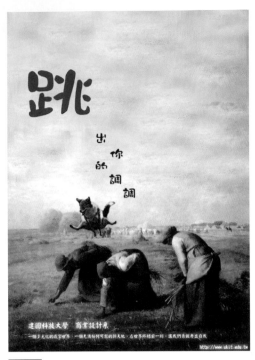

2-27a 和諧美的形式

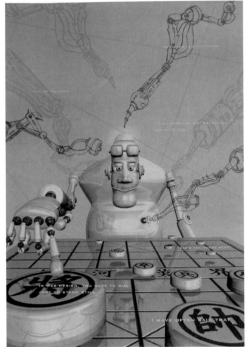

2-27b 漸變美的形式

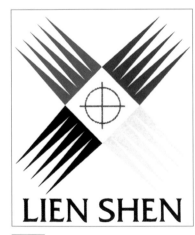
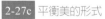

2-27c 平衡美的形式

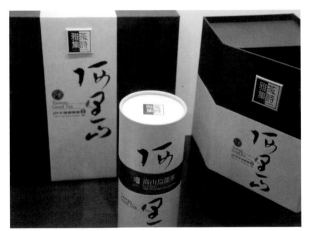

2-27d 對比美的形式

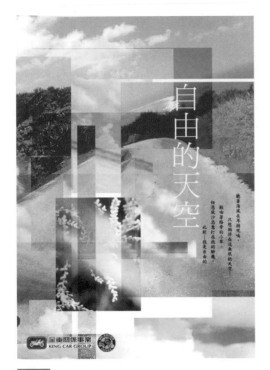

2-27e 比例美的形式

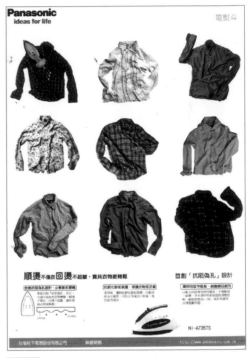

2-27f 統一美的形式

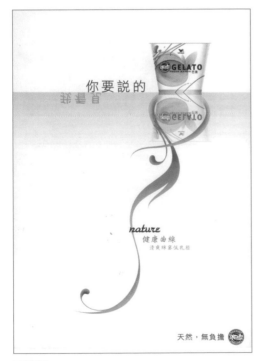

2-27g 律動美的形式

在古希臘時代，畢達哥拉斯就已從音樂和數學之間的關係得出「萬物皆數」的概念。數學形式在比例中佔相當重要的地位，自古希臘羅馬時期，美的形式大多使用在幾何造形的「模數」（module）上[8]，無論在繪畫、工藝、雕塑或建築體上，大量採用比例美學形式，畢氏使用數學方法探索自然的傾向，確定了古希臘哲學以理性態度認識世界的基本性格。

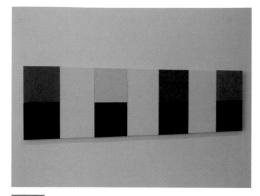

2-28a 繪畫模數美學形式 I

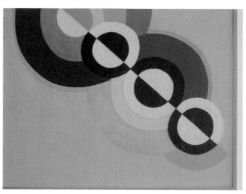

2-28b 繪畫模數美學形式 II

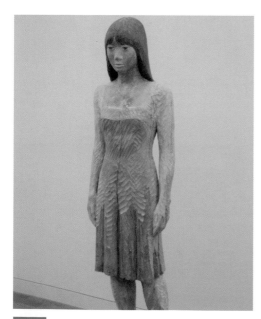

2-29a 雕塑模數美學形式 I

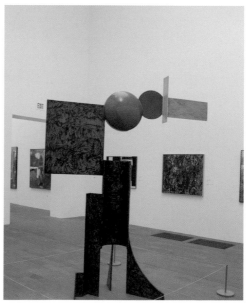

2-29b 雕塑模數美學形式 II

8　朱光潛（1983）。西方美學史。臺北縣：漢京文化事業有限公司。

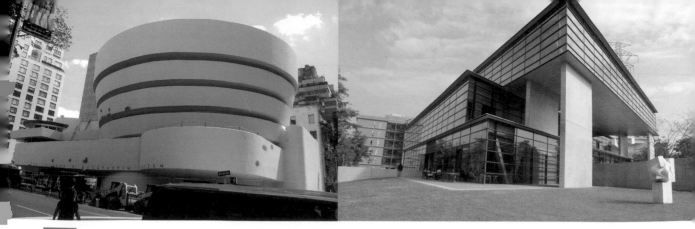

（一）統一（Unity）

在各種造形現象當中，秩序性的構成是最令人覺得心情喜悅的一種結果。有秩序性的圖形排列或立體構成，在視覺上令人有一種安定感或舒適感。秩序可以是一種規律性之組合，在其構成元素中含有簡潔的現象，即使是繁多或複雜的元素，只要井然有序地排列，繁雜的現象也可得到統一的效果，例如：規律的六角形蜂巢、松樹的針葉或大理石表面的質感等，都是一種秩序性的安排。

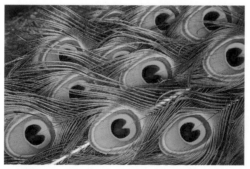

2-31a 統一美 I

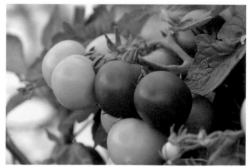

2-31b 統一美 II

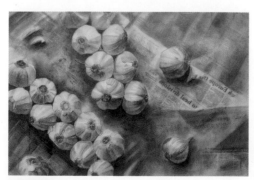

2-31c 統一美 III

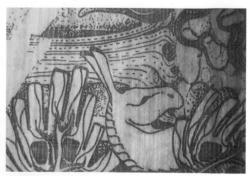

2-31d 統一美 IV

（二）和諧（Harmony）

畢達哥拉斯認為美學存在於高尚的道德規範中，是一種和諧的概念，即中國老莊學說之「道」的最高境界。和諧就是把混亂的東西統一為單獨的現象[9]，在理論上，和諧是指構圖元素與整體間之間，能保持完整、和諧且不相互衝突的關係，而能使觀者產生舒適感。在和諧之條件下，絕無互相排斥的現象產生，更無矛盾對立的狀況。一般而言，和諧的形式有形的調和、色彩的調和以及質感的調和。和諧分為類似和諧與對比和諧兩種，類似和諧是以相同或相似的元素組成調和的現象，對比和諧是指較強烈的差異中，元素間能互相突顯，且仍然顯現出平靜的現象（秩序性和非秩序性）[10]。「和諧」能使我們感到愉快，其構成元素能相互調適而形成融洽的形態，具有柔和、圓融的效果[11]。

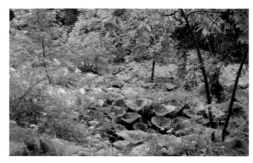

2-32a 和諧美 I

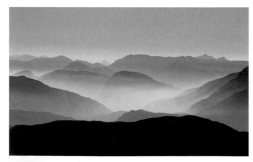

2-32b 和諧美 II

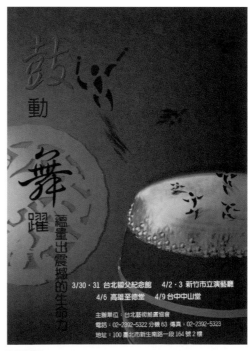

2-32c 和諧美 III

9　餘東升（1995）。中西建築美學比研究（p.35）。臺北：洪葉文化事業有限公司。

10　楊清田（1997）。構成（一）（p.188-189）。臺北：三民書局。

11　王秀雄（譯）（1968）。美術設計的基礎（原作者：大智浩，p.176）。臺北：大陸書店。另見丘永福（1991）。設計基礎（p.54）。臺北：藝風堂出版社。

（三）漸層（Gradation）

　　「漸層」又稱為漸變，是將相同或相似的形象或顏色，作漸次變化的反覆形式，但與反覆的原理不太一樣。同一單元體的形體，由大而小，由多到少，由明而暗（反之亦然）排列，形成形態或量感的漸變作用，具有一定的秩序變化。漸層變化強調的是數學比例級數如：等差、等比的應用，這種數理的秩序性往往是表現嚴正條理及科學美的現象。

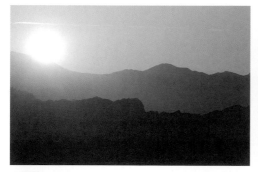

2-33a 漸層美 I

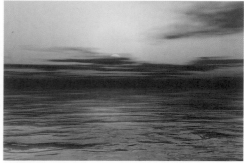

2-33b 漸層美 II

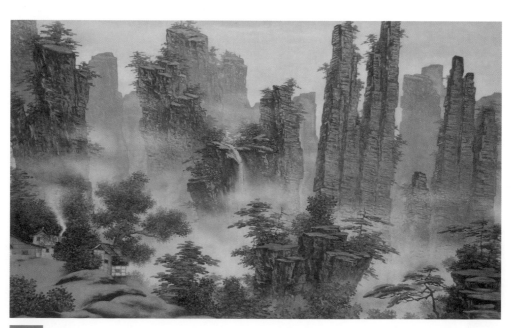

2-33c 漸層美 III

（四）平衡（Balance）

　　「平衡」是指構圖中以一中心軸為基準，左右形或上下形的分量相等，而不偏重於任何一方者，稱為平衡[12]。嚴格上，它的意義還要更廣泛，按均衡形式的「安定狀態」分析，乃是指兩種情形，一種為「物理的量度平衡」，是指在造形的構圖中，中心軸的四周所分配的造形、量度均相等，而形成的安定狀態稱為「對稱平衡」。另一種「心理的視覺平衡」，是指造形整體中，雖然在中心軸四周所分配造形的量度不一定相等，卻能在心理上產生平衡感，又稱為「非對稱平衡」。

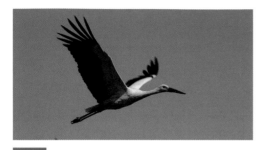

2-34a 平衡美 I

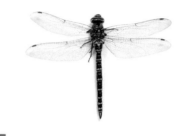

2-34b 平衡美 II

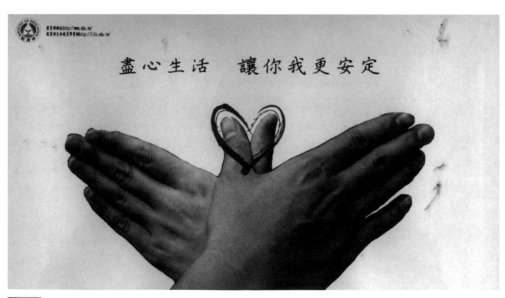

2-34c 平衡美 III

12　呂清夫（譯）（1993）。藝術、設計的平面構成（原作者：朝倉直巳，p.139）。臺北：北星圖書公司。

（五）律動（Rhythm）

在美的構成原理中，律動造形是韻律、動勢的一種形態，它可形成反覆的規律動感、漸變的規律動感，也可以不規律的自由動感構成「形」的變化。律動的形式千變萬化，暗藏豐富的內涵，有單純或複雜、纖細或粗糙的律動造形。律動會伴隨著層次的造形，以反覆的安排、連續的動態或移轉的形象出現，產生漸進、重複、波動、流動、回旋、空間等現象。除了可隨著直覺的自由形式構成律動感，也可按數理秩序，使用幾何的圓弧線或曲線組合而成。律動賦予造形生命感，因其熱烈的感情和活動的性格引起觀者的注目。律動也可表現速度，是一般造成動感的有效力量。

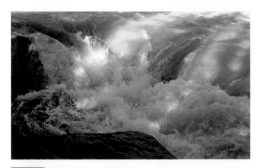

2-35a 律動美 I

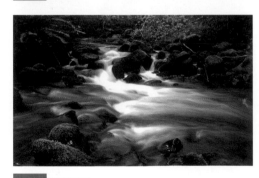

2-35b 律動美 II

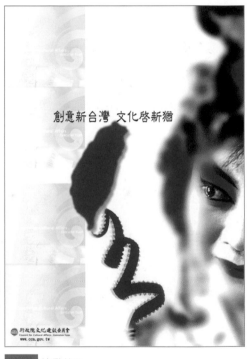

2-35c 律動美 III

（六）比例（Proportion）

　　造形上的比例所表現的特性有兩種：一種是單位形本身各部位的相對視覺比例，例如：人類身軀的各個器官比例；另一種則是整體構圖形態內，各個圖像間的相對視覺比例。自古以來，比例尺度一直被使用在建築物、繪畫及雕刻上，尤以古希臘、羅馬時代的建築物及雕塑作品最多。比例的構成條件乃是在組織上含有數理的意念。一些藝術家發現，只有簡單而合乎模數的比例關係才能構成「美」的比例。

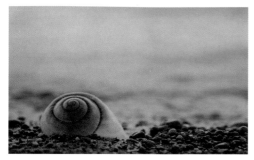

2-36a 比例美 I

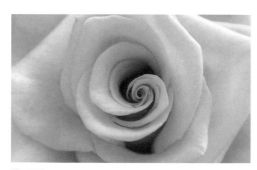

2-36b 比例美 II

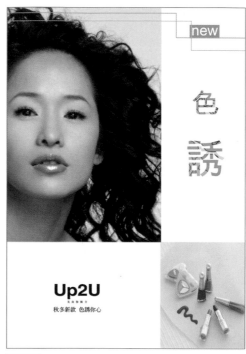

2-36c 比例美 III

（七）對比（Contrast）

　　「對比」是指兩種或兩種以上的事物在一起時，在整個環境中強化兩種主題或圖地關係的差異性，使強者更強、弱者更弱；或是表現出兩個相等地位的矛盾、相互對立的現象。形成對立的可能是畫面的構圖、形態、色彩、面積等。

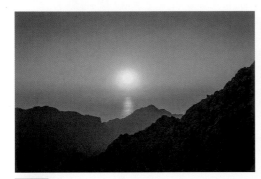

2-37a 對比美 I

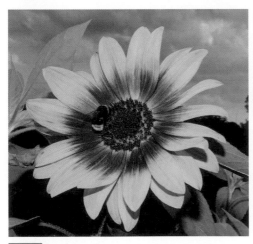

2-37b 對比美 II

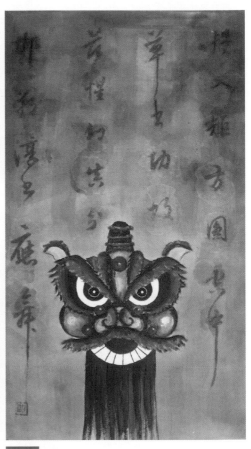

2-37c 對比美 III

四、設計美學概念

　　美學是研究美的本質及意義的學科。從「字源學」的原意解讀，美學源於希臘文 $\alpha\sigma\eta\sigma\iota\varsigma$（aisthesis），意思是指「感性的知覺」。美學的研究可追溯到西元前 6 世紀，最先開始由古希臘思想家對於美與藝術問題的哲學探討，之後經由藝術學者與創作者對於藝術實踐經驗的研究、歸納，美學理論才開始萌芽。隨著藝術創作的新觀念、新技術與新材料的演變，人類對於美學的觀念及應用方法也隨之而調整；漸漸地，建築師、設計師、工藝創作者等將之融入個人創作，藝術美感藉由工業與數位技術的導入，「設計」的概念因應而生，為了更合理地應用新美學觀念，「設計美學」的名詞也逐漸成為設計研究與創作的指導原則[13]。

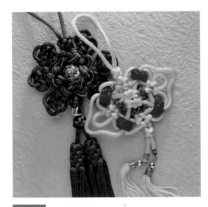

2-38a　工藝美學創作 I

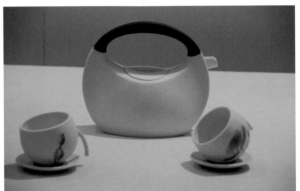

2-38b　工藝美學創作 II

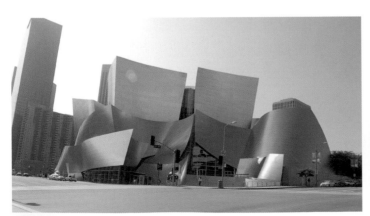

2-38c　建築美學 I

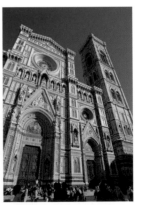

2-38d　建築美學 II

13　林品章（2012）。設計學方法論。臺北：桑格出版社。

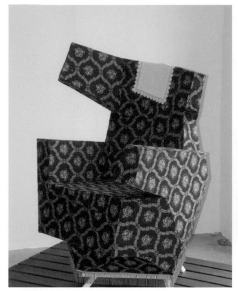 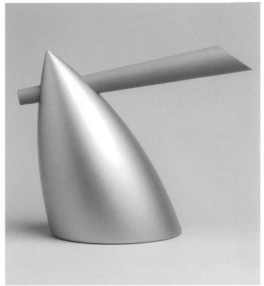

2-38e 產品美學 I 　　2-38f 產品美學 II

　　遠在兩千多年前的古希臘的學者們，從畢達哥拉斯學派、柏拉圖（Plato）、亞里士多德（Aristotle），以及中國春秋戰國時期的許多思想家如：孔子、孟子、莊子、老子等人，已發展出豐富的「思想美」論述。以中國的《樂記》、柏拉圖有關美學的對話[14]、亞里士多德的《詩學》（Poetics）等，都可以說是古代的美學探討。「什麼是美學？」，從古至今沒人能給予其定義，但卻廣為各學派討論，不論是理論派或實務派，都試圖從各方面去探討與解釋美學，卻沒有辦法賦予定義，只因為關鍵在於「人」，人的思想觀念會隨者時間與空間改變，而美在人生的活動中隨時存在，並且與人有密不可分的關係。美的呈現形態，狀貌、特徵都不相同，但是，美的本質卻是同一的[15]。

　　自藝術美學演變到設計美學，現代設計是一門後起而最有發展機會的造形藝術分支。設計是一種有生活性的創造活動，藉由設計成果來提升人類的生活品質，現代設計美學的價值和意義也開始受到更多的重視，設計美學存在今天的生活中已相當的普遍。

14　朱光潛（譯）（2005）。柏拉圖文藝對話錄（原作者：柏拉圖）。臺北：網路與書出版。

15　朱光潛（2006）。談美。臺北縣：五南圖書出版股份有限公司。

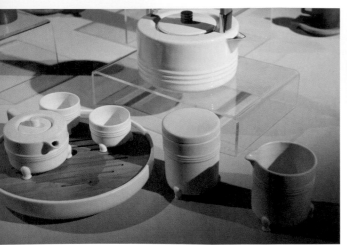

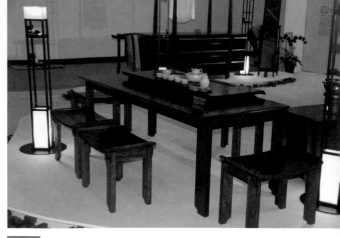

2-39a 日常生活美學的產品 I

2-39b 日常生活美學的產品 II

　　西方從古希臘時期直到 19 世紀，關於美學的研究幾乎是以哲學家為主，而哲學家並非藝術家，根本沒有藝術創作經驗，卻以哲理學術的論點探討美學的概念。19 世紀後美學發展逐漸成熟，針對各分類的藝術與創作，也逐漸發展出各別領域的美學觀念，這種各別的美學就與其藝術領域的創作經驗有很密切的聯繫。

　　對於設計美學的研究，最早是古羅馬奧古斯都時期的維特魯威著的《建築十書》：「當建築物的外貌優美悅人，細部的比例符合於正確的均衡時，就會保持美的原則。」該書對設計美學的最大貢獻，在於提出了關於「適用、堅固、美觀」的設計三要素觀點。設計美學主要在探討什麼是設計感的美？什麼是完美的設計作品？本問題的探討不能就單一的美學意義下定論，除了美學內容的演變之外，就設計所探討的內容而言，更含括了功能性、意義、型式、審美觀等。設計雖源自於藝術的創作，但設計所牽涉到的問題又比藝術創作複雜，除了在形象上含有造形藝術或視覺藝術的造形、色彩與質感外，還具有功能性、經濟性、文化性、時間性等諸多方面的因素，其審美標準也隨著這些因素的變化而改變。

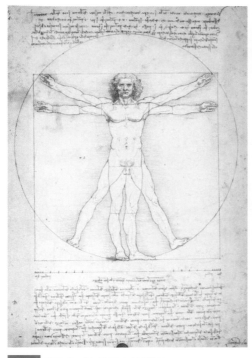

2-40 維特魯威人的黃金比例圖

「適用、堅固、美觀」的設計三要素 2-41

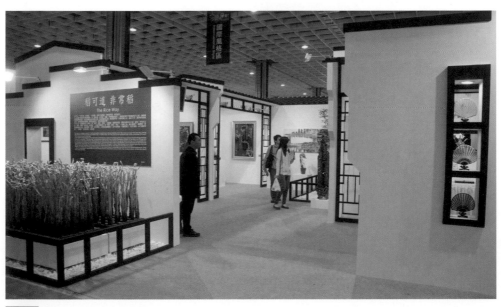

2-42 經濟性、文化性的美學創作

　　19 世紀末在歐洲興起的美術工藝運動與新藝術運動時期，提倡藝術與工藝結合，並重視自然主義，科爾（Henry Cole）、瓊斯（Owen Jones）、莫里斯等幾位藝術家發現了美學問題是與社會問題不可分離的，所以要改革商業藝術，讓藝術與商業緊密地結合在一起，認為藝術家的使命就是讓物品實用與美觀，莫里斯更將工藝消費商品提升到極高的美學水準[16]。

　　符合美學的設計必須在藝術與技術、審美與實用之間保持平衡，並整合為一體。設計不僅要遵循實用性和適用性的原則，更要按照審美性的原則來塑造物品。無論是讓大眾使用得心應手的實用性和適用性，或是從悅耳悅目到悅心悅意的審美性，都是以人為本的。設計美學成為所有美學觀念中的主軸，它是貫穿一切思維的價值行為，成為管理美學、藝術美學、設計美學、經濟美學、機械美學、文化美學之本。美學的設計是在執行現實的審美活動，它包括兩個方面，其一是審美的事物本身，其二是對該事物審美的思維。從人類誕生之初，人們對審美就已經有了一些淺薄的意識。從遠古至今的文明發展，審美觀與審美活動產生於或者依附於人的生命歷程，它作為人對生活需要的體驗，在探討如何進行事物「審美」活動之前，我們必須先將「審美」定義作清楚解釋，才能體現設計的精神與意義。

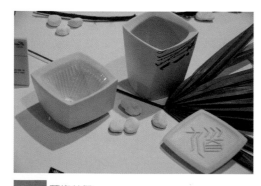

2-43　藝術美學

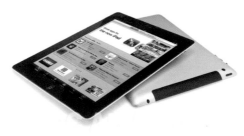

2-44　科技美學

16　陳品秀（譯）（2010）。設計小史（原作者：T. Hauffe，pp.45-46）。臺北：城邦文化事業股份有限公司。

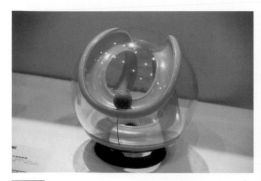

2-45 設計美學

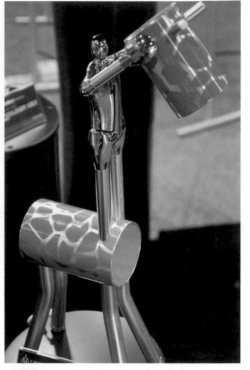

2-46 機械美學

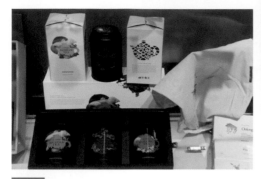

2-47 文化美學

　　美學是廣泛的深度知識，牽涉到了以人類為中心的各種理學、文化背景、自然與社會等因素，而透過美的形式原理所判斷的能力稱為「美感」，美的形成並非只是一種死板的規則條例，它是由經驗的累積而來，因此人類對周遭的事情形象，產生了經驗美感的判斷，轉換成為「美的形式」。現今的美學理論基礎已融入了文學、藝術和哲學知識。法國的美學家泰納（Hippolyte Taine）企圖用科學觀點建立美學說，使用自然規律去解釋它，他認為天地萬物中一切發生的東西，自「發展」演變到「消滅」都有規律可依據。

五、創意與思考

（一）創造力

　　培養創意力，必須先深入探討創意的本質。魯卡斯（Nicholas Roukes）認為，個人的專業知識、藝術使用的材料及技術，若能在整體思考體系中不斷被使用，就是培養對設計認知與知覺的最好方法。法比安（John Fabian）認為創意需要三種要素：天賦智慧、奇特的想法和非限制的構想。一般在設計的發展過程中（process）常會遇上一些瓶頸，問題就接踵而來，而創意思考的另一目標就是在解決問題的發生。按金（Steven H. Kin）對創意過程的四大要素見解分別為洞察力（vision）、計劃（plan）、執行（implementation）和評價（evaluation），按邏輯性的說法，是屬於一種理性意念結果和創意的執行，經過此四種過程後，設計問題不僅被洞悉得一清二楚，問題的根本也被徹底地解決。

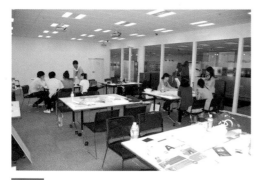

2-48 設計在培養創意力

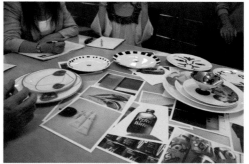

2-49 設計的計畫與執行

　　由魯卡斯所提出的創意性的論點中指出：整體設計的運作，包括了形式創意的感覺及視覺的程序。設計創意的精神主要在設計者的觀點，而非設計的對象物（objects），設計本身即創意。設計是將不完整的造形或不同事物聯結統合，並經過理性的推理程序，使其具系統化。一位優秀的設計師必須懂得如何搜集各種相關的訊息，並將隨手可得的資訊、

主題或材料、綜合的手段及系統化的思考，將之轉化為自己的創意，並凝聚為一整體性的結構。簡言之：愈豐富的訊息來源愈造成個人深思及感覺。「深思」是為了反映問題的真相，並思慮解決。許多不同的觀念中皆具備著不同的含意，利用想像力是在深思中加入創意的最佳途徑。

在實務設計上，任何的設計都需要創意的概念，設計師扮演著把構想轉換成商品表達形式（模型、圖案、建築物、動畫等）的執行者，將語言及構想轉換成實體之商品。創意思考的三項過程有：

1. 探索：深入了解與認知構成的基本元素用意，可導出「推理」的行為，展望出構成目標宏觀性。

2. 思考：以哲理的思想為根基，思考構成的特質，經判斷思考後的概念，將反應出一種分析的形式。

3. 分析：經過邏輯性的推理行為，造形法則已漸漸成立，再將這些法則經過分析、分類或重整，我們可得到各種造形的模式。

（二）創造力方法

總言之，創造力的培養，設有一定的公式原理，但也非藉著設計的法則才有好的創意，在基本設計理念的創意過程中，「形」的思考是學習設計者最好的內容探索。從事基礎設計教育的工作者如能以感性的思考觀點出發，引誘學習者理性的概念；以造形的元素與形式（點、線、面、色彩、材料、空間等），漸進地導入設計分析過程中，對於設計判斷的價值觀自然會出現。培養創造力的方法有：

1. 經驗：是根據個人在過去經歷過的事件而得到經歷，此些經歷是屬於感官的記憶儲存，有視覺性、觸覺性、心理性、聽覺性、嗅覺性、味覺性等六種。從經驗體會到事件的內在反應與感受。而在造形創意上，以圖形或文字可將過去的經歷，藉由基本形的特質，表現經驗的事實感受。

2. 觀察：經由視覺接觸一件事物或景像，經過一段時間觀看事件的進行過程或變化現象，將之描述下來，是一種過程的呈現，而非結果的呈現，藉由造形基本形以多個圖形，可以描述其真實的過程。

3. 想像：陳述虛構的景象或未存在的事件，以語言、文字或圖案具體地表現出來，讓這些景象或事件似乎暫時存在於現實中。例如：想像天堂或是地獄的景象。

4. 模仿：為將現實具體的現象或形狀，以另一種形式，在不失去原貌狀況下，描述該具體形象的形式或狀態，使之有原物變換的現象。

5. 聯想：是根據具體現象的原貌，移轉成為另一種屬性的現象，使原有具體物的特質仍存在於被移轉後的形式。

6. 直覺：是人天生的反應或判斷，接收某一訊息或印象後，會直接在即短的時間內對該事物反應個人的感受。

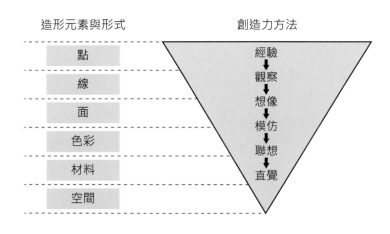

圖表 2-2　創造力方法

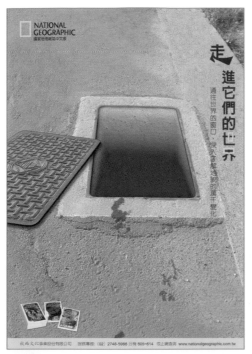

2-50 設計想像

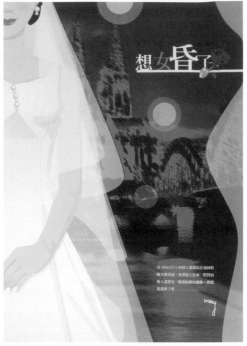

2-52 設計模仿

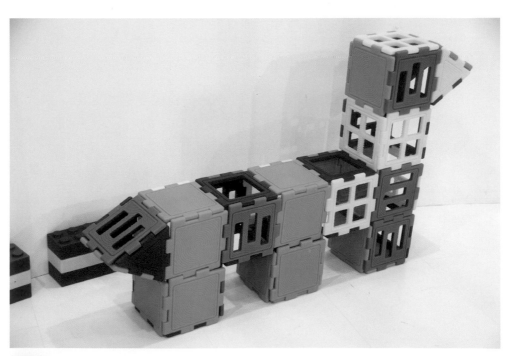

2-51 設計聯想

　　創意理念是從思維角度探討，一切的創意內容都得論證為理論與方法，尤其是在進行設計的發展過程中，理論的敘述以及引申的見解，都會影響設計發展的方向。創意思考方法即設計之潛能，可由兩個方向進行：觀念的建立與理性的培養。觀念的建立包括：感覺能力、觀念認知能力、想像能力、心態、審美能力、經驗背景等；理性的培養如：思考能力、分析能力、判斷能力、論證能力等。而基礎設計教學的理念，其主旨在培養創意。何謂創意？可歸納以下幾種解釋：

1. 創意是藉由構思、想像力、資料處理、評估及行動，產生一些成果，成為獨特的現象。創意也是培養獨立思考的能力，是日常生活經驗、感官與直覺的認知。

2. 創造力是一種大腦生理學在配合心理學，融合理性、邏輯、直覺和感受，結合知識與經驗，運用思考而創造出新的事物。知識是完成創造最主要的動力，但若不經過有系統地整理，就無法成為理想工具，唯有腦中收藏大量的知識，並能將其有條理地整理運用，才算是富有創造的潛力。

3. 創意的思考必須不斷地操練再操練，才能使設計的內涵更提昇，所以創造力是一種想像的能力，是將知覺分析以便組織構成一種新構思，並摸索出一新穎及有意義整合的成果。

　　在各種造形的創意設計構成中，包含許多表現要素和元素，例如：點、線、面、體、表面、稜角、稜線、位置、方向、動感、大小、形狀等。每一種基本構成條件都脫離不了構成要素中的「形態」、「質感」、「時間」、「空間」和「機能」五種。總而言之，創造力的培養，是以心智思維為主的設計活動，在基本設計理念的創意過程中，「形」的思考是學習設計者最好的內容探索。從事基礎設計教育的工作者如能以感性的觀點，引發學習者理性的概念；以造形的元素與形式導入設計分析過程，包括理念的認知、視覺分析與表現形式的建構，對於設計判斷的價值觀便自然萌生。

摘要整理

一、平面構成形式

　　形的構成除了依其目的之不同而相異外，構成的條件（形式）也有相當大的關係，在平面或立體空間中，選擇最恰當的構成元素（點、線、面、形、體、空間），追求秩序性的配置，將之轉換為「形」的媒介。平面構成形式，一般是以視覺的感受去探討造形的原理；而造形表達，是要把想像中的或無形的、存在的基本觀念變成一種能見且合理的現象；不論是屬於具象或是抽象，最終的目標乃是藉這些可見的現象表達一種存在感覺的體會。

二、構成元素

　　構成的最基本元素分為平面與立體造形兩種，包括點、線、面、形、體、空間等。此些元素各具特徵，其構成方法分為幾何形式與自由形式兩種，其中幾何形式較常被運用，但有時以有機的自由形式方法，可以得到更有變化的創意效果。設計構成元素不外乎以下三項：

1. 從平面形式：線條、色彩、形狀、對稱、軸線、紋路。

2. 從立體形式：對稱、對比、韻律、和諧、漸變、反覆。

3. 從空間形式：點、線、面、體、空間。

三、美的形式原理

　　在古希臘時代，畢達哥拉斯就已從音樂和數學之間的關係得出「萬物皆數」的概念。數學形式在比例中佔相當重要的地位，自古希臘羅馬時期，美的形式大多使用在幾何造形的「模數」（module）上。美的理念加以歸納後，可以整理出「美」的共通原則，如：由數學概念衍生在形態學的美有連續、漸變、對稱、對比、比例、平衡、和諧、律動、統一及完整等。

四、設計美學概念

　　美學是研究美的本質及意義的學科。從「字源學」的原意解讀，美學源於希臘文 $\alpha\sigma\theta\eta\sigma\iota\varsigma$（aisthesis），意思是指「感性的知覺」。隨著藝術創作的新觀念、新技術與新材料的演變，人類對於美學的觀念及應用方法也隨之而調整；漸漸地，建築師、設計師、工藝創作者等將之融入個人創作，藝術美感藉由工業與數位技術的導入，「設計」的概念因應而生，為了更合理地應用新美學觀念，「設計美學」的名詞也逐漸成為設計研究與創作的指導原則。設計美學成為所有美學觀念中的主軸，它是貫穿一切思維的價值行為，成為管理美學、藝術美學、科技美學、設計美學、經濟美學、機械美學、文化美學之本。美學的設計是在執行現實的審美活動，它包括兩個方面，其一是審美的事物本身，其二是對該事物審美的思維。

五、創意與思考

　　在實務設計上，任何的設計都需要創意的概念，設計師扮演著把構想轉換成商品表達形式（模型、圖案、建築物、動畫等）的執行者，將語言及構想轉換成實體之商品。創意思考的三項過程有：

1. 探索：深入了解與認知構成的基本元素用意，可導出「推理」的行為，展望出構成目標宏觀性。

2. 思考：以哲理的思想為根基，思考構成的特質，經判斷思考後的概念，將反應出一種分析的形式。

3. 分析：經過邏輯性的推理行為，造形法則已漸漸成立，再將這些法則經過分析、分類或重整，我們可得到各種造形的模式。

　　培養創造力的方法有：

1. 經驗：是根據個人在過去經歷過的事件而得到經歷，此些經歷是屬於感官的記憶儲存，有視覺性、觸覺性、心理性、聽覺性、嗅覺性、味覺性等六種。從經驗體會到事件的內在反應與感受。而在造形創意上，以圖形或文字可將過去的經歷，藉由基本形的特質，表現經驗的事實感受。

2. 觀察：經由視覺接觸一件事物或景像，經過一段時間觀看事件的進行過程或變化現象，將之描述下來，是一種過程的呈現，而非結果的呈現，透過所觀察到的現象，可以描述其真實的過程。

3. 想像：陳述虛構的景象或未存在的事件，以語言、文字或圖案具體地表現出來，讓這些景象或事件似乎暫時存在於現實中。例如：想像天堂或是地獄的景象。

4. 模仿：為將現實具體的現象或形狀，以另一種形式，在不失去原貌狀況下，描述該具體形象的形式或狀態。

5. 聯想：是根據具體現象的原貌，移轉成為另一種屬性的現象，使原有具體物的特質仍存在於被移轉後的形式。

課 題

課題一：平面構成形式

課題目標：理解形的構成概念

創作方法：以手繪出具象形與抽象形（黑白搞）

創作規格：

1. 在 A4 的紙張，繪於 20cm×20cm 框內（草稿），具象形與抽象形各一張。

2. 以黑白廣告顏料平塗在 20cm×20cm 西卡紙上，再貼到 30cm×30cm 黑色美國紙板。

3. 請參考範例

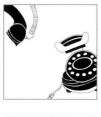  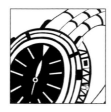 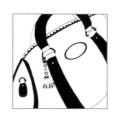 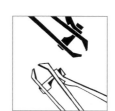

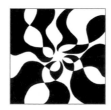  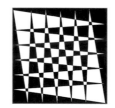

課題二：構成元素表現

課題目標：觀察力的訓練

創作方法：請以數位相機或手機拍攝自然物與人造物的美的形式原理照片
對稱、對比、韻律、和諧、漸變、反覆。

創作規格：

1. 自然物每一項 3 張，人造物每一項 3 張。

2. 以簡報檔製作，在課堂上發表你觀察的概念。

3. 請參考範例

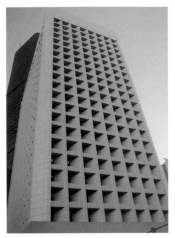
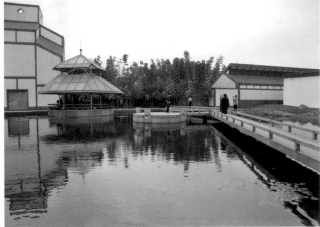

人造物 - 反覆　　　　　　　人造物 - 和諧

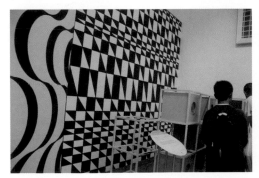
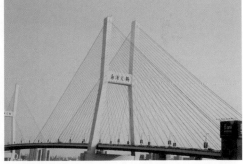

人造物 - 對比　　　　　　　人造物 - 對稱

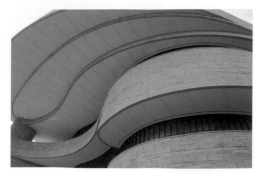

人造物 - 漸變

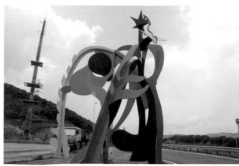

人造物 - 韻律

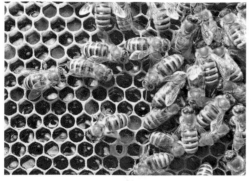

自然物 - 反覆

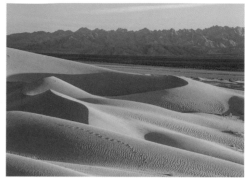

自然物 - 和諧

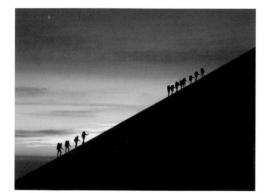

自然物 - 對比

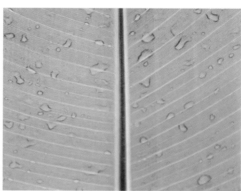

自然物 - 對稱

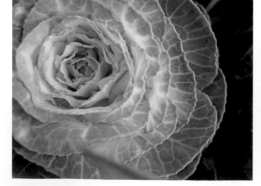

自然物 - 漸變

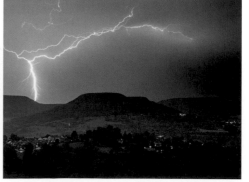

自然物 - 韻律

課題三：構成元素表現

課題目標：表現技法的訓練

創作方法：請以手繪出點、線、面個別獨立的構圖，表達出韻律、漸變、
　　　　　反覆等三種現象。

創作規格：

1. 在 A4 的紙張，繪於 20cm×20cm 框內（草稿）

2. 以黑色墨汁平塗在 20cm×20cm 西卡紙上，再貼到 30cm×30cm 黑色美國
　 紙板。

3. 請參考範例

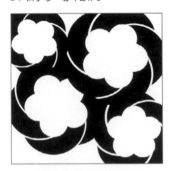

面的反覆

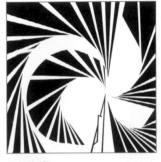

面的漸變

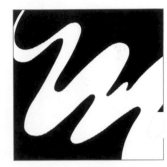

面的韻律

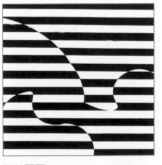

線的反覆

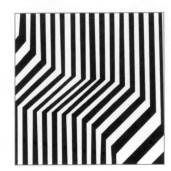

線的漸變

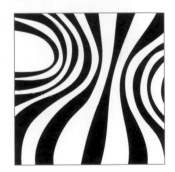

線的韻律

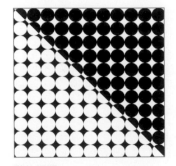

點的反覆

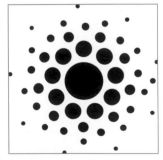

點的漸變

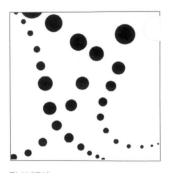

點的韻律

課題四：美的形式原理

課題目標：理解美的形式原理概念

創作方法：請敘述「美的形式原理」：連續、漸變、對稱、對比、比例、平衡、和諧、律動及統一的意義與理念，並每一種各列舉一張人為造型的平面或立體作品。

創作規格：以 Word 打字於 A4 直式紙上 1500 字 -1800 字。

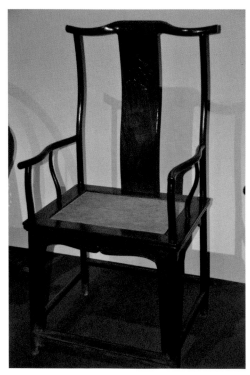

比例

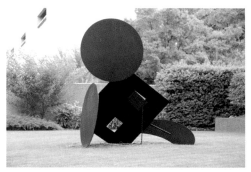

平衡

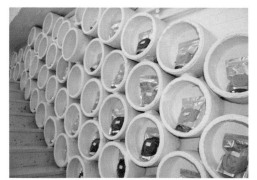

和諧

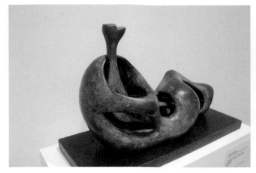

律動

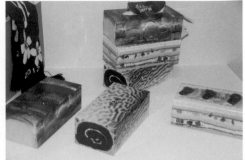

統一

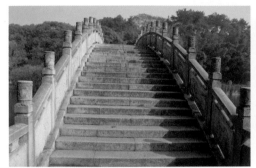

連續

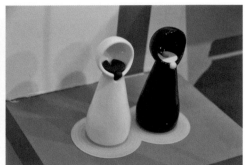

對比

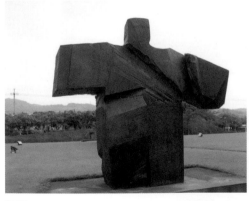

對稱

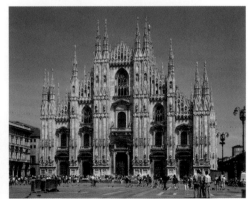

漸變 (全華圖庫 36175)

課題五:創意與思考

課題目標:理解美學概念,搜尋資料方法。

創作方法:請上網路搜尋人造物美學創作品。

創作規格:

1. 內容包括:工藝美學創作、建築美學創作、產品美學創作、科技美學創作
   等品,每一項 5 張創作。

2. 以簡報檔製作,在課堂上發表你觀察的概念。

3. 請參考範例

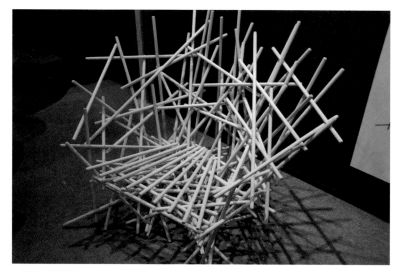

工藝美學創作

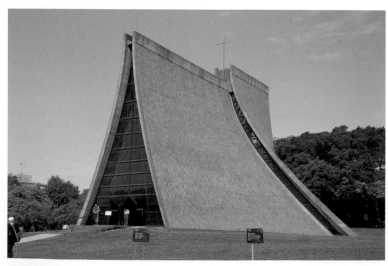

建築美學創作

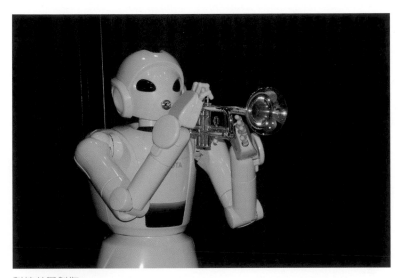

科技美學創作

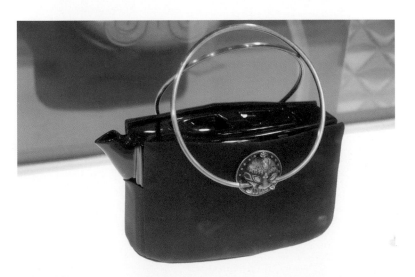

產品美學創作

第三章
造形構成要素

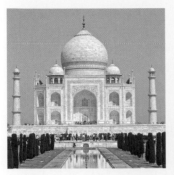

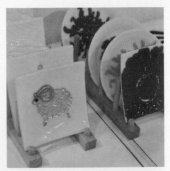

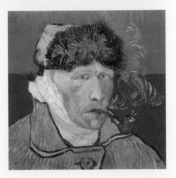

　　探討平面造形構成的要素，包括視覺設計的
四項構成要件：形態、色彩、質感、空間，認識
此四要素的特色及應用之形式，並能從形的演變
構成設計，掌握每項要素獨特的呈現方式，作為
平面構成設計的表達形式與樣式。

第三章
造形構成要素

　　本章主要在探討平面造形構成的要素，包括視覺設計的四項構成要件：形態、色彩、質感、空間，首先深入了解造形的意義和重要性之後，認識此四要素的特色及應用之形式，並能從形的演變構成設計，掌握每項要素獨特的呈現方式，作為設計過程中重要的表達形式與樣式。

　　造形一詞，開始於德文的 gestaltung，其字源的意義是「完全形態」。物體除了在視覺上給予外界一種形象，更涵蓋了精神層面或知覺所能領悟的另一層次現象，「造形」的產生必須由內在與外在兩種涵養結合而成，外在的現象是一種可見的物質形式，而「造形」如沒有內涵便產生不了形象。

　　以造形藝術而言，它所追求的「真」，是在美學形式原理中秩序性地安排下所形成，它的視覺次序完滿；在形式構成中，講求表現最適當的一致性和統一性；在整個視覺畫面中，每一個點與一條線或每一個面形，都在作最準確、最適當且最合理的安排。因此，造形的表達，無疑是將形的構成要素（形態、色彩、質感和空間），融合至最高境界的意象，此種意象是在心靈體驗中覺醒而出的，也是最真、最善、最美的表現。

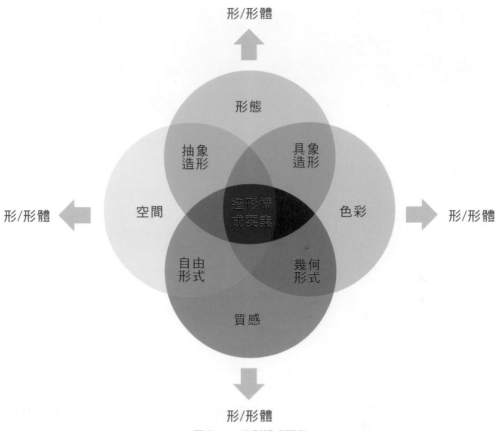

圖表 3-1　造形構成要素

一、形 態

　　「形」是一種形象、記號或者是一種表徵符號，表現在平面元素上稱之為「形」，表現於立體元素上稱之為「形態」或「形體」。「形」純粹指限於一次元及二次元空間中的現象，只有大小或位置上的變化，例如：繪畫、攝影、海報或各種影像處理等。而形體則是屬於三次元空間的現象，除了有大小、位置之外，更出現了深度，也就是由前後的關係而產生了立體與空間，例如：室內空間或是建築物與建築物廣場的空間。而「形」只是視覺上一種虛擬的空間幻象，平面中的「形」與立體中的「形體」，最大不同之處是平面只涉及畫面的構圖與編排，沒有其他角度的顧慮。

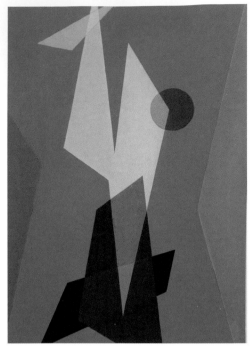

3-1 繪畫的形態

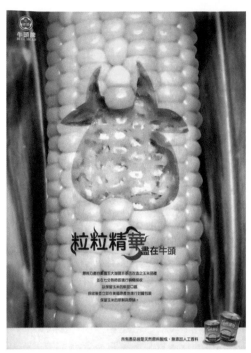

3-3 海報的形態

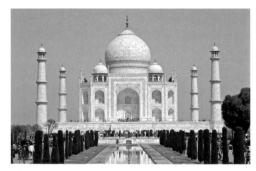

3-2 攝影的形態

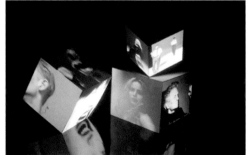

3-4 影像的形態

　　形態具有非常明顯的視覺力量，只要透過形的輪廓，我們就可以大致辨識其三度空間的形體。點線面是形態構成的起始，即位置的安排、

方向的特性、輪廓的分別，可奠定形的發展，再順著時間的變化、空間的變化和質感的特性演變下去。形的變化乃隨著觀者的狀況而定，例如：觀看的角度、距離、外在的條件（光線）及周圍的環境等，都可改變形態在視覺感受上的效果。形的最初呈現，無論是點、線、面的形，都是視覺感受為最基本的媒介。因為形具備強而有力的視覺力量，當形的力量或尺度逐漸轉變時，在視覺上會有不同的感受，此種感受也帶動著心理與生理的反應。因此形的構成中，每一個細節的表現及它的動、靜、深、淺等，都會在人的視覺中完完全全、一覽無遺地表現出來。所以，基於視覺現象概念，形態不可能獨立的存在，必須有其結構、位置的安排與組合，形態的不同特色才會呈現在視覺感受中。例如：形與色彩組合更能直接作用於視覺上，產生另一種變化的效用。

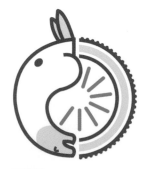

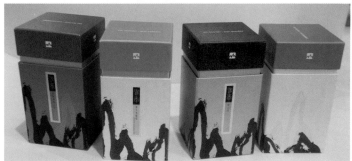

3-5a 視覺形態表現 I

3-5b 視覺形態表現 II

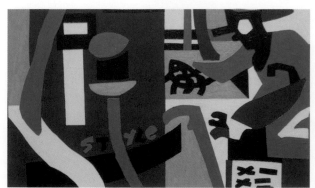

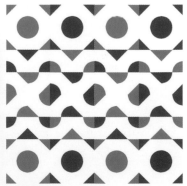

3-5c 視覺形態表現 III

3-5d 視覺形態表現 IV

　　不論「形」或「形體」的表達，總是要藉著某些材質或媒介物，經過心靈與理性的組合才能按創作者的思想顯現出來。造形設計除使用素材和媒介之外，必需透過造形的法則（如：構成形式與構成原理）配合設計者的理念將創作的精神表現出來。造形中之點線面的構成元素經過形成的路徑，轉換成點形、線形或面形的屬性，包括有量感、顏色和形式三種，這些屬性是主要表達的條件，運用此三種屬性，再以各種構成方法或法則（如：美的形式原理、空間原理、色彩法則等），可表現各種不同的形之效果，端看創作者思考的境界及其追求的目標為何。

3-6a　形 I

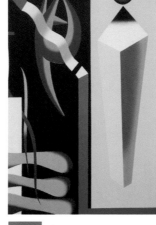

3-6b　形 II

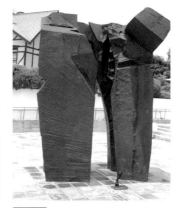

3-6c　形體 I

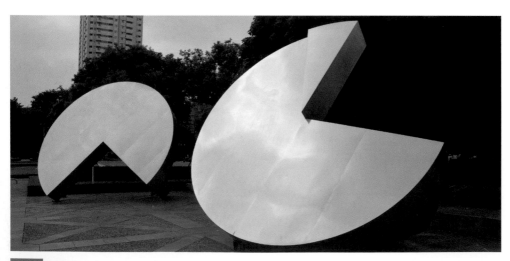

3-6d　形體 II

二、色彩

　　在色彩原理方面，色彩的產生是由「光」所引發出來，最初得到的
有紅、橙、綠、藍、靛、紫七色，是由英國科學家牛頓（Isaac Newton）
以三稜鏡透過日光照射發現的。各種色光刺激視覺器官使我們有了色覺，
進而產生對色彩的辨識。色彩也是感情的一種語言，色彩表現主要來自
色相、明度或彩度的搭配，諸如補色、殘象、對比、混色、適應等；進
一步又影響心理上的知覺、記憶、嗜好、印象、象徵等，以達到美感意
識上的調和境界。

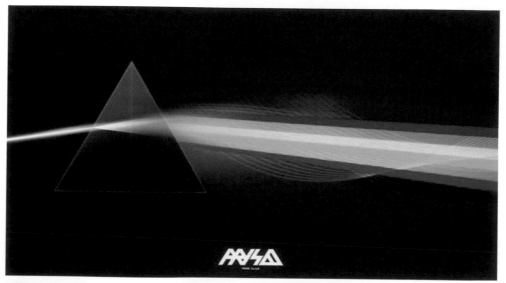

3-7 透過三稜鏡的色彩原理

　　自古以來，色彩就一直被多方面使用在藝術與設計上。在包浩斯時
代教師康丁斯基 (Kandinskix) 認為「色彩」是「構成」中的一個媒介，
色彩會影響形的發展，也會改變形的味道或生命，並會引起生理或心理的
各種變化，一件造形的創作品如果只顧及形的發展，沒有色彩的內在表
達，可能只是純粹的輪廓而已。康氏認為形的和諧必須建立在心靈的需要
上，將色彩加入形態，可喚起形式內在的聲音和感覺。色彩與形各有無
限多，它們的組合方式也有無限多種，產生的效果也就有無限多的樣式。

（一）色彩的三要素

二十世紀中期的後現代主義一些設計師們，開始引用了大量的色彩現象，用於所設計的產品或是視覺海報上。色彩在設計的使用上漸漸為大眾所接受，由後現代設計的傢俱形式可以看出，已擺脫了現代主義黑盒式功能的象徵。

根據色彩理論的分析，任何顏色都具有三種重要的性質，即色相（Hue）、明度（Value）、彩度（Chroma），稱為色彩的三要素（屬性），是用以區別顏色性質的標準。

1. 色相：光線因波長不同呈現不同的相貌，稱為「色相」，也就是可見光譜中的各種顏色，一般以紅、橙、黃、綠、藍、紫為基本色相。

2. 明度：明度指色彩本身的明暗程度，或指一種色相在強弱不同的光線照射下，呈現出不同的明暗。每個色相加白色即可提高明度，加黑色便降低明度。光譜六色本身的明度是不等的，純色亦有明暗之分，明度最高的色相是黃色，明度最低的是紫色。

3. 彩度：指色彩的飽和度，也稱色度。達到了飽和狀態的顏色，即為純色。分布在色環上的原色或系列間色都屬於純色，如果將各種純色與黑、白、灰或其他色彩相混，其純度會降低，鮮豔的色彩感覺也逐漸消失。

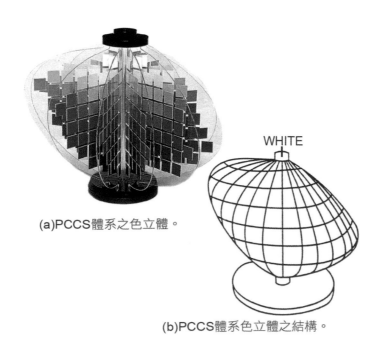

(a)PCCS體系之色立體。

(b)PCCS體系色立體之結構。

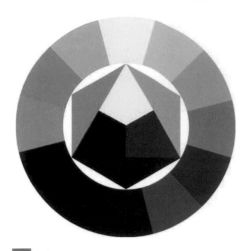

3-8 色相環

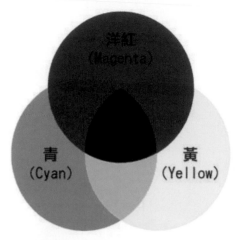

3-9 色料三原色 (紅 Magenta、黃 Yellow、藍 Cyan)

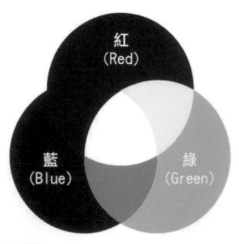

3-10 色光三原色 (紅 Red、綠 Green、藍 Blue)

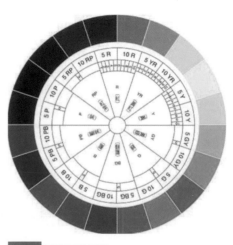

3-11a 曼賽爾色相環

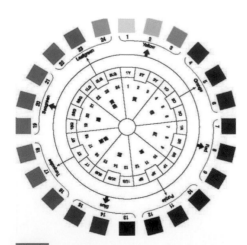

3-11b 奧斯華德色相環

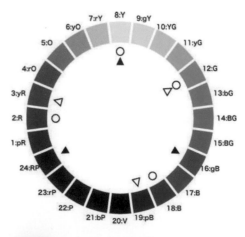

3-11c 日本 PCCS 色相環

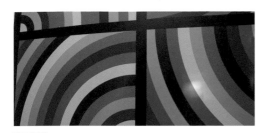

3-12a 色彩的色相應用I

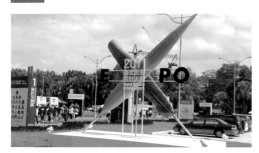

3-12b 色彩的色相應用II

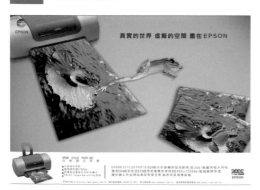

3-13a 色彩的明度應用I

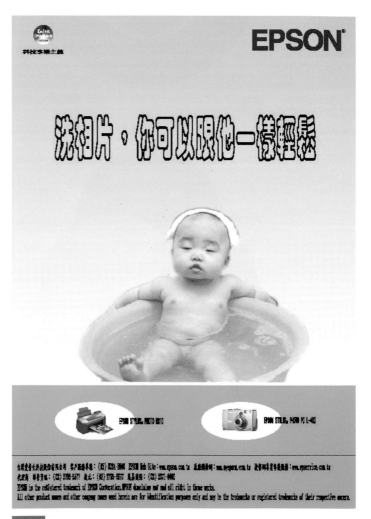

3-13b 色彩的明度應用II

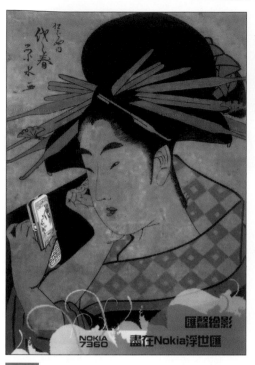

3-14a 色彩的彩度應用 I

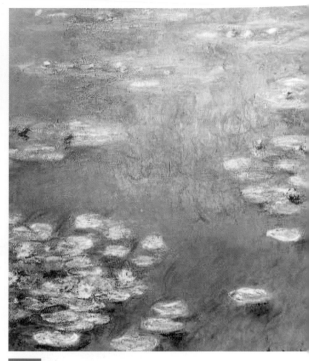

3-14b 色彩的彩度應用 II

表 3-1　色彩的意象

色彩	具體的象徵	抽象的象徵
紅	血液、火焰、夕陽、禁止標誌	熱情、危險、叛逆、爆發、喜慶
橙	橘子、晚霞、柳橙、秋葉	快樂、溫情、熾熱、積極、明朗
黃	香蕉、黃金、菊花、警告信號	溫暖、光明、不安、注意、野心
綠	樹葉、草木、公園、安全通過	和平、希望、理想、成長、環保
藍	藍天、海洋、珊瑚、男性	沉靜、憂鬱、涼爽、理性、自由
紫	葡萄、紫菜、茄子、紫羅蘭	高貴、神秘、優雅、病態、忌妒
白	白雪、白雲、棉花、護士	純潔、虔誠、樸素、神聖、虛無
黑	夜晚、木炭、頭髮、墨水	死亡、邪惡、恐怖、魔鬼、孤獨

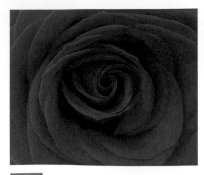

3-15a 紅色

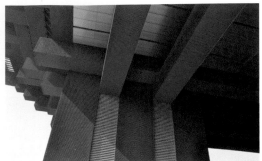

3-15b 紅色的色彩意象 I

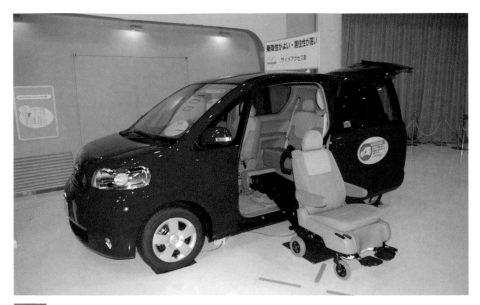

3-15c 紅色的色彩意象 II

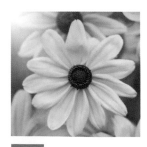

3-16a 黃色

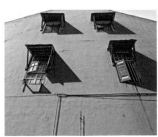

3-16b 黃色的色彩意象 I

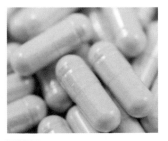

3-16c 黃色的色彩意象 II

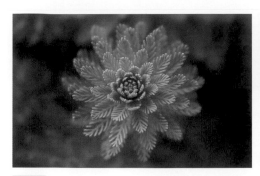

3-17a 綠色

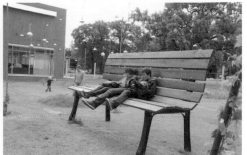

3-17b 綠色的色彩意象 I

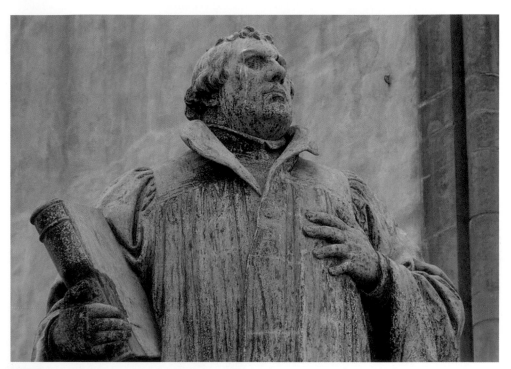

3-17c 綠色的色彩意象 II

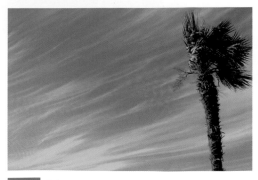

3-18a 藍色

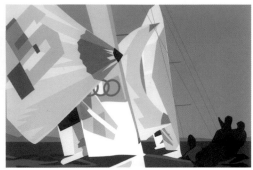

3-18b 藍色的色彩意象 I

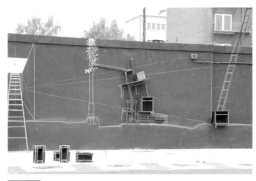

3-18c 藍色的色彩意象 II

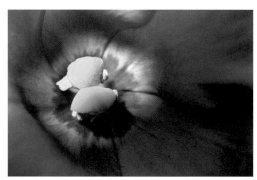

3-19a 紫色

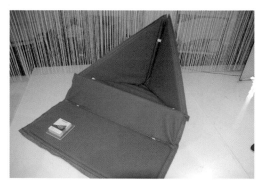

3-19b 紫色的色彩意象 I

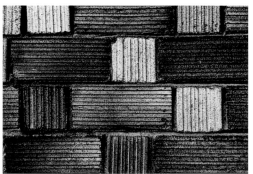

3-19c 紫色的色彩意象 II

（二）色彩心理

色彩經過我們的視網膜之後，便因受到刺激而由生理至心理產生反應，不管是有意識或無意識的情況，都對我們有極大的影響。我們的生活環境就是一個充滿色彩的世界，包括色彩意象、色彩的聯想、色彩嗜好，都是我們經歷色彩生活的結果。色彩心理效應，可能因為性別、年齡、生活、民族、文化等因素，產生個別或是群體的差異，這種差異大部分源自心理上的不同。

色彩會影響到形的發展，也會改變形的感覺。色彩在自然界中除了扮演外表的裝飾美之外，它也可以是生物生命延續的要素，例如：植物的綠葉所含的葉綠素；另外一種是為了生存的機能性，例如：變色龍身上的色彩會隨著環境而變化，為的是要保護自己不易被敵人識破地的行蹤。色彩與造形關係更為密切，造形可透過色彩感覺，讓觀者在心理上、生理上產生更大的震撼和迴響，甚至顛覆對造形原來的感覺。

色彩與設計的關係確實是不可分離的，所以身為一位現代的設計師，對於色彩的概念、要素、研究方法和應用理念都需瞭解。色彩學的理論對色彩的基本知識吸取是相當的重要，但是更重要的是設計師如何將色彩學原理適當的應用於各種設計產物品上，令使用者可以明確的瞭解其意義，或者借著色彩適當的應用，創造出更好的設計效果。

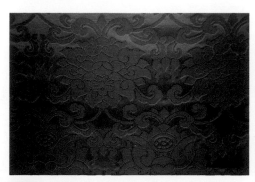

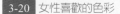
3-20 女性喜歡的色彩

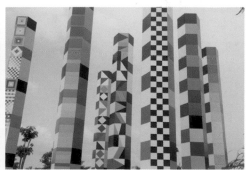
3-21 兒童喜歡的色彩

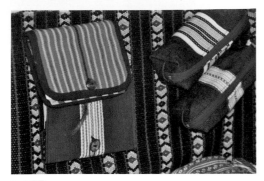
3-22a 原住民的色彩 I

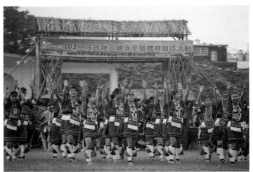
3-22b 原住民的色彩 II

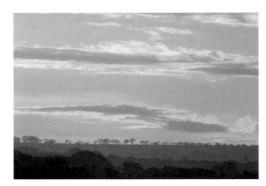
3-23a 自然色彩 I

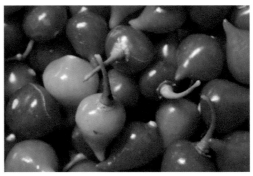
3-23b 自然色彩 II

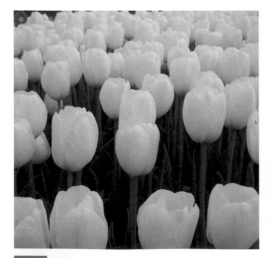
3-23c 自然色彩 III

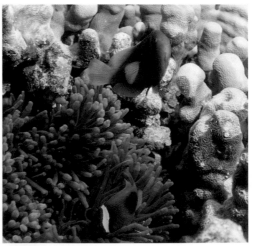
3-23d 自然色彩 IV

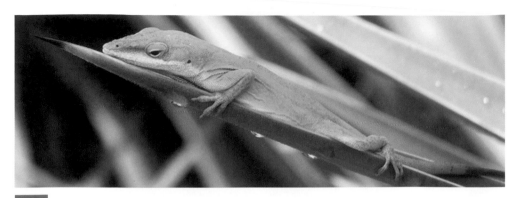

3-24 變色龍身上的色彩會隨著環境而變化

三、質感

　　質感又稱肌理，也就是材料的組織結構（Composition）。一般所謂的材質感，指物體表面的感覺，材質與質感是一體兩面密不可分的，所以在造形研究裡，如何讓材質有效發揮其機能性，同時外觀質感又能表現出造形的內在，是研究質感的重要目標。平面設計對質感的探討是以視覺、觸覺的訓練為主，尤其是服裝設計，因為材料會直接接觸人體的皮膚，所以更需要考慮質感的優劣。在 20 世紀初，立體主義（Cubism）的藝術家就開始使用貼紙的技巧，貼於黑布上，作成立體造形；後來達達主義藝術家（Dadaist）又將厚紙、玻璃和皮革等十多樣的材料集合成一件作品。每一種構成材料，諸如：金、銀、鐵、木材、玻璃、塑膠、皮革、陶瓷、石材等，都有其特殊的紋路及質感；木材有木質細胞構成溫潤的紋理；金屬也有冷冽、強韌的個性。在立體造形的構成上，必須透過質感來傳達其內涵，若無材質感則造形構成無法實現其象徵，但質感更深一層的體會必須透過觸覺，以分辨內在的組織，例如家具的表皮紋路、衣服織品的花紋或是磁磚表面，即是透過觸覺才能分辨出其感覺

　　藝術創作也是靠材質的客觀特性來表現作品外在的美感與內在的意義。質感又稱肌理，也就是材料的組織結構。每一種構成材料，諸如：金、銀、木材、塑膠、皮革、陶瓷、毛織品等，都有其特殊的紋路或內在的組織。木材有其細胞構成的規則紋理，金屬也有其強韌的組織。一般所謂的材質感，通常是指物體表面的感覺，它是屬於視覺與觸覺的範疇，例如紡織品的表面質感。在平面構圖中，也可以各種材料與方法構成不同的表面質感，質感和形態及色彩一樣，可透過視覺傳達其表現。

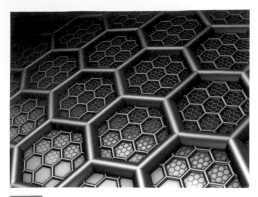

3-25 金屬質感

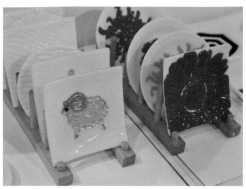

3-26 玻璃質感

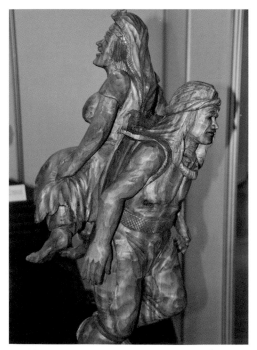

3-27 木材質感

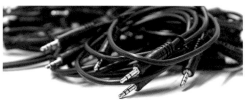

3-28 塑膠質感

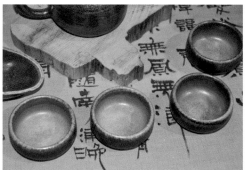

3-29 陶瓷質感

　　在平面構圖的質感呈現，可以使用各種材料構成不同的表面質感；也可利用點線面形與色彩等構成要素，以配置的方法形成各種不同的視覺質感，質感和形態及色彩一樣，雖可用視覺方法模擬表現，但還是必須透過觸覺才能更深一層地感受材質的個性，例如：家具的表皮紋路、衣服織品的花紋或是磁磚表面，皆須透過觸覺來分辨材料成分與質感優劣。

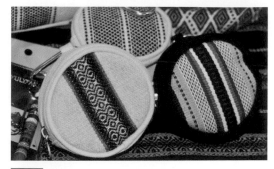

3-30　毛織品質感

四、空間

　　自古以來，造形要素中的空間就一直被討論，空間實質上乃是存在於「有」與「無」之間的中介者，平面空間可用許多方法產生，包括留白、透視、重疊、大小與輕重等。在平面構圖中，空間的創造為的是呈現延伸的效果，另外一方面也是在突顯畫面的虛實對照，讓構圖能更有想像力，因為人在觀看時，心理產生的錯覺，會讓構圖呈現與實際圖像不同的現象。設計師與藝術家都將「空間」列為造形的要素，例如：中國的水墨畫常以留白來呈現意境與空間感，造形藝術也包含了空間，因其佔有一定的空間地位。對於空間的定義有兩種，一為物體本身的實虛；另一為兩個以上的實體作對應性的存在，而產生前後、遠近等感受。

　　平面造形如：繪畫、攝影、織品圖案等，與立體造形如：建築、雕刻、藝品等，都將「空間」列為共同的要素。空間的考慮包含了視覺上、心理上、物理上及實質上等許多條件，例如：在文藝復興時代，西方藝術家使用透視原理來描寫視覺上的平面空間，而中國古代畫家也以「平遠法」、「高遠法」、「深遠法」來表示心理上的空間，晚唐時代也有藝術家以「留白」創造視覺空間。

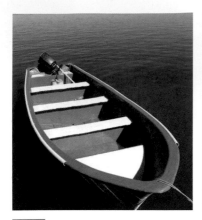

3-31a 平面留白的空間形式 I

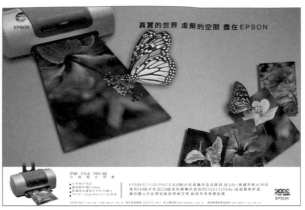

3-31b 平面留白的空間形式 II

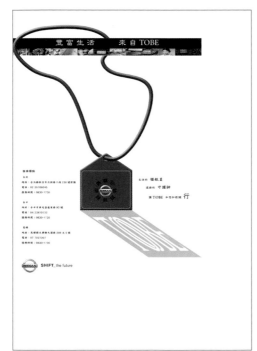

3-31c 平面留白的空間形式 III

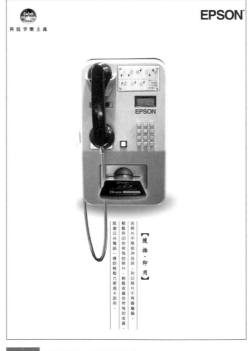

3-31d 平面留白的空間形式 IV

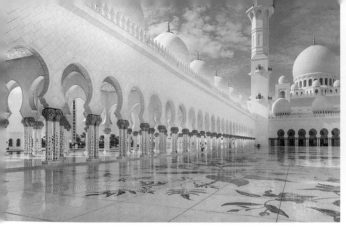
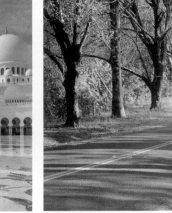

3-32a 透視形成的空間形式 I

3-32b 透視形成的空間形式 II

　　立體空間造形如：建築、雕塑、公共藝術、室內空間、產品等，是在形體與形體之間保有相對應的關係存在性，在空間性的造形構成中，以亨利・摩爾（Henry Moore）的作品最具代表性，他的創作常將實體材料挖出中空，使整體形成明顯的虛實對比，讓造形產生了前後的現象，釋出了「空間」的真正意義。

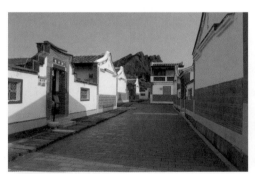
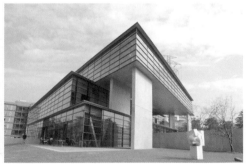

3-33a 立體的空間形式 I

3-33b 立體的空間形式 II

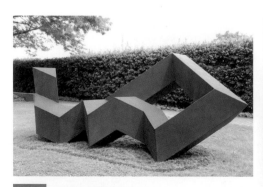
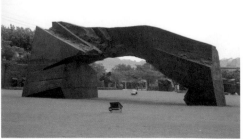

3-33c 立體的空間形式 III

3-33d 立體的空間形式 IV

五、抽象與具象造形

　　造形表達最主要有具象表達與抽象表達兩種方式,在基礎造形研究中,如徹底地探討,則不難發現創作時的心思意念。許多藝術家常以自然物(如:動、植物)作為描述造形的對象,無論在平面的繪圖或立體的雕刻表達上皆可見具象與抽象的創作手法,以及其特別的創作意義。具象手法如:20世紀初的印象派(Impressionism)畫家,試著從他們的繪畫中,展現對自然的重視;而抽象藝術造形,也在反映創作者的情感和生命,與具象造形表現的社會、文化的寫實反映有所不同,抽象形式的表現旨在激發內在情緒,而非述說故事或描繪自然表徵。超現實主義的繪畫也是在表達虛擬的景象,是一種抽象造型與具象兩者融合的表現方法。

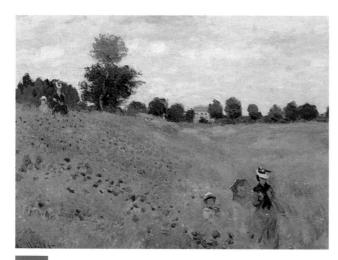

3-34 印象派具象繪畫(莫內)

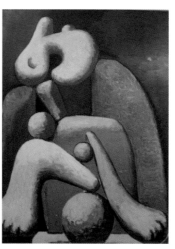

3-35 立體派抽象繪畫(畢卡索)

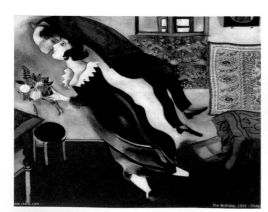

3-36 超現實主義繪畫(夏卡爾)

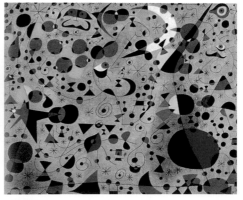

3-37 超現實派抽象繪畫(米羅)

（一）具象造形

　　具象造形源自於自然的有機形體，例如：人、動物、花、草、物品
等形態。自古以來，許多藝術家常以自然物作為繪畫創作的對象，具象
的創作也有其特別的創作意義，例如 20 世紀的野獸派畫家馬蒂斯（Henri
Matisse）試著從他的繪畫中主導並改變純粹自然的現象，他主張人在自
然常態生活中，追求自己的理想生活。具象造形大多以模仿客觀事物或
自然形體為出發點，其最終目的是在描寫事物的真實狀況。在創作具象
造形的過程中，要有敏銳的觀察力、優良的技巧以及基本的造形觀念，
才能創造出有內涵的具象形態。

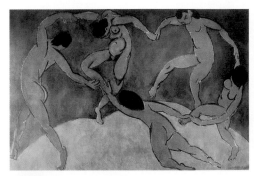

3-38　野獸派畫家馬蒂斯

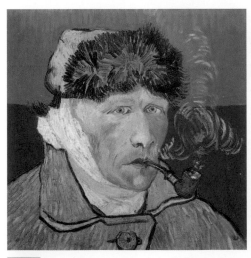

3-39　梵谷自畫像

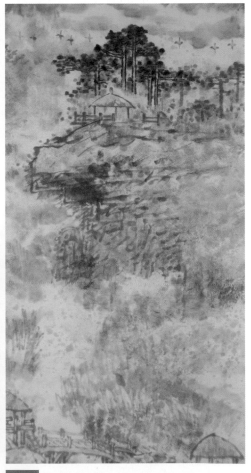

3-40　中國的水墨畫

表 3-2　具象造形與抽象造形的區分

元素	具象造形	抽象造形
形象	具實物形態描述	幾何形狀、不規則的形
線條	描繪物的外型輪廓	形式內涵的表現
空間	透視法的深度空間	以重疊配置具有主觀性的層次空間
名字	具體的明確描述	以象徵性、隱喻性的形式
色彩	以光學的原理，描繪自然的明暗	以色彩的色相、彩度、明度原理表現純綷的光學現象
題目	以自然的各種生物與人造的各種物體為主	較具觀念式而非形式的精神表達
代表性派別	古典主義、印象主義、巴洛克藝術	抽象主義、立體主義、歐普藝術、後現代主義

（二）抽象造形

　　「抽象」的意義，按字面上的解釋為分解現實、提煉事物。甚至有人言「抽象表現」是藝術設計必經的過程，抽象的表達萌芽於 15 世紀的文藝復興時代，到了印象派時期，塞尚（Paul Cézanne）的畫作帶有強烈的幾何體感，成為 20 世紀抽象藝術運動的始祖。爾後，畢卡索（Pablo Picasso）更在抽象藝術創作中發展出立體派的風格。在包浩斯時代，康丁斯基的作品也融入了抽象主義，將形態和顏色重新再塑造一種「藝術精神的新意義」，也就是把繪畫主題和現實世界中類似的實物隔離，康丁斯基喜歡將其作品與「音樂」或「歌劇」相互連結，在他的著作《點、線、面》中，將設計造形融合藝術，並以舞蹈和音樂的想像力，去詮釋「點、線、面」的精神層面。

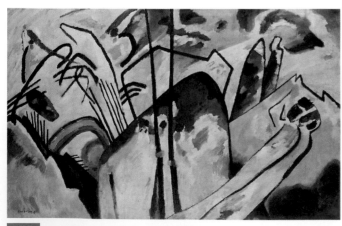

3-41　康丁斯基抽象造繪畫 (構成 4 號)　　　　3-42　畫家康丁斯基

（三）幾何形式

　　幾何造形大部分偏屬於人為形態，但大自然界中也存在一些幾何形態的現象，如：礦物的結晶幾何形態、蝸牛殼的螺旋幾何形態等。幾何造形的基礎是以數學為根據，以運算的結果可得到常理的現象，例如：正方形、三角形、圓形、橢圓形、拋物線、雙曲線等。西方的藝術家很重視幾何形態的運用，如：埃及金字塔是尖銳的三角形構成立體，達到最純粹的表現。

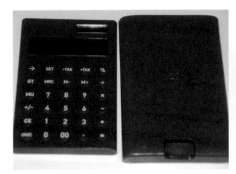

3-43a 幾何造形 I

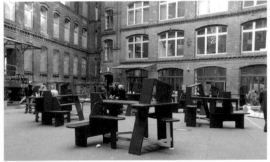

3-43b 幾何造形 II

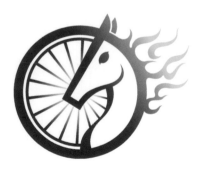

3-43c 幾何造形 III

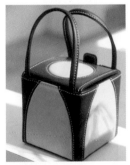

3-43d 幾何造形 IV

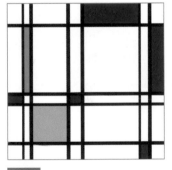

3-44 風格派抽象繪畫蒙德里安

　　希臘時代的大哲學家柏拉圖認為，造形的美乃存在於幾何形態之中，他所主張「美」的種類有秩序、均衡與限度，所指的幾何形包括正四面體、正六面體、正八面體、正十二面體等，在他看來，美乃是一種知性的抽象。在西方的造形史中，構成主義者也致力於立體幾何造形的精神表達，到了德國的包浩斯時代，已從藝術領域邁向了工業設計的量產化，使用大量的幾何形態設計，如：家具、建築、產品甚至視覺圖形等。

　　風格派（De Stijl）抽象畫家蒙德里安（Piet Mondrian），大膽地以水平垂直線表達宇宙世界之萬象，並在其幾何方塊上以紅藍黃等純色，使整體造形表現了新的次序，達到一種宇宙均衡的景象。所以說，抽象藝術是在表現一種截然不同的秩序，或使觀賞者對畫面產生錯覺，又或是表達內在的視覺隱喻。

（四）自由形式

　　自由形式大部分出自於自然形態，創作者可以各種點線面的基本形，組成無規則的構造，或可形成律動、對比、漸變的現象，其中以律動的造形較多。中國的書法及水墨畫就是典型的自由形式表現。無論是以線條或是面形的發展都沒有任何拘束，掌握了形的特色，再組織成多樣的變化，形成空間或平面的動感。

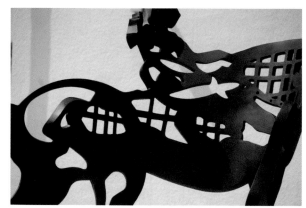

3-45a 自由造形 I

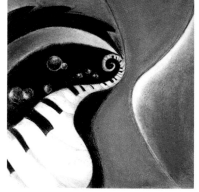

3-45b 自由造形 II

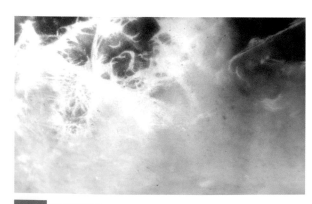

3-45c 自由造形 III

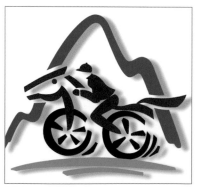

3-45d 自由造形 IV

摘要整理

一、形態

　　「形」是一種形象、記號或者是一種表徵符號，表現在平面元素上稱之為「形」，表現於立體元素上稱之為「形態」或「形體」。形態具有非常明顯的視覺力量，只要透過形的輪廓，我們就可以大致辨識其三度空間的形體。「形態」有其主要構成元素，是一個非常具體的物件。點線面是形態構成的起源，即位置的安排、方向的特性、輪廓的分別，可奠定形的發展，再順著時間的變化、空間的變化和質感的特性演變下去。

二、色彩

　　在色彩原理方面，色彩的產生是由「光」所引發出來，最初得到的有紅、橙、黃、綠、藍、靛、紫等七種色光，是由英國科學家牛頓（Isaac Newton）以三稜鏡透過日光照射發現的。各種色光刺激視覺器官使我們有了色覺，進而產生對色彩的辨識。色彩的三要素：根據色彩理論的分析，任何顏色都具有三種重要的性質，即色相（Hue）、明度（Value）、彩度（Chroma），稱為色彩的三要素（屬性），是用以區別顏色性質的標準。色彩與設計的關係確實是不可分離的，所以身為一位現代的設計師，對於色彩的概念、要素、研究方法和應用理念都需瞭解。

1. 色相：光線因波長不同呈現不同的相貌，稱為「色相」，也就是可見光譜中的各種顏色，一般以紅、橙、黃、綠、藍、紫為基本色相。

2. 明度：明度指色彩本身的明暗程度，或指一種色相在強弱不同的光線照射下，呈現出不同的明暗。每個色相加白色即可提高明度，加黑色便降低明度。光譜六色本身的明度是不等的，純色亦有明暗之分，明度最高的色相是黃色，明度最低的是紫色。

3. 彩度：指色彩的飽和度，也稱色度。達到了飽和狀態的顏色，即為純色。分布在色環上的原色或系列間色都屬於純色，如果將各種純色與黑、白、灰或其他色彩相混，其純度會降低，鮮豔的色彩感覺也逐漸消失。

三、質感

　　質感又稱肌理，也就是材料的組織結構（Composition）。一般所謂的材質感，指物體表面的感覺，材質與質感是一體兩面密不可分的，所以在造形研究裡，如何讓材質有效發揮其機能性，同時外觀質感又能表現出造形的內在，是研究質感的重要目標。在平面構圖的質感呈現，可以使用各種材料構成不同的表面質感；也可利用點線面形與色彩等構成要素，以配置的方法形成各種不同的視覺質感，質感雖可用視覺方法模擬表現，但還是必須透過觸覺才能更深一層地感受材質的個性，例如：家具的表皮紋路、衣服織品的花紋或是磁磚表面，皆須透過觸覺來分辨材料成分與質感優劣。

四、空間

　　設計師與藝術家都將「空間」列為造形的要素，例如：中國的水墨畫常以留白來呈現意境與空間感，造形中也包含了空間，對於空間的定義有兩種，一為物體本身的實虛；另一為兩個以上的實體作對應性的存在，而產生前後、遠近等感受。平面空間造形如：繪畫、攝影、織品圖案等，都將「空間」列為共同的要素。立體空間造形如：建築、雕塑、公共藝術、室內空間、產品等，是在形體與形體之間保有相對應的關係存在性，在空間性的造形構成中，以亨利・摩爾（Henry Moore）的作品最具代表性，

他的創作常將實體材料挖出中空，使整體形成明顯的虛實對比，讓造形產生了前後的現象，釋出了「空間」的真正意義。

五、抽象與具象造形

（一）具象造形

具象造形源自於自然的有機形體，例如：人、動物、花、草、物品等形態。自古以來，許多藝術家常以自然物作為繪畫創作的對象，具象的創作也有其特別的創作意義。具象造形大多以模仿客觀事物或自然形體為出發點，其最終目的是在描寫事物的真實狀況。在創作具象造形的過程中，要有敏銳的觀察力、優良的技巧以及基本的造形觀念，才能創造出有內涵的具象形態。

（二）抽象造形

「抽象」的意義，按字面上的解釋為分解現實、提煉事物。「抽象表現」是藝術設計必經的過程，抽象的表達萌芽於 15 世紀的文藝復興時代，到了印象派時期，塞尚（Paul Cézanne）的畫作帶有強烈的幾何體感，成為 20 世紀抽象藝術運動的始祖。爾後，畢卡索（Pablo Picasso）更在抽象藝術創作中發展出立體派的風格。

（三）幾何形式

希臘時代的大哲學家柏拉圖認為，造形的美乃存在於幾何形態之中，他所主張「美」的種類有秩序、均衡與限度，所指的幾何形包括正四面體、正六面體、正八面體、正十二面體等，在他看來，美乃是一種知性的抽象。

（四）自由形式

自由形式大部分出自於自然形態，創作者可以各種點線面的基本形，組成無規則的構造，或可形成律動、對比、漸變的現象，其中以律動的造形較多。中國的書法及水墨畫就是典型的自由形式表現。無論是以線條或是面形的發展都沒有任何拘束，掌握了形的特色，再組織成多樣的變化，形成空間或平面的動感。

課 題

課題一：造形構成要素

課題目標：理解造形的構成要素（觀察力的訓練）

創作方法：請以數位相機或手機拍攝自然物與人造物的形態、色彩、質感、空間等要素的照片。

創作規格：

1. 自然物每一項 4 張，人造物每一項 4 張。

2. 以簡報檔製作，在課堂上發表你觀察的概念。

3. 請參考範例

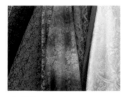
人造物 - 色彩

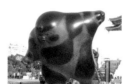
人造物 - 形態

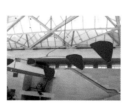
人造物 - 空間

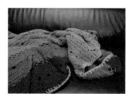
人造物 - 質感

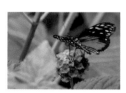
自然物 - 色彩

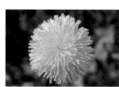
自然物 - 形態

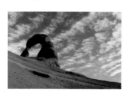
自然物 - 空間

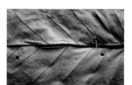
自然物 - 質感

課題二：造形構成要素之色彩

課題目標：構成要素的色彩訓練

創作方法：將聽力轉換為造形色彩的表現。聽一首音樂後，將你所聽到
　　　　　的感覺以色彩的形式，音樂樂器的聲音，以點、線、面混合
　　　　　構成元素，將之繪出。

創作規格：

1. 在 A4 的紙張，繪於 20cm×20cm 框內（草稿），以抽象形繪出一張。

2. 以彩色廣告顏料平塗在 20cm×20cm 西卡紙上，再貼到 30cm×30cm 黑
　　色美國紙板。

3. 請參考範例

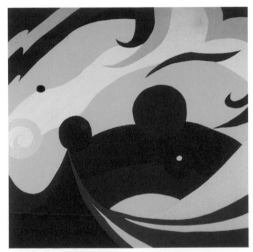

小美人魚

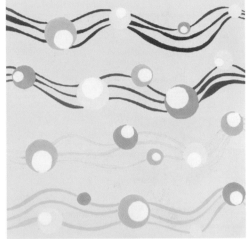

小提琴浪漫曲

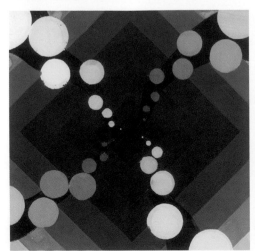

四季

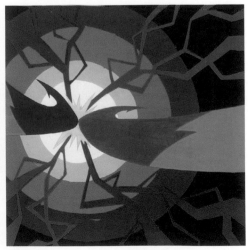

命運交響曲

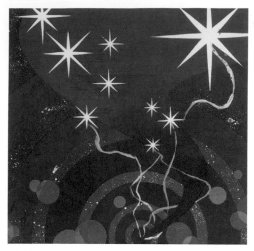

星空

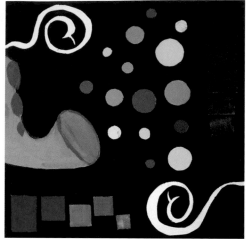

爵士樂

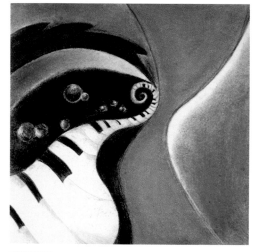

藍調音樂

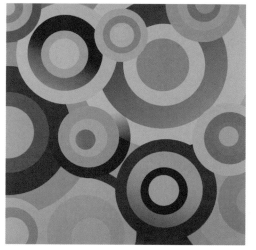

櫻桃小丸子

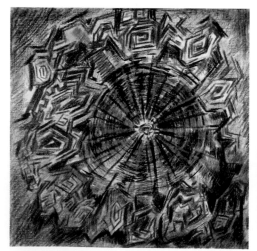

魔戒

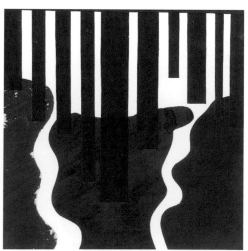

鋼琴小夜曲

課題三：造形構成要素之質感

課題目標：質感聯想力與表現方法的訓練。

創作方法：先找一張照片，以色鉛筆使用點或線的元素進行照片中的形體的描繪，

創作規格：

1. 在 A4 的紙張，繪於 20cm×20cm 框內（草稿）一張。

2. 再以彩色鉛筆繪於 20cm×20cm 西卡紙上，再貼到 30cm×30cm 黑色美國紙板。

3. 請參考範例

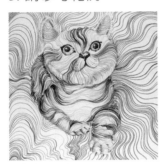
線質感構成 1

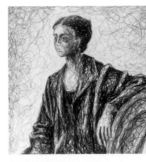
線質感構成 2

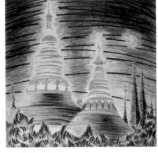
線質感構成 3

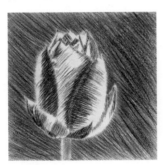
線質感構成 4

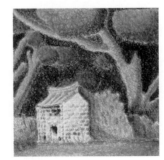
面質感構成 1

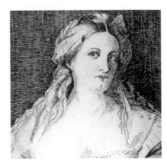
面質感構成 2

課題四：平面構成形式

課題目標：理解形的構成概念

創作方法：以手繪出具象形與抽象形（彩色搞）

創作規格：

1. 在 A4 的紙張，繪於 20cm×20cm 框內（彩色草稿），具象形與抽象形各一張。

2. 以彩色廣告顏料平塗在 20cm×20cm 西卡紙上，再貼到 30cm×30cm 黑色美國紙板。

3. 請參考範例

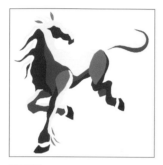
具象形 1

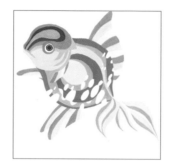
具象形 2

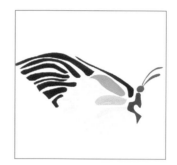
具象形 3

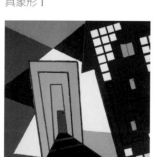
抽象形 1

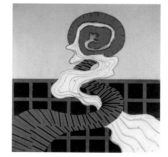
抽象形 2

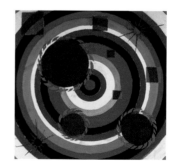
抽象形 3

課題五：平面構成形式

課題目標：理解形的構成概念

創作方法：以手繪出幾何形式與自由形式（彩色搞）

創作規格：

1. 在 A4 的紙張，繪於 20cm×20cm 框內（彩色草稿），幾何形式與自由形式各一張。

2. 以彩色廣告顏料平塗在 20cm×20cm 西卡紙上，再貼到 30cm×30cm 黑色美國紙板。

3. 請參考範例

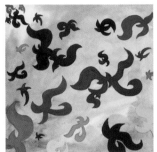

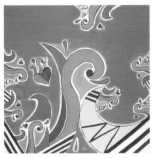

自由形式 1　　　　　　　自由形式 2　　　　　　　自由形式 3

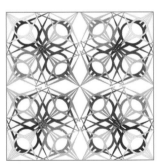
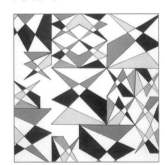
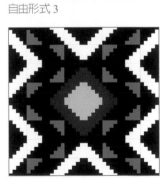

幾何形式 1　　　　　　　幾何形式 2　　　　　　　幾何形式 3

第四章
平面構成元素原理與設計

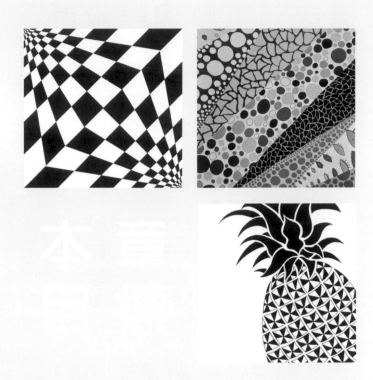

探討平面構成元素原理，包括：點線面的特
性、構成方法（堆疊、配置、分割、群集等）、
構成形式原理（反覆、漸變、比例、均衡等），
應用在平面設計的構成應用上。

第四章
平面構成元素原理與設計

一、平面構成原理

　　任何平面造形中，都可以發現點、線、面的存在；而立體造形中，造形元素提升至「體」及「空間」。零次元的點、一次元的線，二次元的面及三次元的體與空間，此五種造形元素是構成形式不可缺的條件。

　　平面構成中，點、線、面是造形最基本的元素，再以概念性系列發展成為「形」。康丁斯基認為：狹義的「形」是面和空間的組成，也就是建立在二次元和三次元之中。康氏所謂的面就是形、空間，或是形體。因此，我們可以得到一個結論，在探討造形的形式方法之前，必須對構成的基本元素有相當的了解。

　　構成的最基本元素各具特徵，給人視覺上的感受各有不同，點的沈默、線的細緻、面的量感，在設計的構成應用上，可依其特殊的個性構成各種千變萬化的平面圖形。按康丁斯基的說法：點、線、面三種基本元素都有其生命力所在的特性，看創作者如何使用此三種生命元素。可運用的構成原則包括造形的形式原理（反覆、漸變、比例、均衡等），及造形的構成方法（堆疊、配置、分割、群集等）；最後表現出造形的要素（形態、色彩、質感、空間）。

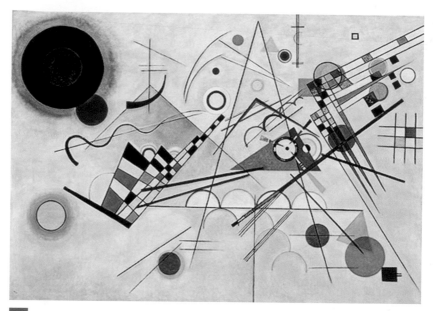

4-1 點線面構成（康丁斯基作品第 8 號）

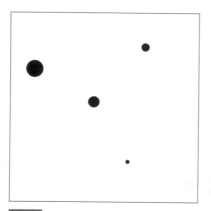

4-2a 點的沈默 I

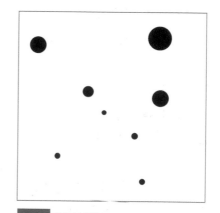

4-2b 點的沈默 II

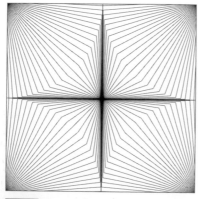

4-3a 線的細緻 I

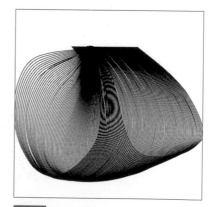

4-3b 線的細緻 II

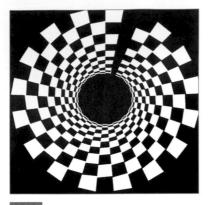

4-4a 面的量感 I

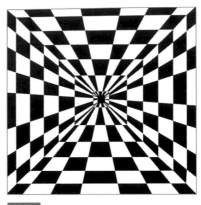

4-4b 面的量感 II

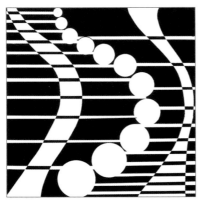

4-5a 點、線、面元素的平面構成型式（a 堆疊）

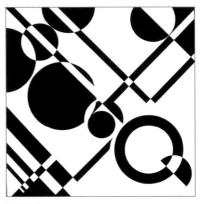

4-5b 點、線、面元素的平面構成型式（b 配置）

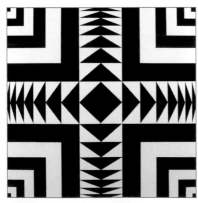

4-5c 點、線、面元素的平面構成型式（c 分割）

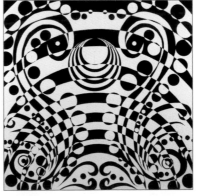

4-5d 點、線、面元素的平面構成型式（d 群集）

二、點元素構成

　　點是線與線相交的交集，或是無中生有突然產生的一個小小符號，都可認定為點。構成點的條件要視點本身與其所存在環境之大小比較，只要在整體環境中有集中性，並具有凝聚視覺的作用，都可以稱為「點」。由點的連續排列或組合，可表現出線形、平面、立體及空間現象，點的優點是面積小，且無形狀之區別，因此可構成任何具象或抽象的形象。

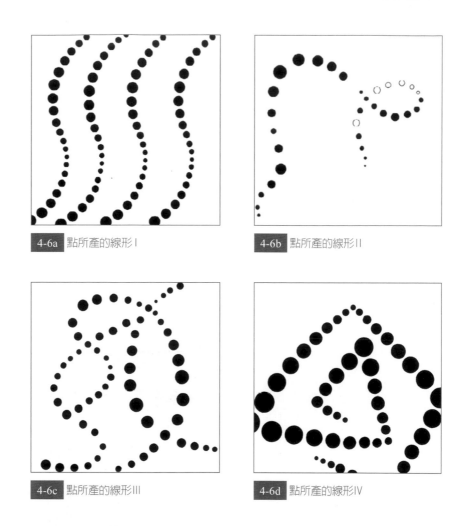

4-6a 點所產的線形 I

4-6b 點所產的線形 II

4-6c 點所產的線形 III

4-6d 點所產的線形 IV

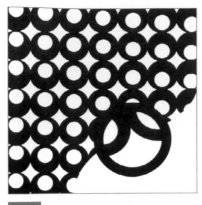

4-7a 點所產生的平面形Ⅰ

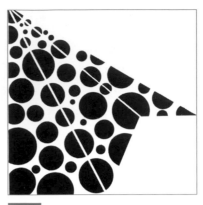

4-7b 點所產生的平面形Ⅱ

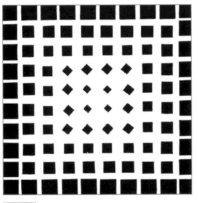

4-7c 點所產生的平面形Ⅲ

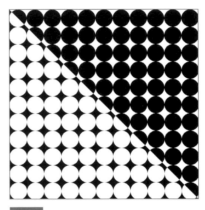

4-7d 點所產生的平面形Ⅳ

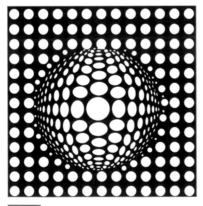

4-8a 點所產生的立體形Ⅰ

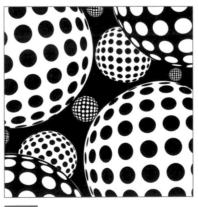

4-8b 點所產生的立體形Ⅱ

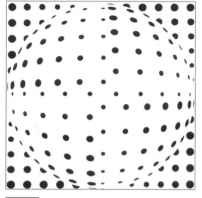

4-8c 點所產生的立體形III

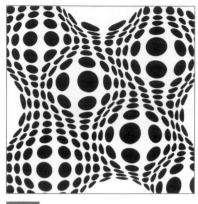

4-8d 點所產生的立體形IV

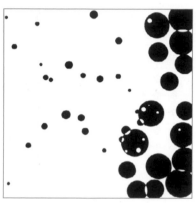

4-9a 點所產生的空間形I

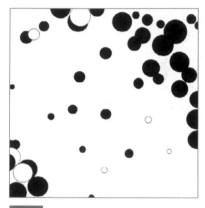

4-9b 點所產生的空間形II

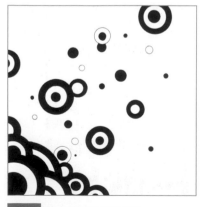

4-9c 點所產生的空間形III

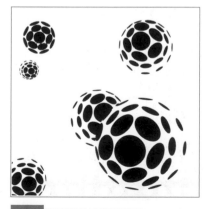

4-9d 點所產生的空間形IV

「點」為一切造形構成最基本的元素，點常令人聯想到消極的「無力」、「零」，或積極的「一觸即發」、「生命的起源」、「時間的原點」等。點的特性比線與面還特殊，主要是因為點是一切形的起源，是一切造形語言的結合，因此我們可予「點」下一個定義：沈默，在外表上，它不是形象，而是一個符號，但卻是具有實際目的一種元素，它必須被定義為無形的東西，若以量感來定義，點就等於零。

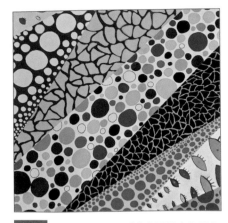

4-10 「點」為一切造形構成最基本的元素

在構成中，點是最原始的起源，無論點多麼小，它仍是有一定存在的地位。如將此些點以不同大小、位置、方向等各種方式組合變化，可以創造出各種圖形，此些圖形可以由簡單的單元構成組合，也以創造各種移動、漸變、對稱、秩序等變化的圖樣。

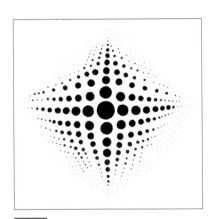

4-11a 「點」的漸變變化I

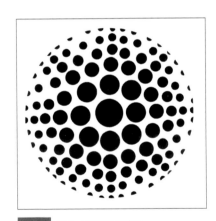

4-11b 「點」的漸變變化II

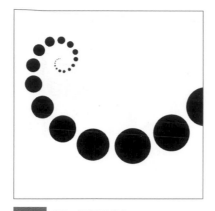

4-11c 「點」的漸變變化III

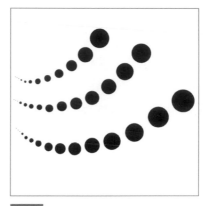

4-11d 「點」的漸變變化IV

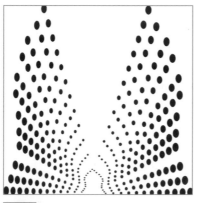

4-12a 「點」的對稱變化I

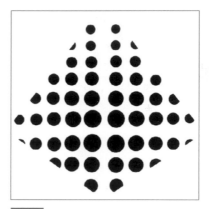

4-12b 「點」的對稱變化II

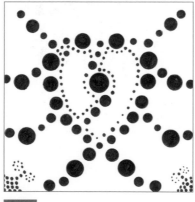

4-12c 「點」的對稱變化III

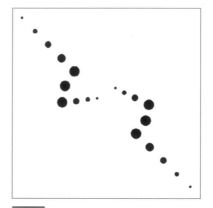

4-12d 「點」的對稱變化IV

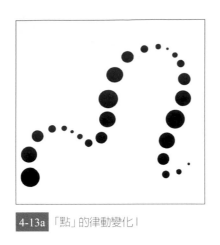

4-13a 「點」的律動變化 I

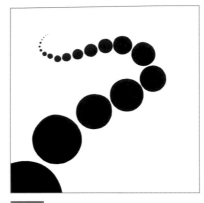

4-13b 「點」的律動變化 II

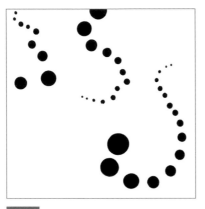

4-13c 「點」的律動變化 III

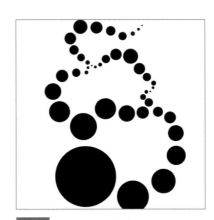

4-13d 「點」的律動變化 IV

　　康丁斯基說：「點的沈默特質會愈來愈壯大，而這個特質即是內在的張力，一個接著一個地從它生命的深處出來，並展現它們的力，簡單地說——死亡的點會變成活生命。」因此，它就如同空間的特性一般，無時不充滿整個地方，例如：一張平面的造形中一定有點形的存在。在造形藝術中，可以把點看作是一種符號，符號擴張後，衍生為一種象徵，有了象徵就產生了內涵。因此點開始表達它在造形上的聲音，畫面也開始由沈默變為說話的情景了。

　　以造形的元素構成，點的運動可形成線或面的形態，透過視覺心理現象又可表達到高層次的空間方位。點的堅強性是獨特且超凡的，儘管在數學幾何上它只是屬於一個零次方的形式，卻有「一觸即發」或「一鳴驚人」的爆發潛力。因此，點看似一種極嚴謹且薄弱的元素，造形藝術者卻仍存有一份保守的戒心。最後，將點的性質加以歸納，我們可得到以下的思維層次：

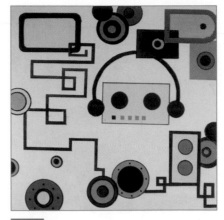

4-14 點在造形藝術中是一種符號

・點：具有地位。

・點：是沈默中的一頭獅子。

・點：處在一種臨界溫度當中。

・點：平常是沈默寡言，但當你需要它時，力量卻無可限制。

・點：寧靜的海洋。

・點：構成浩翰宇宙的最小元素。

・點：一個複雜的單體。

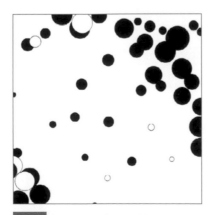

4-15a 點是力量卻無可限制 I

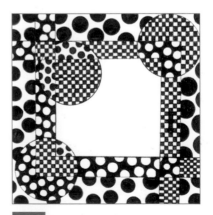

4-15b 點是力量卻無可限制 II

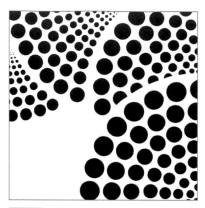

4-16a 點是寧靜的海洋 I

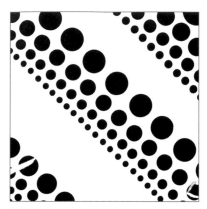

4-16b 點是寧靜的海洋 II

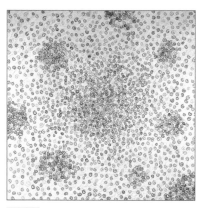

4-17a 點是一個複雜的單體 I

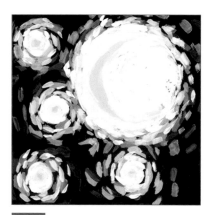

4-17b 點是一個複雜的單體 II

（一）點的線形構成

　　點的連續排列，形成視覺引導的軌跡，產生了直線形的現象；如再加以變換位置或方向，則產生了曲線形的現象；若相鄰兩點之間再加入大小的變化，則會形成空間、遠近的線形。

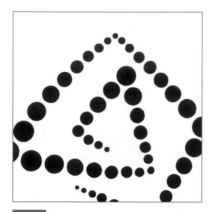

4-18a 點的直線連續排列 I

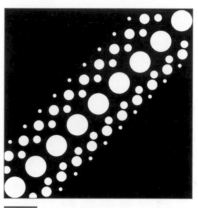

4-18b 點的直線連續排列 II

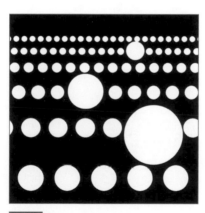

4-18c 點的直線連續排列 III

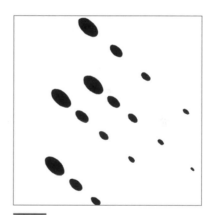

4-18d 點的直線連續排列 IV

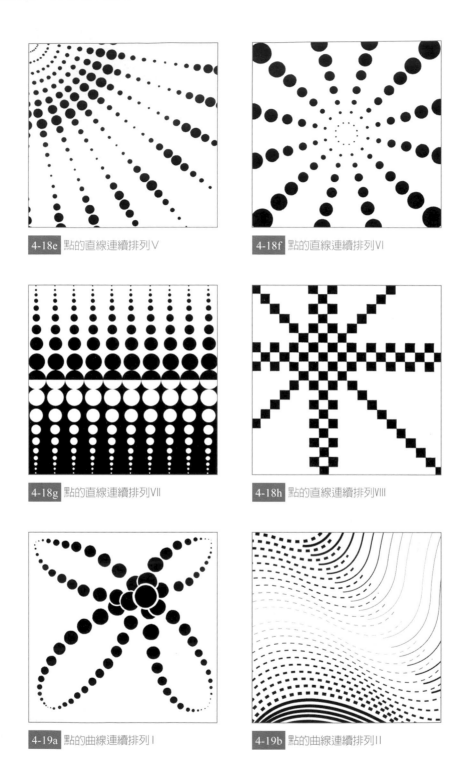

4-18e 點的直線連續排列 V

4-18f 點的直線連續排列 VI

4-18g 點的直線連續排列 VII

4-18h 點的直線連續排列 VIII

4-19a 點的曲線連續排列 I

4-19b 點的曲線連續排列 II

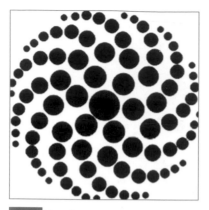

4-19c 點的曲線連續排列III

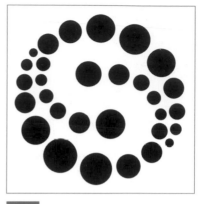

4-19d 點的曲線連續排列IV

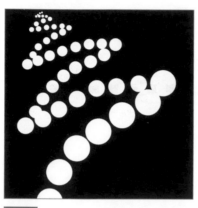

4-19e 點的曲線連續排列V

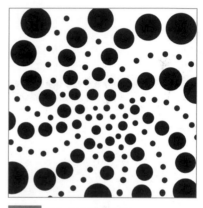

4-19f 點的曲線連續排列VI

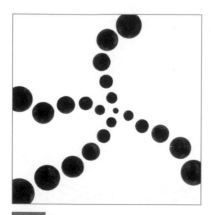

4-19g 點的曲線連續排列VII

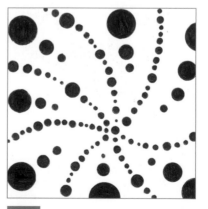

4-19h 點的曲線連續排列VIII

（二）點的平面構成

　　點單元群集排列，可表現出平面的現象，構成的方式在於點的位置、大小、方向及疏密，可產生多元性的變化，如：平面、曲面、球面、透明等不同面形，甚至可形成具象圖形的構成，如：點描派（Pointillism）的畫作。

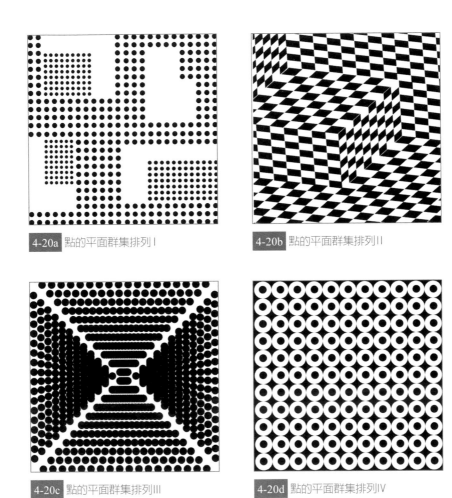

4-20a 點的平面群集排列Ｉ

4-20b 點的平面群集排列Ⅱ

4-20c 點的平面群集排列Ⅲ

4-20d 點的平面群集排列Ⅳ

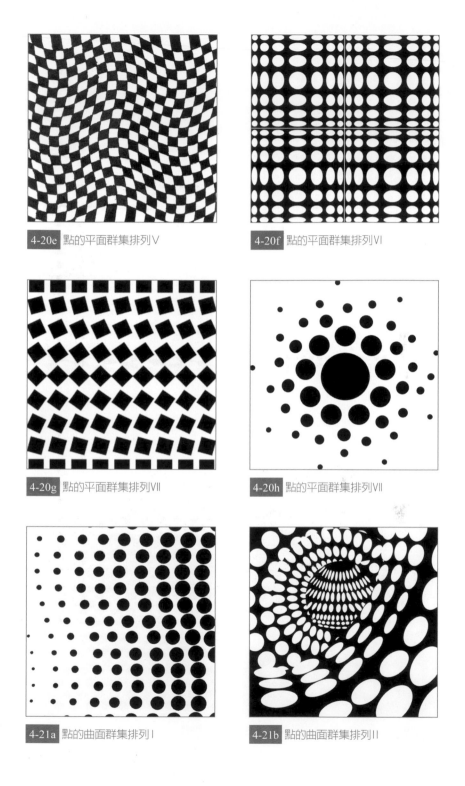

4-20e 點的平面群集排列 V

4-20f 點的平面群集排列 VI

4-20g 點的平面群集排列 VII

4-20h 點的平面群集排列 VII

4-21a 點的曲面群集排列 I

4-21b 點的曲面群集排列 II

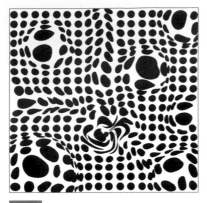

4-21c 點的曲面群集排列III

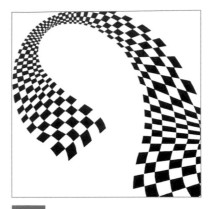

4-21d 點的曲面群集排列IV

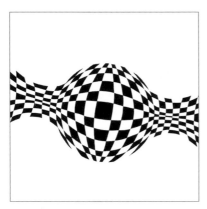

4-21e 點的曲面群集排列V

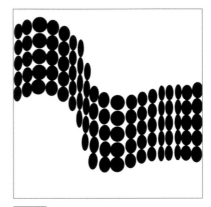

4-21f 點的曲面群集排列VI

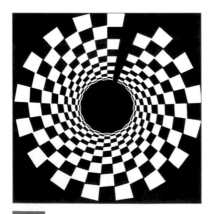

4-21g 點的曲面群集排列VII

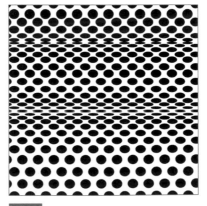

4-21h 點的曲面群集排列VIII

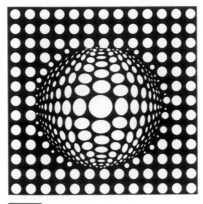

4-22a 點的球面群集排列 I

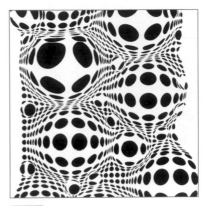

4-22b 點的球面群集排列 II

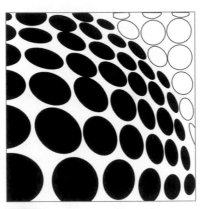

4-22c 點的球面群集排列 III

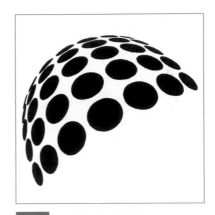

4-22d 點的球面群集排列 IV

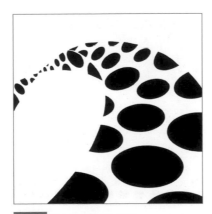

4-22e 點的球面群集排列 V

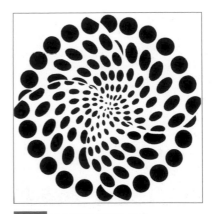

4-22f 點的球面群集排列 VI

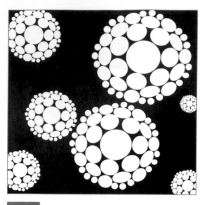
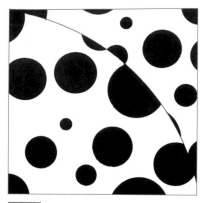

4-22g 點的球面群集排列Ⅶ　　4-22h 點的球面群集排列Ⅷ

（三）點的立體構成

當點在平面空間移動時，會由零次元往一次元、二次元至三次元的立體空間發展，產生由線形、面形甚至立體之變化。點的大小變化，方向的改變或配置上的疏密，可帶來深度的視覺感受，表現出直面立體、曲面立體或其他複雜的立體現象。

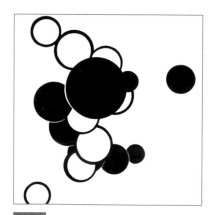
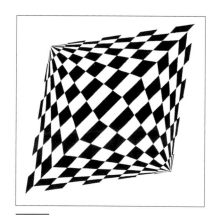

4-23a 點的立體排列Ⅰ　　4-23b 點的立體排列Ⅱ

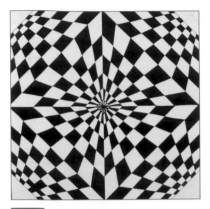

4-23c 點的立體排列III

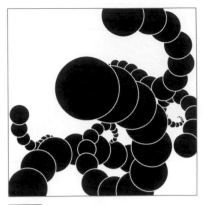

4-23d 點的立體排列IV

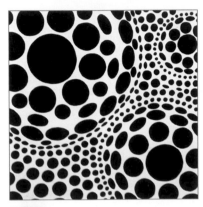

4-23e 點的立體排列V

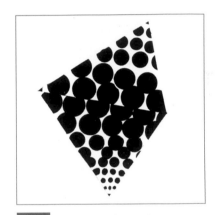

4-23f 點的立體排列VI

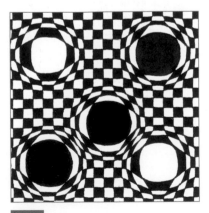

4-23g 點的立體排列VII

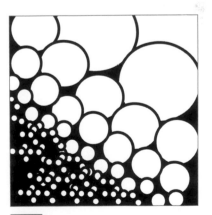

4-23h 點的立體排列VIII

（四）點的空間構成

　　不同大小的點在平面圖形中看起來有遠近的分別，大點近、小點則遠，因此以不同大小的點可以在平面空間中，組成具有深度距離的感覺。點的空間現象與立體現象不同之處，在於空間在表達虛實之間的關係，而立體只是在表達實體之深度。

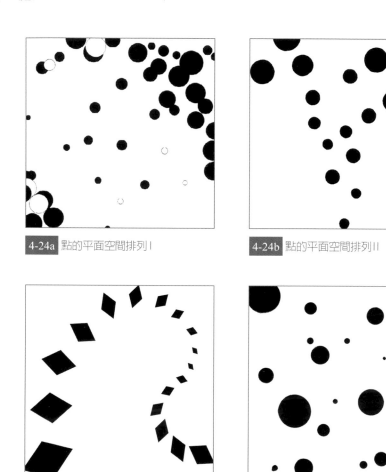

4-24a 點的平面空間排列I

4-24b 點的平面空間排列II

4-24c 點的平面空間排列III

4-24d 點的平面空間排列IV

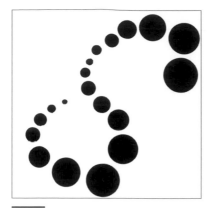

4-24e 點的平面空間排列 V

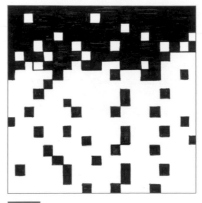

4-24f 點的平面空間排列 VI

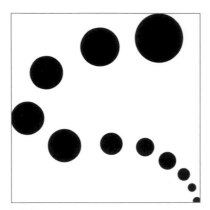

4-24g 點的平面空間排列 VII

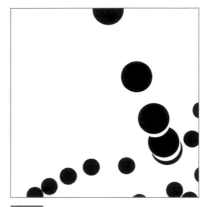

4-24h 點的平面空間排列 VIII

4-25a 點的立面空間排列 I

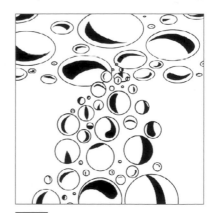

4-25b 點的立面空間排列 II

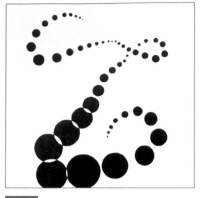

4-25c 點的立面空間排列 III

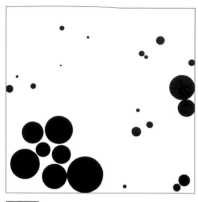

4-25d 點的立面空間排列 IV

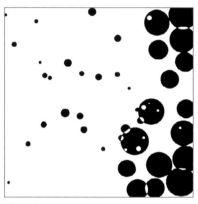

4-25e 點的立面空間排列 V

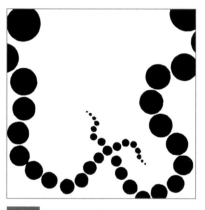

4-25f 點的立面空間排列 VI

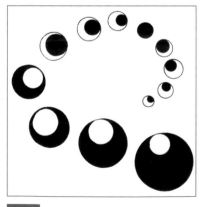

4-25g 點的立面空間排列 VII

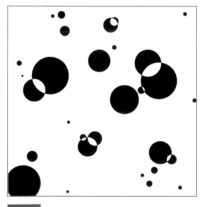

4-25h 點的立面空間排列 VIII

（五）點的形象構成

　　點可以用來產生任何具象或抽象的元素，由於點的優點是面積小，且無形狀之區別，因此可構成任何種象形。對於由點構成形象的原因，主要是基於觀察者對於該造形經驗中原有的景象產生的聯想力。點在群體化之後，點與點之間位置的相關聯性會影響它所要表現的造形。當點愈少時，愈難認出其形象，但點如果用較多點時，則較容易正確感受到形象的存在，而且愈明顯。

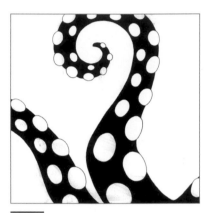

4-26a 點的形象構成 I

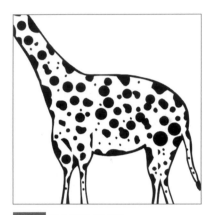

4-26b 點的形象構成 II

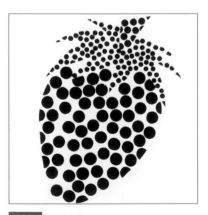

4-26c 點的形象構成 III

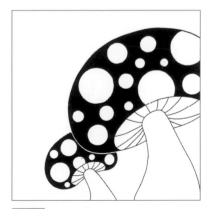

4-26d 點的形象構成 IV

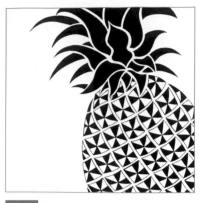

4-26e 點的形象構成 V

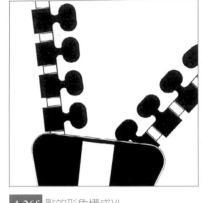

4-26f 點的形象構成 VI

三、線元素構成

　　西方造形藝術的線條表現均可見於其繪畫與建築的創作品當中。線條造形表現最徹底的，就屬新藝術運動。新藝術運動是受到英國美術工藝運動的影響，對於機械的排斥，以及對矯揉造作的維多利亞風格（Victorian style）的反動，強調使用自然動感的線條。

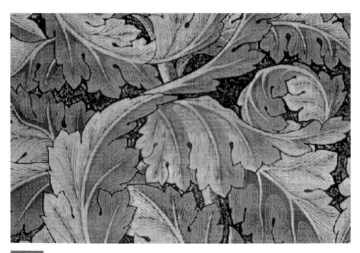

4-27 美術工藝運動的線條表現

　　「線」在造形學上是以長度為其主要特徵，力感和方向為其表現形式，「張力」是線的內在力量，是運動的一部分，另一部分是「方向」，也是由「運動」所確定。線有了張力，就開始有漸進或漸弱的現象；有了方向，就開始產生各種線的形態，例如：波浪線、轉角線或圓弧線。

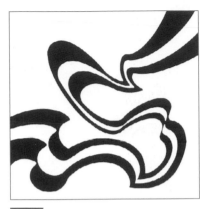

4-28a 線是力感和方向為其表現形式 I

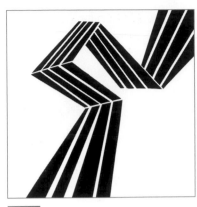

4-28b 線是力感和方向為其表現形式 II

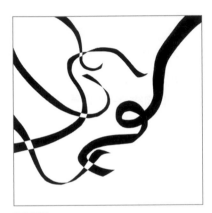

4-29a 線是運動的一部分 I

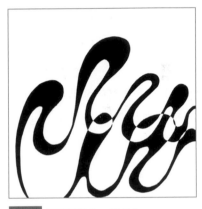

4-29b 線是運動的一部分 II

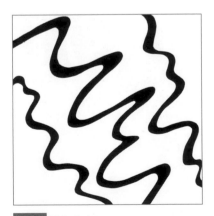

4-30a 線有方向 I

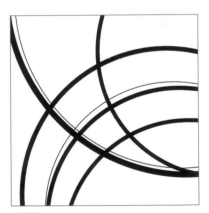

4-30b 線有方向 II

　　「線」的種類比「點」及「面」更為複雜，線形除了有長度、寬度及形狀之外，還有折線、直線、自由曲線、幾何曲線及放射狀線等；以線的形式又分為實線、虛線、中空線等三種。如前面所述，線最重要的性格就是有外力存在，其次是方向性造成線形的變化。線形藉由了創意理念的融入之後，「建構」現象就交織在一個造形物象裡，物象的內在與物象的相互關係產生了構成型式，反映著線型的情感抒發。線的不同形式表示了聲音的不同或是情感的不同。例如：通常直線有自由平坦的延伸感，令人感覺理性、堅強、具男性的意象；而曲線帶有動感、優雅且具有女性的印象；折線則帶有尖銳感。

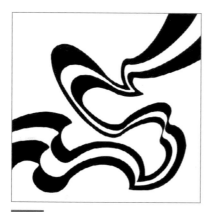

4-31a 曲線帶有動態、優雅的感覺 I

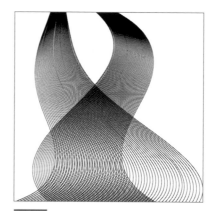

4-31b 曲線帶有動態、優雅的感覺 II

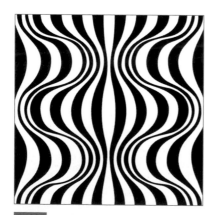

4-31c 曲線帶有動態、優雅的感覺 III

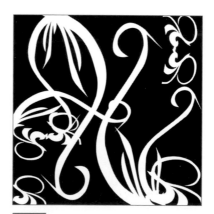

4-31d 曲線帶有動態、優雅的感覺 IV

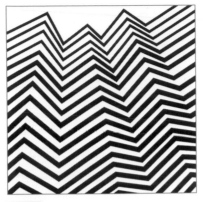

4-32a 折線有尖銳感 I

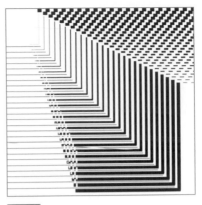

4-32b 折線有尖銳感 II

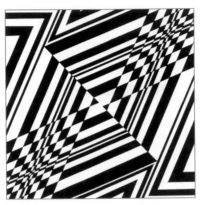

4-32c 折線有尖銳感 III

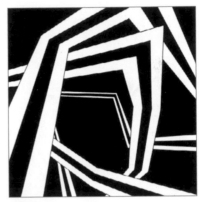

4-32d 折線有尖銳感 IV

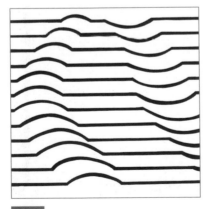

4-33a 直線有自由平坦的延伸感 I

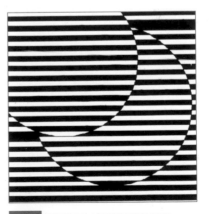

4-33b 直線有自由平坦的延伸感 II

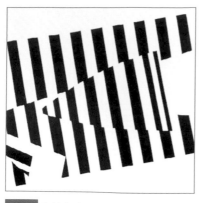
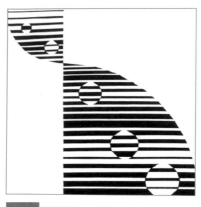

4-33c 直線有自由平坦的延伸感III

4-33d 直線有自由平坦的延伸感IV

　　線擁有點和面所沒有的優良條件。「線」是一種自由形式的元素，可構成「動力」的效果，表現出造形的生命力。中國的書法就是線之美的極致典範，如：魏晉南北朝書法家王羲之的《蘭亭集序》，是線形的極致展現，豪情奔放的氣韻在他書法字裡行間中迸發[1]。

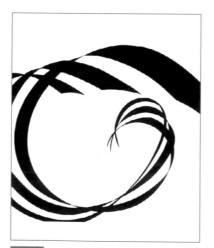
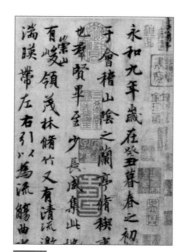

4-34 線可構成「動力」的效果

4-35 中國的書法造形是以線條追求人生境界的形式

1　葉錦添（2008）。神思陌路。臺北：天下雜誌。

　　如深入的解析線形，其所蘊藏的不只是外在形式的蠕動，更著重內在的筋骨，賦予造形運動感與節奏感，產生了精細、粗獷或流暢等特徵。歸納其特質如下：

1. 線產生的形象：線有輪廓性及豐富的動感，適合用於構成形象。

2. 線的空間構成：如改變線條的位置或方向，不同方向的路徑會產生交互的空間感，另外，疏密位置的安排與線的相交重疊，也會產生前後感，也就是空間感。

3. 線產生的優雅的感受：線既是一種有外力存在的元素，因而可透過「力道」的呈現，輕重自如地發揮在造形的表現中，就如書法一般，下筆時化柔為剛，在字形裡面剛中又帶柔，達到氣韻生動的境界。

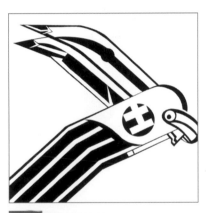

4-36a　線產生的形象Ⅰ

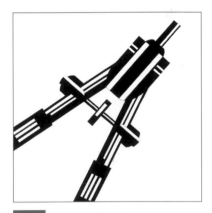

4-36b　線產生的形象Ⅱ

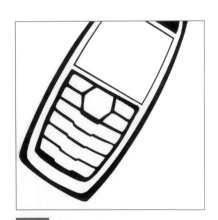

4-36c　線產生的形象Ⅲ

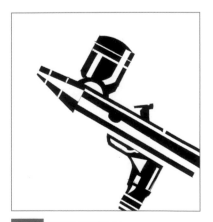

4-36d　線產生的形象Ⅳ

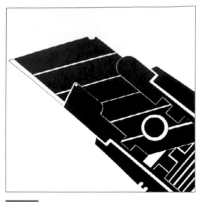

4-36e 線產生的形象Ⅴ

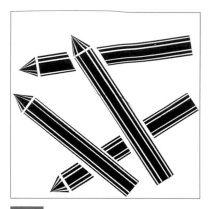

4-36f 線產生的形象Ⅵ

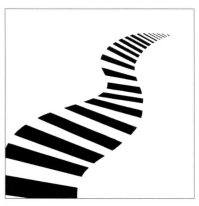

4-37a 線的空間構成Ⅰ

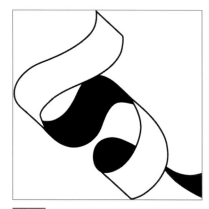

4-37b 線的空間構成Ⅱ

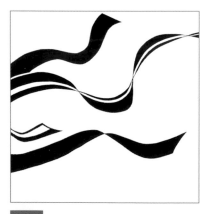

4-37c 線的空間構成Ⅲ

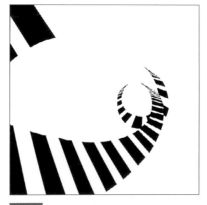

4-37d 線的空間構成Ⅳ

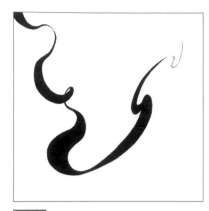

4-38a 線產生的優雅Ⅰ

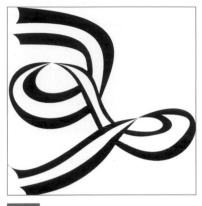

4-38b 線產生的優雅Ⅱ

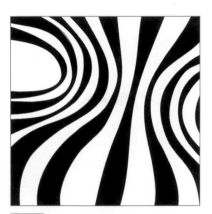

4-38c 線產生的優雅Ⅲ

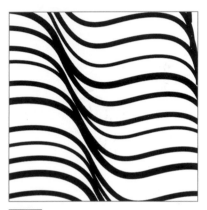

4-38d 線產生的優雅Ⅳ

分析了線的特質之後，可將線的型式歸納為直線形（straight line）與曲線形（curve line）。

表 4-1　線的形式

線	直線	相接的線：折線、包格線、集中線
		交叉的線：直交格子、斜叉格子
	曲線	開放的曲線：弧線漩渦線、單曲線、拋物線、曲線、垂直線
		封閉的曲線：圓、橢圓、心形、蛋形

（一）直線形

直線因具有張力，使其無限延伸、永無止盡，除非外力改變其運動方向或以某種元素阻止它的延伸。直線在建築造形上一直是用來作基本線規之用，也是使用最多的元素，可作為建築造形的「框架」（frame），以封閉的直線形成了穩定的狀態。

直線形可分為直線及折線兩種，直線穩重、紮實、理性、堅硬且有規律性；折線帶有不安的感覺且變化多端，此兩種線形效果相差甚大。

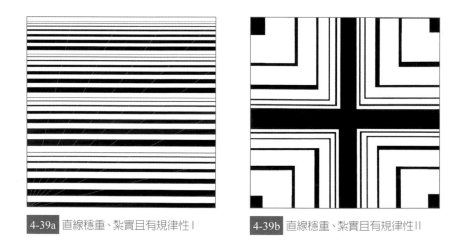

4-39a 直線穩重、紮實且有規律性 I　　4-39b 直線穩重、紮實且有規律性 II

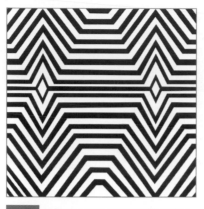 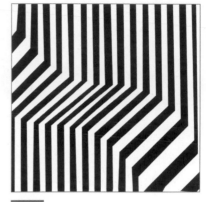

| 4-40a 折線有不安的感覺且變化多端 I | 4-40b 折線有不安的感覺且變化多端 II |

（二）曲線形

　　線改變了方向就形成了曲線，它在幾何學上分為「自由曲線」和「幾何曲線」兩種。幾何曲線帶有明確的規律效果，在構成的過程中，可以按數理的方法產生，例如：圓、橢圓、雙曲線等。中古世紀及文藝復興時代的建築物，也使用幾何曲線，尤其是圓的運用相當多。例如：義大利建築師貝尼尼（Gian Lorenzo Bernini）設計的聖彼得大教堂前雙圓拱形廣場。而自由曲線因富有活力及動感的特性，為許多藝術造形創作者所喜愛[2]，自由曲線在柔婉中富於變化，且具優雅的趣味，例如：中國的書法使用線條創作，賦予運動感與節奏感，產生精緻、流利、細美的運筆特徵，完成線形律動美之變化量感和力感，安海姆也認為視覺物體是與動力（dynamic）有相關性，才能使人在視覺上產生反應的效果。曲線在結構形成上有一種伸長力量、輕巧、虛玄的意境與婉轉流動的美，表現出精神的美感訴求，也是設計藝術家最喜歡使用的造形元素之一。

2　　林崇宏（1999）。造形設計藝術。臺北：田園城市出版社。

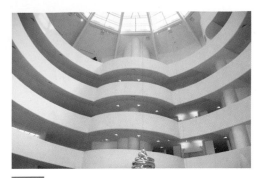

4-41 古根漢美術館的幾何曲線

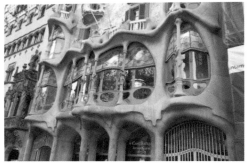

4-42 高蒂的自由曲線建築

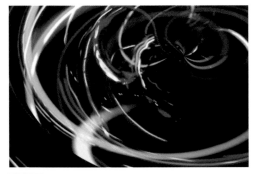

4-43a 曲線的藝術造形創作 I

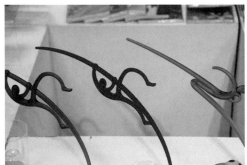

4-43b 曲線的藝術造形創作 II

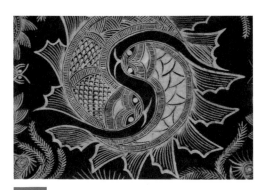

4-44a 自由曲線在柔婉中富於變化 I

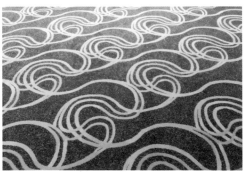

4-44b 自由曲線在柔婉中富於變化 II

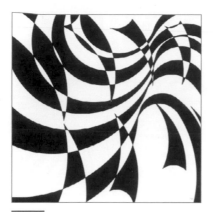

4-45a 自由曲線產生的形象變化 I

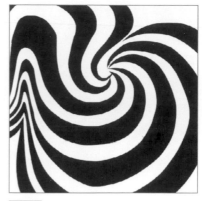

4-45b 自由曲線產生的形象變化 II

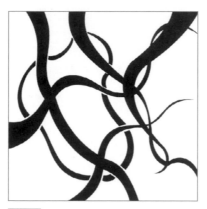

4-45c 自由曲線產生的形象變化 III

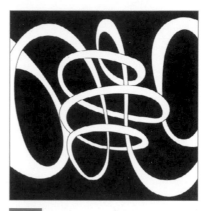

4-45d 自由曲線產生的形象變化 IV

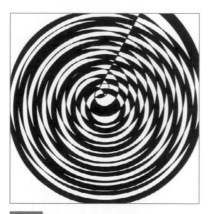

4-46a 幾何曲線產生的形象變化 I

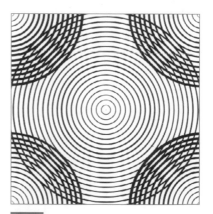

4-46b 幾何曲線產生的形象變化 II

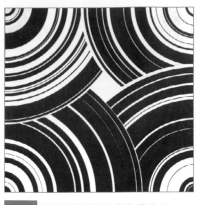

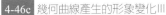

4-46c 幾何曲線產生的形象變化III

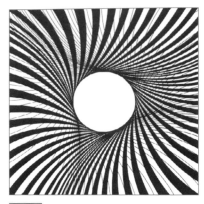

4-46d 幾何曲線產生的形象變化IV

（三）線的構成方式

線是重要的構成元素，它可以構成平面、曲面、立體與空間，並且是表達律動美最切實的元素，也是設計藝術家最喜歡使用的造形元素之一。造形均可透過線的變化而達到構圖的目的，例如：以線來作造形的分割是一個非常恰當的方法。

由線的多種性格如：細緻、方向、長度、動力，我們可得到線的構成形式如下：

1. 線的粗細構成：在視覺的心理因素上，粗線有前進感，細線則顯得有後退感，兩者互相結合後，在視覺上可產生遠近或空間的關係。

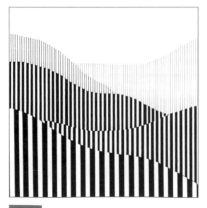

4-47a 線的粗細構成I

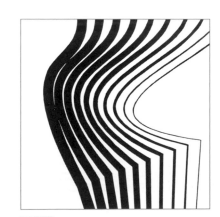

4-47b 線的粗細構成II

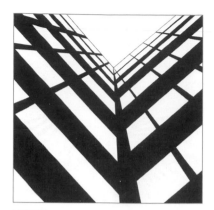

4-47c 線的粗細構成III

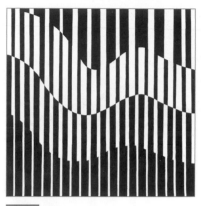

4-47d 線的粗細構成IV

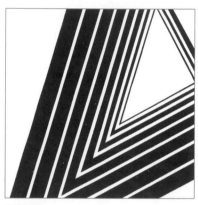

4-47e 線的粗細構成V

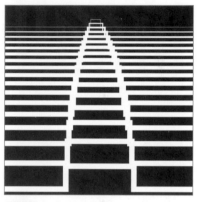

4-47f 線的粗細構成VI

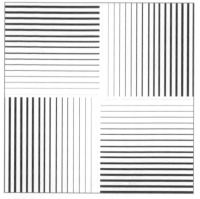

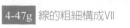

4-47g 線的粗細構成VII

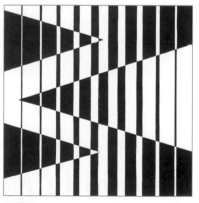

4-47h 線的粗細構成VIII

2. 線的方向構成：線的方向如果變動的話，可以改變造形的效果，以線的起點和終點連接的路徑，可表現出明顯的遠近感或空間感，依整個構圖環境而定，如果線的方向隨時更改，則可表現出凹凸的立體感。由此看來，線可以因它的方向改變，表現出三次元的立體或空間效果。

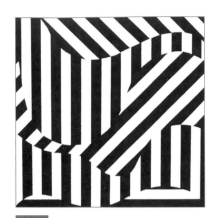
4-48a 線的方向構成 I

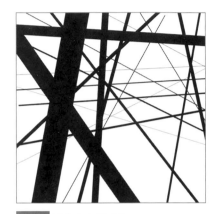
4-48b 線的方向構成 II

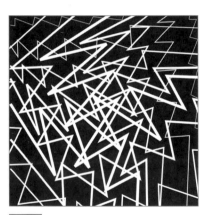
4-48c 線的方向構成 III

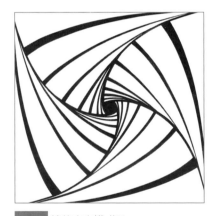
4-48d 線的方向構成 IV

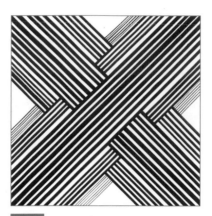

4-48e 線的方向構成 V

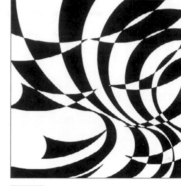

4-48f 線的方向構成 VI

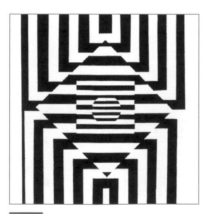

4-48g 線的方向構成 VII

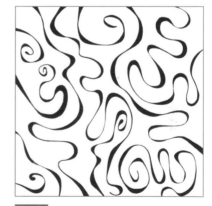

4-48h 線的方向構成 VIII

3. 線的疏密構成：在平行線構圖裡，線的間隔如果作了變化，形成疏距與緊距兩種現象，會產生不同的遠近效果，密的線排列顯得距離較近，疏的線排列顯得較遠，平行線亦可採取交叉排列的形式，可得豐富變化的圖形。

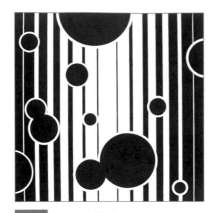

4-49a 線的疏密構成 I

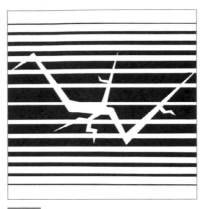

4-49b 線的疏密構成 II

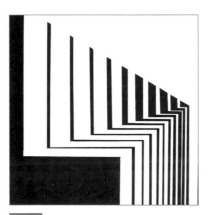

4-49c 線的疏密構成 III

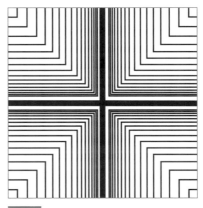

4-49d 線的疏密構成 IV

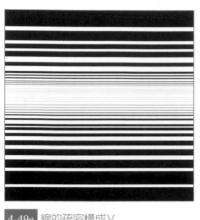

4-49e 線的疏密構成Ⅴ

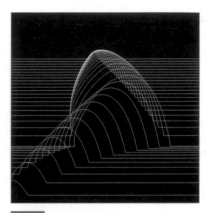

4-49f 線的疏密構成Ⅵ

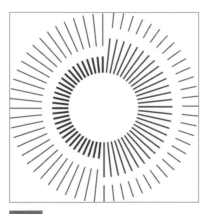

4-49g 線的疏密構成Ⅶ

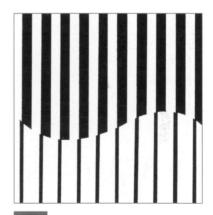

4-49h 線的疏密構成Ⅷ

4. 線的面形化構成：群線的集合狀態將會形成「面的感覺」，雖然構成的
  元素只是線條，但是由於數量多，其效果已等於面了。而由線構成面形
  的方式很多，一般是由線的粗細、濃淡、方向、位置與線的疏密五種方
  式構成，可造成多種變化的直面、曲面、凸面、凹面及轉折面等造形。

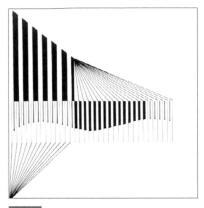
4-50a 線的面形化構成 I

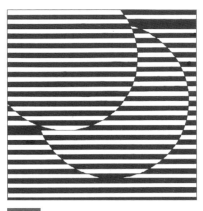
4-50b 線的面形化構成 II

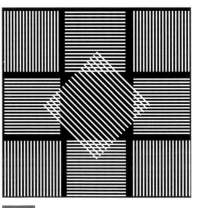
4-50c 線的面形化構成 III

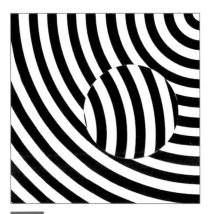
4-50d 線的面形化構成 IV

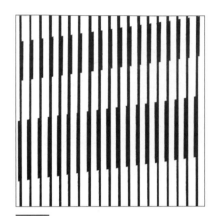

4-50e 線的面形化構成Ⅴ

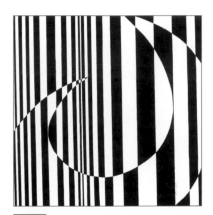

4-50f 線的面形化構成Ⅵ

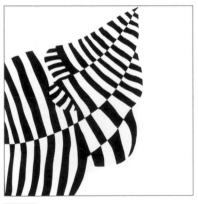

4-50g 線的面形化構成Ⅶ

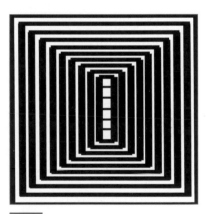

4-50h 線的面形化構成Ⅷ

5. 線的立體化構成：構成的方式有曲線形、直（折）線形及相交線形三種，曲線形可作小弧度或大弧度的變化，而轉折線的組合可不限於直角的轉折，各種角度的轉折與相交也可構成平面的立體圖形。

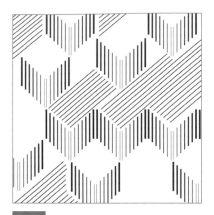

4-51a 線的立體化構成 I

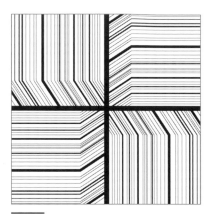

4-51b 線的立體化構成 II

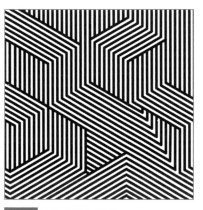

4-51c 線的立體化構成 III

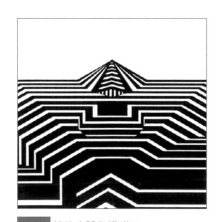

4-51d 線的立體化構成 IV

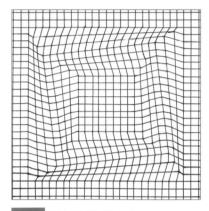

4-51e 線的立體化構成Ⅴ

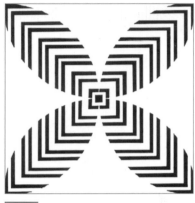

4-51f 線的立體化構成Ⅵ

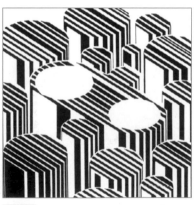

4-51g 線的立體化構成Ⅶ

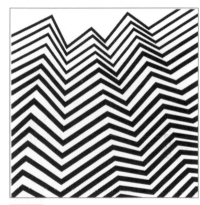

4-51h 線的立體化構成Ⅷ

6. 線的空間構成：如改變線條的粗細、位置或方向，會產生遠近的空間感
或扭轉歪曲的現象，另外，疏密位置的安排與線的相交重疊，也會產生
前後空間感。

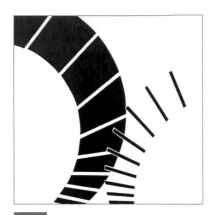

4-52a 線的空間構成 I

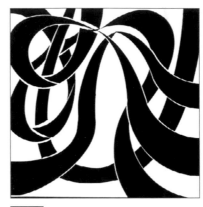

4-52b 線的空間構成 II

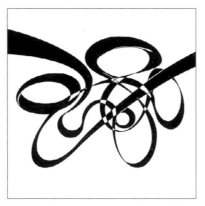

4-52c 線的空間構成 III

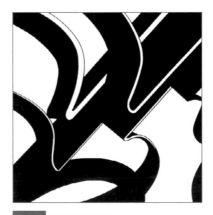

4-52d 線的空間構成 IV

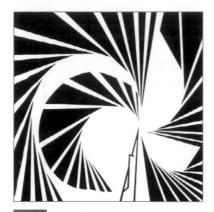

4-52e 線的空間構成Ⅴ

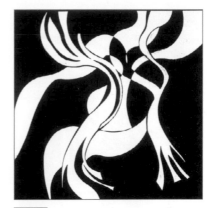

4-52f 線的空間構成Ⅵ

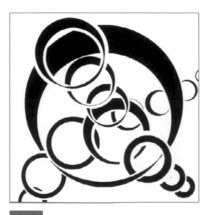

4-52g 線的空間構成Ⅶ

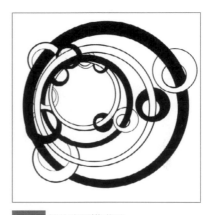

4-52h 線的空間構成Ⅷ

7. 線產生的律動：線條是產生律動感的最佳表達方式，因為線條有動力感與方向的特性，因此任何的線都可以表達出律動形式，其中以曲線的構成較富變化也較容易表達。線如果以美的形式原理中的反覆及漸層方式排列，亦可產生律動形式。

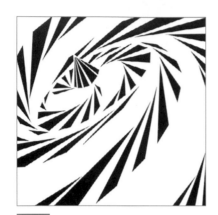

4-53a 線產生的律動Ⅰ

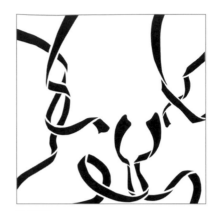

4-53b 線產生的律動Ⅱ

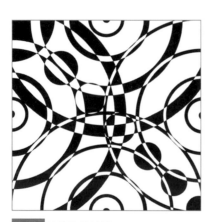

4-53c 線產生的律動Ⅲ

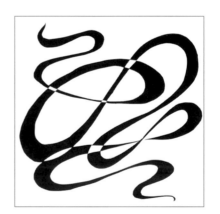

4-53d 線產生的律動Ⅳ

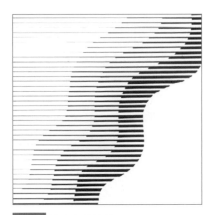

4-53e 線產生的律動Ⅴ

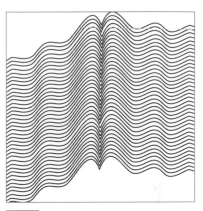

4-53f 線產生的律動Ⅵ

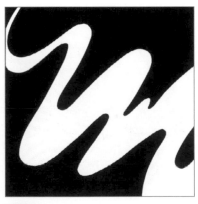

4-53g 線產生的律動Ⅶ

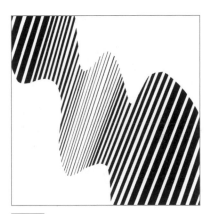

4-53h 線產生的律動Ⅷ

8. 線表現的質感：線條可以增加表面感覺的特性，並突顯出造形的特點。
   如以各種平行線、交叉線、曲線或方格線等作反覆性的構圖，畫面上就
   產生各種不同的表面質感，如果再加上粗細變化，則更顯現出質感的特
   徵。

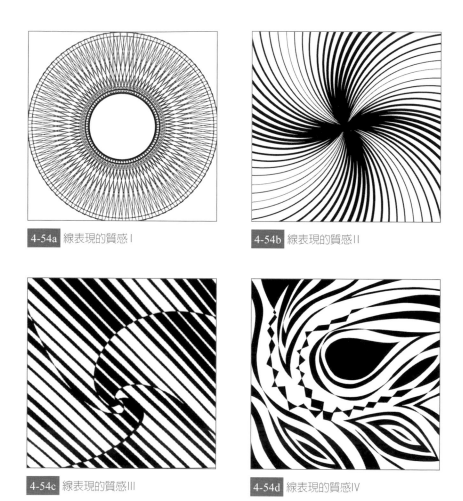

4-54a 線表現的質感 I

4-54b 線表現的質感 II

4-54c 線表現的質感 III

4-54d 線表現的質感 IV

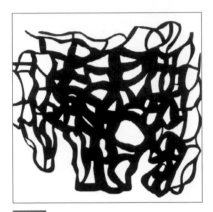

4-54e 線表現的質感Ⅴ

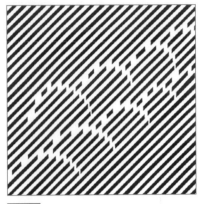

4-54f 線表現的質感Ⅵ

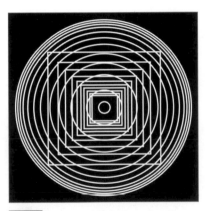

4-54g 線表現的質感Ⅶ

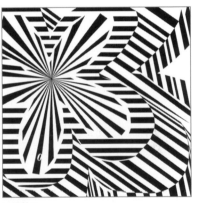

4-54h 線表現的質感Ⅷ

四、面元素構成

「面」可以說是一種封閉的形態，另外更能以顏色的明度、彩度、色相、質地感或空間等屬性，構成特殊的效果，面形雖然在延展與方向的變換速度，或流動感遠不如線形，但面形比線形更具實在感和穩定性。康丁斯基認為面形包含了許多性格，包括冷、暖、寂靜、客觀、束縛、密集、沈重、鬆弛、解放、自由等，這些相互抵觸的性格已深藏在面形之中。

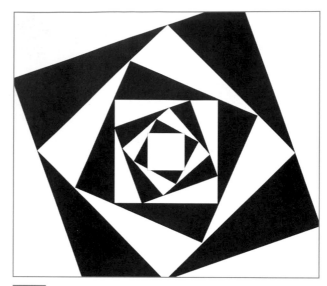

4-55　面是一種封閉的形態

在造形的定義中，面是一種輪廓的範圍，「面」在幾何形的定義中，是屬於面積的現象，它代表一個平坦的區域在一次元（如：線條）或二次元空間中每一個方向的延伸。我們將「面」定義為具有長度和寬度的二次元空間形式，它是由至少三個點以上的連線所構成的形式。根據保羅‧克利的造形發展模式，面是由靜止的線條開始，沿著該線條以外的方向移動所形成。面的構成特性有四：「位置」、「形狀」、「方向」與「範圍」等，其中以「範圍」最為重要。面比點和線更具有豐富的量感和生命力。

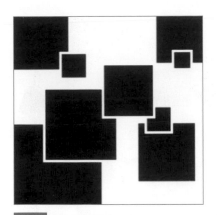

4-56 面的構成特性 - 位置

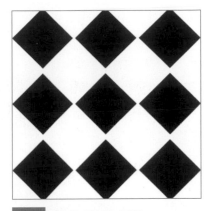

4-57 面的構成特性 - 形狀

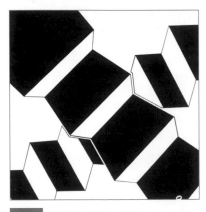

4-58 面的構成特性 - 方向

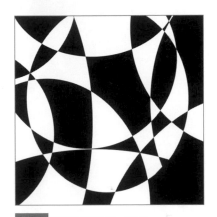

4-59 面的構成特性 - 範圍

　　嚴格來說，面的定義就是範圍方面的延伸，也可以說是內力的往外擴張。「面」可分為「幾何面」與「自由面」兩大類，又可再細分為幾何直面、幾何曲面、自由直面與自由曲面。

表 4-2　面的種類

平面	幾何形	幾何直線面形
		幾何曲線面形
	自由形	自由直線面形
		自由曲線面形

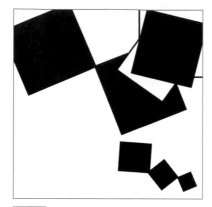

4-60a 幾何直面 I

4-60b 幾何直面 II

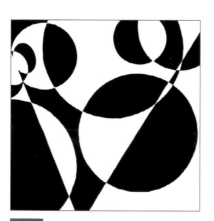

4-61a 幾何曲面 I

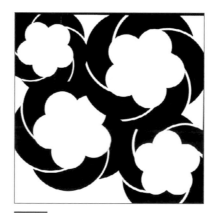

4-61b 幾何曲面 II

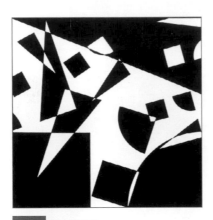

4-62a 自由直面Ⅰ

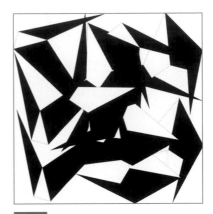

4-62b 自由直面Ⅱ

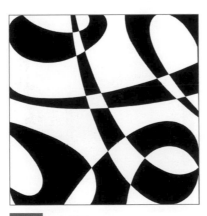

4-63a 自由曲面Ⅰ

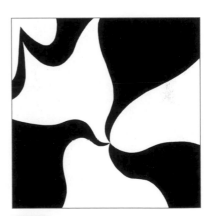

4-63b 自由曲面Ⅱ

（一）直面形

幾何直面具理性、穩定、信賴、簡潔、確實、井然有序之感，尤其以幾何形態更具力量，例如：正方形、三角形、多邊形、菱形等。直面是一種靜止的張力構成，如：蒙德里安以線形作水平垂直的分割，形成了大大小小的幾何直面，面的顏色與大小對比，及畫面的配置，都展現出直面形的張力。

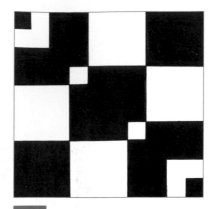

4-64 簡潔直面形

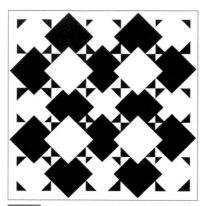

4-65 井然有序面形

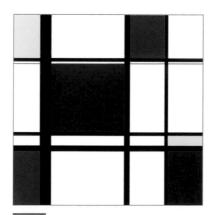

4-66 蒙德里安以線形作水平垂直的分割

（二）曲面形

　　曲面較偏向感性，帶有節奏感的張力。幾何曲面具明快、自由及規則性、秩序感、例如：圓、橢圓、擺線、拋物線面或雙曲線面等。自由曲面形具有變化性，不甚明確但亂裡略帶秩序感，具有多樣的心理情緒，大膽、活潑且具豐富的情感，如：歐普藝術（Op Art）的創作者，善用扭曲的面形造成觀者的視覺錯覺。

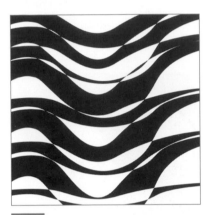
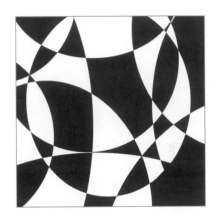

4-67 曲面較偏向感性，帶有節奏感的張力。

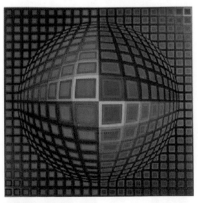

4-68a 歐普藝術 I

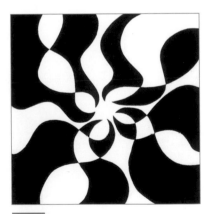

4-68b 面形的視覺的錯覺

（三）面的構成方式

　　面的屬性包括「密度」、「質感」、「結構」和「形狀」四種，而每種屬性的輕重、強弱或疏密不同，會使面產生很大的差異。面比點和線更具有「形」的象徵，面元素的功能，乃從空間之中分離切取「形」[3]。面的構成方式如下：

1. 直面的構成：直面為以最簡單的幾何直線形或自由直線形構成封閉的平面，形狀較為呆板，構成立體的形式較多，其構成特色為規矩式的，與曲面形態比較之下，直面形的變化較少。

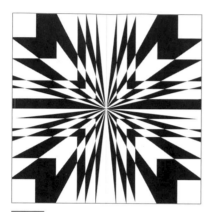
4-69　律動直面構成

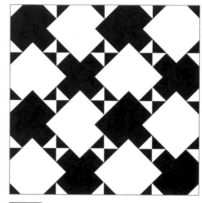
4-70　反覆直面構成

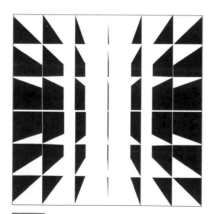
4-71a　漸變直面構成

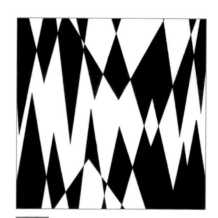
4-71b　自由直面構成

3　　呂清夫（譯）（1993）。藝術、設計的平面構成（原作者：朝倉直巳）。臺北：北星圖書公司。

2. 曲面的構成：曲面的形成，可使用幾何曲線或自由曲線，造成速度感、
   韻律感及動物形、植物形等各種具象或抽象形，所以就曲面的特性而
   言，它是屬於一種活潑、自由且感性的構成元素。

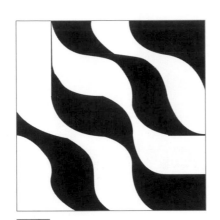

4-72 律動曲面構成

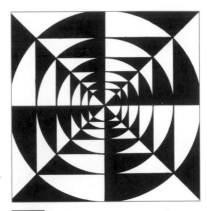

4-73 反覆曲面構成

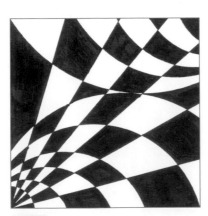

4-74a 漸變曲面構成

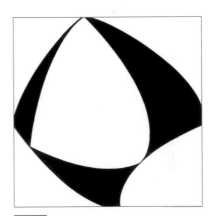

4-74b 調和曲面構成

3. 面的立體感構成：「面」如以透視構圖、色彩明暗、轉折曲面或堆疊方式，可表現出三次元的立體效果。一般而言，不論何種面形成的立體感，只要靈活運用構成要素（色彩、形態、質感等），將可創造多變化的立體感發展，面形表現立體感的效果較點及線更為豐富。

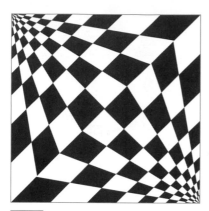
4-75a 面的立體感構成 I

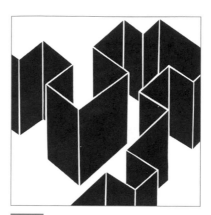
4-75b 面的立體感構成 II

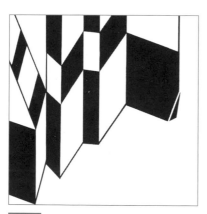
4-75c 面的立體感構成 III

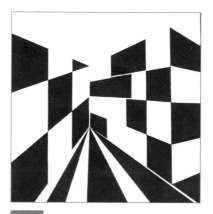
4-75d 面的立體感構成 IV

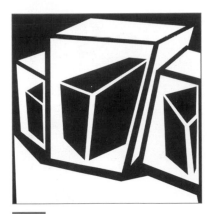

4-75e 面的立體感構成Ⅴ

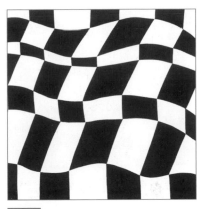

4-75f 面的立體感構成Ⅵ

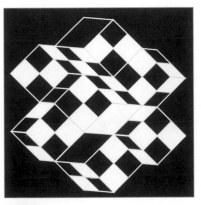

4-75g 面的立體感構成Ⅶ

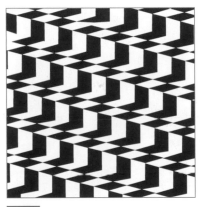

4-75h 面的立體感構成Ⅷ

4. 面的空間感構成：空間與立體有其共通性，但空間感除含有立體感的實體外，更多了「虛空」的層面。造成空間感的形成條件是以距離、深度或中空所造成，如以各種面的重疊、大小變化、透視、放射狀、色彩的前進與後退等，都能充分表現空間感的效果。

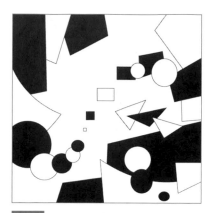
4-76a 面的空間感構成 I

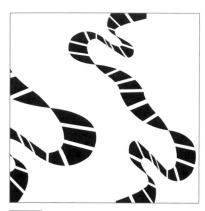
4-76b 面的空間感構成 II

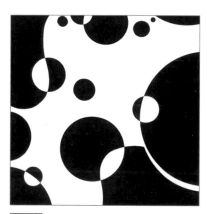
4-76c 面的空間感構成 III

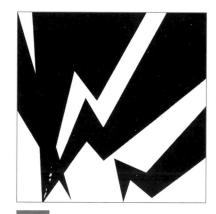
4-76d 面的空間感構成 IV

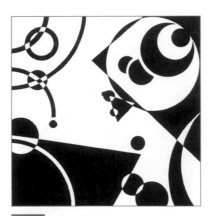

4-76e 面的空間感構成 V

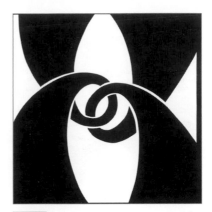

4-76f 面的空間感構成 VI

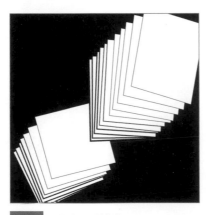

4-76g 面的空間感構成 VII

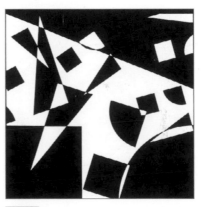

4-76h 面的空間感構成 VIII

5. 面的漸變感構成：以相同的面形，做漸次的變化，其排列由大而小，由強而弱，漸變必須以秩序性狀態出現，在立體造形漸層變化的形式包括有形、方向、角度、尺寸 (長、寬、深)、色彩、空間、位置等，形成一體自然的順序。

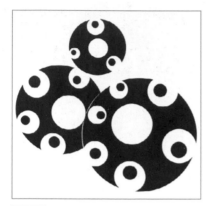
4-77a 面的漸變感構成 I

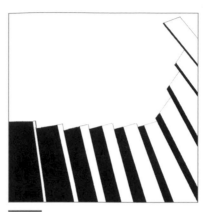
4-77b 面的漸變感構成 II

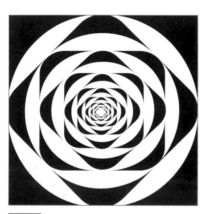
4-77c 面的漸變感構成 III

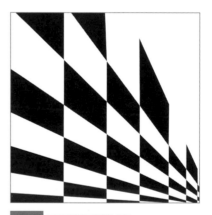
4-77d 面的漸變感構成 IV

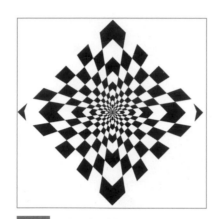

4-77e 面的漸變感構成Ⅴ

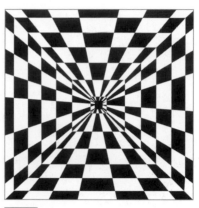

4-77f 面的漸變感構成Ⅵ

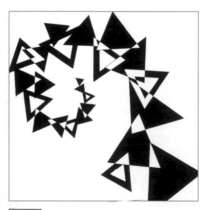

4-77g 面的漸變感構成Ⅶ

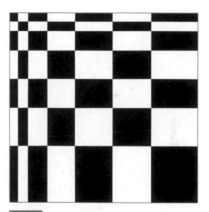

4-77h 面的漸變感構成Ⅷ

6. 面的律動感構成：有兩種方式，一為由本身形式造成的律動現象，例如：
曲面；另外一種是多個面形重複出現，在視覺心理上產生移動的現象而
造成的律動感。曲面構成的律動感較無法像線構成的律動感那樣隨性隨
意。

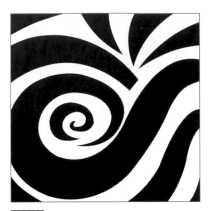

4-78a 面的律動感構成 I

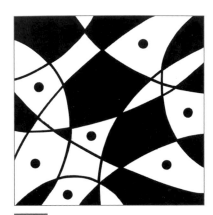

4-78b 面的律動感構成 II

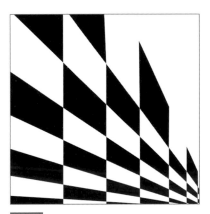

4-78c 面的律動感構成 III

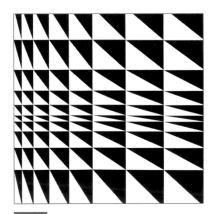

4-78d 面的律動感構成 IV

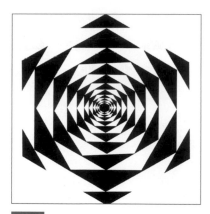

4-78e 面的律動感構成Ⅴ

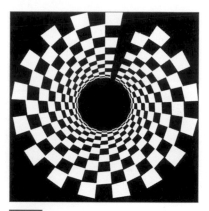

4-78f 面的律動感構成Ⅵ

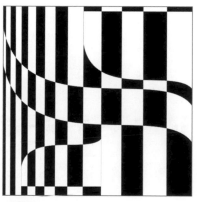

4-78g 面的律動感構成Ⅶ

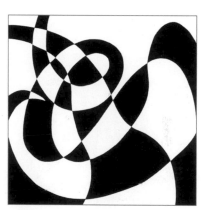

4-78h 面的律動感構成Ⅷ

7. 面的物象構成：「面」是較常被使用作物象形態的構成元素，因為面的量感較點或線豐富，可以其豐富的量感構成形象圖。面形圖像又可分為具象、半具象或抽象三種方式，以一般面在設計的應用上相當多，在視覺傳達中的商標或符號常使用面的造形。

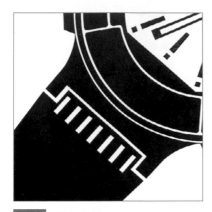

4-79a 面的物象構成 I

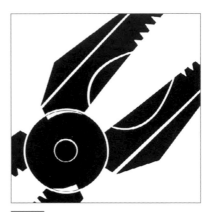

4-79b 面的物象構成 II

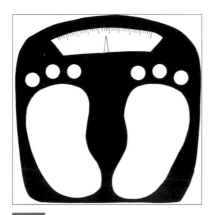

4-79c 面的物象構成 III

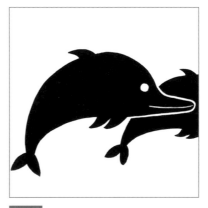

4-79d 面的物象構成 IV

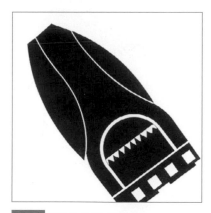

4-79e　面的物象構成 V

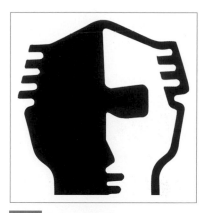

4-79f　面的物象構成 VI

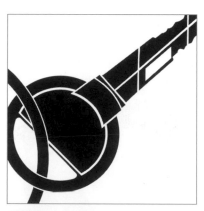

4-79g　面的物象構成 VII

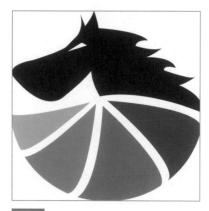

4-79h　面的物象構成 VIII

五、形元素構成

基本形（Basic form）為一個體的形式或樣式，可以延伸變化成各種圖樣，其形成應該儘量單純，不可太複雜，大多是由幾何的造形所組成。基本形為許多海報設計上各樣視覺圖形的表現元素。

基本形可以由點、線、面、形構成，其條件為單純的形，大多為幾何形，基本形在組合後可以產生相當多的變化。兩個或三個基本形可先構成另一種的單元形式，稱為「超基本形」，再由超基本形發展出更複雜的視覺圖案。

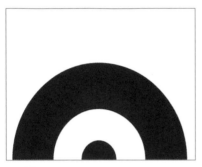

4-80a 基本形 I

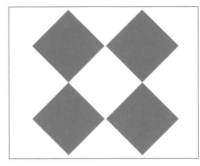

4-80b 基本形 II

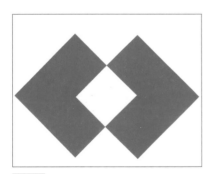

4-80c 基本形 III

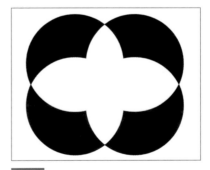

4-80d 基本形 IV

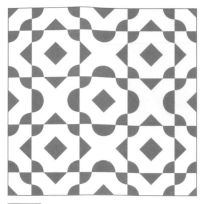
4-81a 超基本形為基本形所組合 I

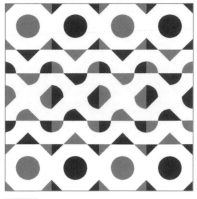
4-81b 超基本形為基本形所組合 II

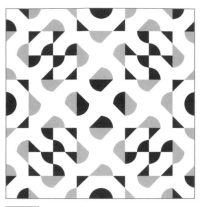
4-81c 超基本形為基本形所組合 III

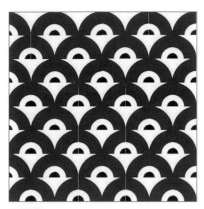
4-81d 超基本形為基本形所組合 IV

　　「形象」（Image）是造形元素之一，它不屬於真正的空間現象。形象之基本要件是形，形的延伸、擴張後，產生了動態、密度、架構（frame）的內涵，所以形象並非只是一種形而已，它可能是一種符號、圖形（figure）、樣式（style）或記號（symbol）。形象的特質首在於「形」，是一種構成的形（form），而非只是單純形狀（shape）的形。形象的另一個特色在於其有形象的內涵。因此形象的元素並不在乎其是點、線或是面，它可擴張至任何現象，康丁斯基認為：基面（形象）是屬於物質，有一種產生的過程，而此基面內在的作用力叫因素質感，包含有光滑、粗糙、柱狀、針狀、發亮或暗淡，可見形象是內在夠充實的一種元素。

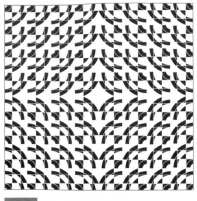

4-82a 基本形所組合的反覆圖形 I

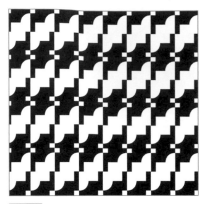

4-82b 基本形所組合的反覆圖形 II

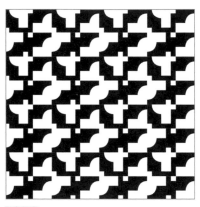

4-82c 基本形所組合的反覆圖形 III

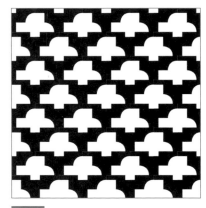

4-82d 基本形所組合的反覆圖形 IV

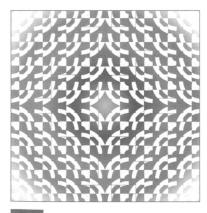

4-82e 基本形所組合的反覆圖形 V

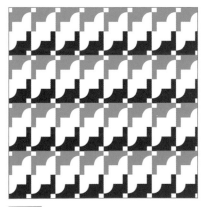

4-82f 基本形所組合的反覆圖形 VI

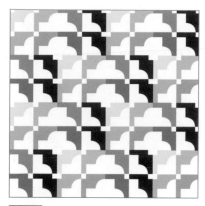

4-82g 基本形所組合的反覆圖形Ⅶ

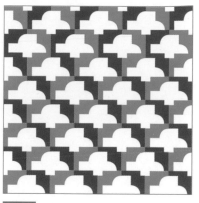

4-82h 基本形所組合的反覆圖形Ⅷ

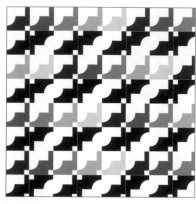

4-83a 基本形所組合的律動圖形Ⅰ

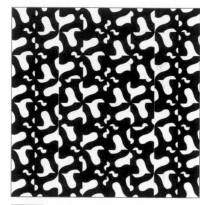

4-83b 基本形所組合的律動圖形Ⅱ

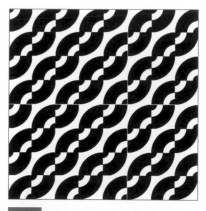

4-83c 基本形所組合的律動圖形Ⅲ

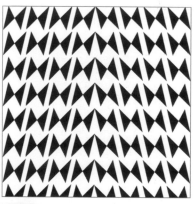

4-83d 基本形所組合的律動圖形Ⅳ

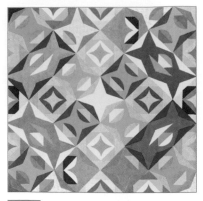

4-83e 基本形所組合的律動圖形Ⅴ

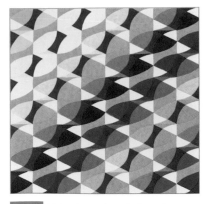

4-83f 基本形所組合的律動圖形Ⅵ

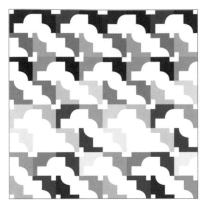

4-83g 基本形所組合的律動圖形Ⅶ

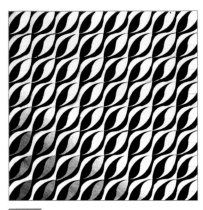

4-83h 基本形所組合的律動圖形Ⅷ

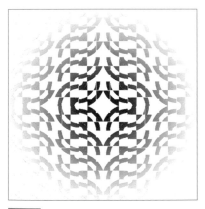

4-84a 基本形所組合的漸變圖形Ⅰ

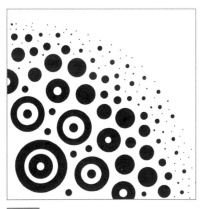

4-84b 基本形所組合的漸變圖形Ⅱ

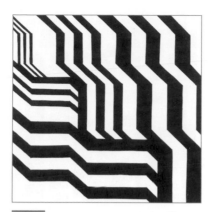

4-84c 基本形所組合的漸變圖形III

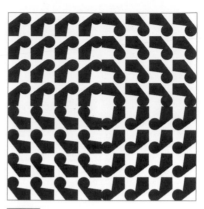

4-84d 基本形所組合的漸變圖形IV

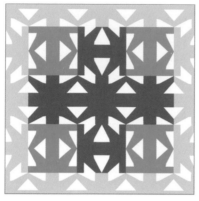

4-84e 基本形所組合的漸變圖形V

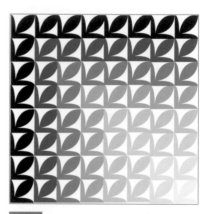

4-84f 基本形所組合的漸變圖形VI

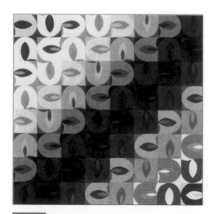

4-84g 基本形所組合的漸變圖形VII

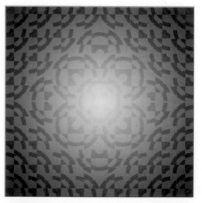

4-84h 基本形所組合的漸變圖形VIII

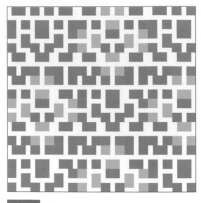

4-85a 基本形所組合的對比圖形 I

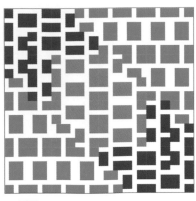

4-85b 基本形所組合的對比圖形 II

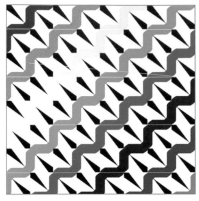

4-85c 基本形所組合的對比圖形 III

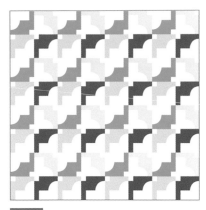

4-85d 基本形所組合的對比圖形 IV

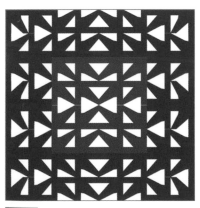

4-85e 基本形所組合的對比圖形 V

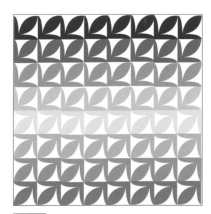

4-85f 基本形所組合的對比圖形 VI

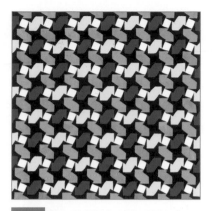

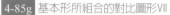

4-85g 基本形所組合的對比圖形VII

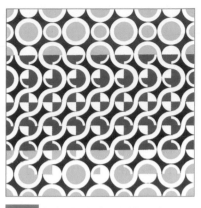

4-85h 基本形所組合的漸變圖形VIII

形象不像點、線、面有一定的格式或者形式，形象可能是固定，也可能隨時在變動。它本身是構成造形的元素之一，存在於面與體之間的不定狀態，所以並無所謂幾何形或自由形之分別，但形象本身需要一種構成元素的過程（點線面的運動或擴張），就像是細胞的擴張過程一樣，由擴張後的細胞核構成另一種造形。因此形象是造形構成中相當重要的元素，雕塑、產品的建構首要條件就是形象，而在平面藝術之繪畫、視覺設計等，形象的描繪正是表現其呈現的意義。而在點線面元素之中，面元素是表現形象之最清楚的元素。

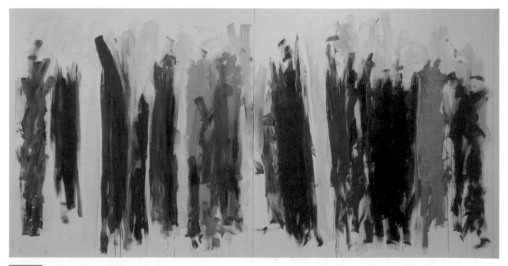

4-86 由基本形所構成的平面藝術

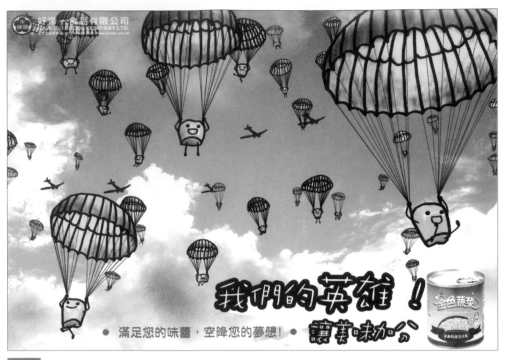

4-87a 由基本形所構成的視覺設計 I

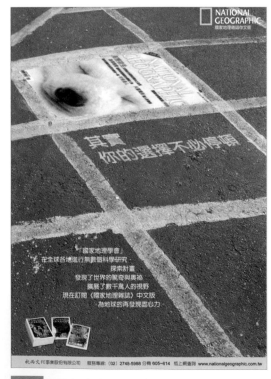

4-87b 由基本形所構成的視覺設計 II

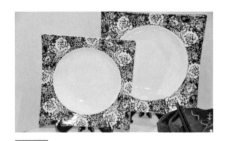

4-87c 由基本形所構成的視覺設計 III

4-87d 由基本形所構成的視覺設計 IV

　　形的基本形繼續變化可發展為模組形 (Modale)，如以幾何形態做為構成的基礎，可以發展出幾千種形的變化，可以做為平面構築的基本元素，因為各個模組形的組合，可以構成諧調的畫面，也可以構成極度效果的對比情形，也可以構成強烈的組合效果，許多設計師喜歡用模組式圖形進行各種設計，包括日本知名藝術家草間彌生、抽象畫家荷蘭畫家蒙得里安、蘇俄藝術家亞剛‧亞科夫（Lord Yaacov Agam）。由基本形所發展的構成想像是無限的。

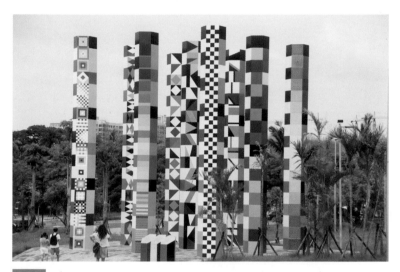

4-88a 亞剛‧亞科夫在高雄世運會的公共藝術作品 I

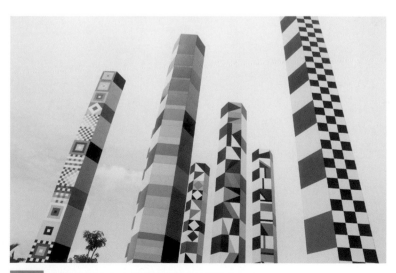

4-88b 亞剛‧亞科夫在高雄世運會的公共藝術作品 II

摘要整理

一、平面構成原理

　　平面構成中，點、線、面是造形最基本的元素，再以概念性系列發展成為形。構成的最基本元素各具特徵，給人視覺上的感受各有不同，點的沈默、線的細緻、面的量感，在設計的構成應用上，可依其特殊的個性構成各種千變萬化的平面圖形。按康丁斯基的說法：點、線、面三種基本元素都有其生命力所在的特性，視創作者如何使用此三種生命元素。

二、點元素構成

　　「點」為一切造形構成最基本的元素，點是線與線相交的交集，或是無中生有突然產生的一個小小符號，都可認定為點。構成點的條件要視點本身與其所存在環境之大小比較，只要在整體環境中有集中性，並具有凝聚視覺的作用，都可以稱為「點」。以造形的元素構成，點的運動可形成線或面的形態，透過更多樣的組合後又可表達到高層次的空間方位。點的堅強性是獨特且超凡的，儘管在幾何上它只是屬於一個零次方的形式，卻有「一觸即發」或「一鳴驚人」的爆發潛力。

三、線元素構成

　　「線」在造形學上是以長度為其主要特徵，力感和方向為其表現形式，「張力」是線的內在力量，是運動的一部分，另一部分是「方向」，

也是由「運動」所確定。線有了張力，就開始有漸進或漸弱的現象；有了方向，就開始產生各種線的形態，例如：波浪線、轉角線或圓弧線。「線」的種類比「點」及「面」更為複雜，線形除了有長度、寬度及形狀之外，還有折線、直線、自由曲線、幾何曲線及放射狀線等。

四、面元素構成

　　「面」是線的延伸，在幾何學上是屬於二次元空間的元素，基本的面型中，有一股內在急欲釋出的力量，因而形成了有內涵的量感，它跟線的動感是異曲同工的現象。「面」可以說是一種封閉的形態，另外更能以顏色的明度、彩度、色相、質地感或空間等屬性，構成特殊的效果，面形雖然在延展與方向的變換速度，或流動感遠不如線形，但面形比線形更具實在感和穩定性。在造形的定義中，面是一種輪廓的範圍，「面」在幾何形的定義中，是屬於面積的現象，它代表一個平坦的區域，是由一次元（如：線條）之延伸或二次元空間中每一個方向的延伸。我們將「面」定義為具有長度和寬度的二次元空間形式，它是由至少三個點以上的連線所構成的形式。

五、形元素構成

　　「形象」（Image）是造形元素之一，它不屬於真正的空間現象。形象之基本要件是形，形的延伸、擴張後，產生了動態、密度、架構（frame）的內涵，所以形象並非只是一種形而已，它可能是一種符號、圖形（figure）、樣式（style）或記號（symbol）。形象的特質首在於「形」，是一種構成的形（form），而非只是單純形狀（shape）的形。形的基本形繼續變化可發展為模組形，如以幾何形態做為構成的基礎，可以發展幾千種形的變化，可以做為平面構築的基本元素，因為各個模組形的組合，可以構成諧調的畫面，也可以構成極度效果的對比情形，也可以構成強烈的組合效果。

課 題

課題一：平面構成原理

課題目標：理解平面造形的構成要素（觀察力的訓練）

創作方法：請以數位相機或手機拍攝自然物與人造物的點、線、面三種
基本元素形態、色彩、質感等照片。

創作規格：

1. 點、線、面自然物每一項 4 張，點、線、面人造物每一項 4 張。

2. 以簡報檔製作，在課堂上發表你觀察的概念。

3. 請參考範例

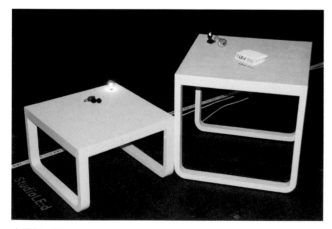

人造物 - 面

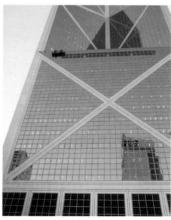

人造物 - 線

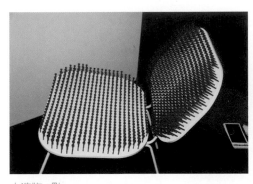

人造物 - 點

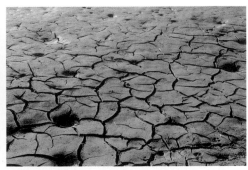

自然物 - 面

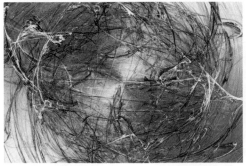

自然物 - 線

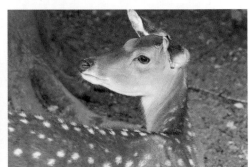

自然物 - 點

課題二：平面構成之點元素構成 I- 點的平面構成

課題目標：平面構成訓練

創作方法：以水彩筆使用黑色廣告顏料做平塗造形的表現。以點（至少 30 個點）構成元素，繪出平面效果圖形。

創作規格：

1. 在 A4 的影印紙，將點的構成圖形繪於 20cm×20cm 框內（草稿），以抽象形繪出 5 張。

2. 與老師討論後定正搞，再以黑色廣告顏料平塗在 20cm×20cm 西卡紙上，再貼到 30cm×30cm 黑色美國紙板。

3. 請參考範例

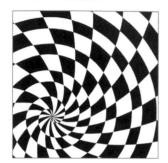
點的平面構成 1

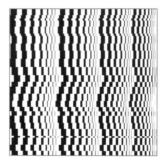
點的平面構成 2

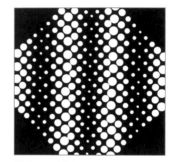
點的平面構成 3

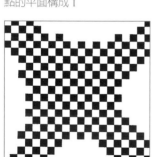
點的平面構成 4

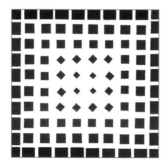
點的平面構成 5

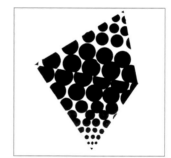
點的平面構成 6

課題三：平面構成之點元素構成 II- 點的立體構成

課題目標：平面構成訓練。

創作方法：以水彩筆使用黑色廣告顏料做平塗造形的表現。以點（至少
　　　　　30 個點）構成元素，繪出立體效果圖形。

創作規格：

1. 在 A4 的影印紙，將點的構成圖形繪於 20cm×20cm 框內（草稿），以抽
   象形繪出 5 張。

2. 與老師討論後定正搞，再以黑色廣告顏料平塗在 20cm×20cm 西卡紙上，
   再貼到 30cm×30cm 黑色美國紙板。

3. 請參考範例

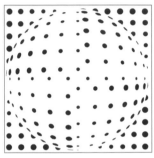
點的立體構成 1

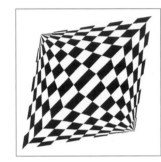
點的立體構成 2

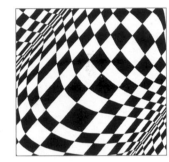
點的立體構成 3

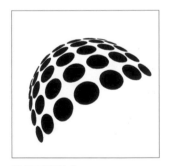
點的立體構成 4

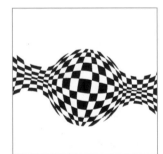
點的立體構成 5

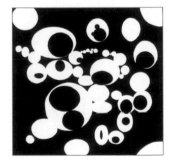
點的立體構成 6

課題四：平面構成之點元素構成 III- 點的空間構成

課題目標：平面構成訓練。

創作方法：以水彩筆使用黑色廣告顏料做平塗造形的表現。以點（至少 30 個點）構成元素，繪出空間效果圖形。

創作規格：

1. 在 A4 的影印紙，將點的構成圖形繪於 20cm×20cm 框內（草稿），以抽象形繪出 5 張。

2. 與老師討論後定正搞，再以黑色廣告顏料平塗在 20cm×20cm 西卡紙上，再貼到 30cm×30cm 黑色美國紙板。

3. 請參考範例

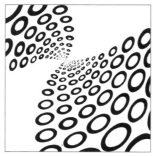

點的空間構成 1

點的空間構成 2

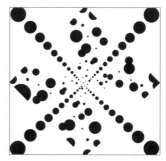

點的空間構成 3

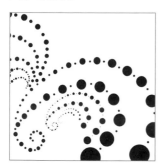

點的空間構成 4

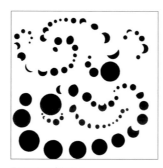

點的空間構成 5

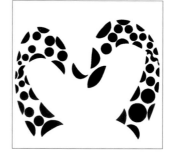

點的空間構成 6

課題五：平面構成之點元素構成 VI- 點的形象構成

課題目標：平面構成訓練。

創作方法：以水彩筆使用黑色廣告顏料做平塗造形的表現。以點（至少
　　　　　30 個點）構成元素，繪出形象效果圖形。

創作規格：

1. 在 A4 的影印紙，將點的構成圖形繪於 20cm×20cm 框內（草稿），以抽
　象形繪出 5 張。

2. 與老師討論後定正搞，再以黑色廣告顏料平塗在 20cm×20cm 西卡紙上，
　再貼到 30cm×30cm 黑色美國紙板。

3. 請參考範例

點的形像構成 1

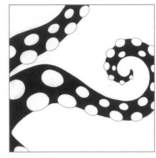

點的形像構成 2

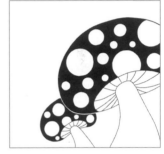

點的形像構成 3

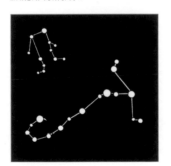

點的形像構成 4

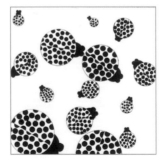

點的形像構成 5

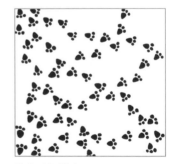

點的形像構成 6

課題六：平面構成之線元素構成 I- 線的面形化構成

課題目標：平面構成訓練。

創作方法：以水彩筆使用黑色廣告顏料做平塗造形的表現。以線（至少 30 條線）構成元素，繪出面形效果圖形。

創作規格：

1. 在 A4 的影印紙，將線的構成圖形繪於 20cm×20cm 框內（草稿），以抽象形繪出 5 張。

2. 與老師討論後定正搞，再以黑色廣告顏料平塗在 20cm×20cm 西卡紙上，再貼到 30cm×30cm 黑色美國紙板。

3. 請參考範例

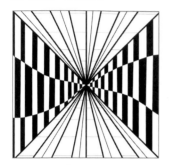
線的面形化構成 1

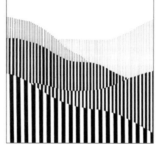
線的面形化構成 2

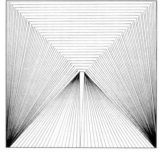
線的面形化構成 3

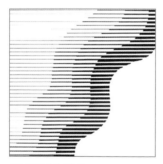
線的面形化構成 4

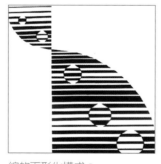
線的面形化構成 5

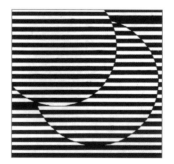
線的面形化構成 6

課題七：平面構成之線元素構成 II- 線的立體化構成

課題目標：平面構成訓練。

創作方法：以水彩筆使用黑色廣告顏料做平塗造形的表現。以線（至少 30 條線）構成元素，繪出立體效果圖形。

創作規格：

1. 在 A4 的影印紙，將線的構成圖形繪於 20cm×20cm 框內（草稿），以抽象形繪出 5 張。

2. 與老師討論後定正搞，再以黑色廣告顏料平塗在 20cm×20cm 西卡紙上，再貼到 30cm×30cm 黑色美國紙板。

3. 請參考範例

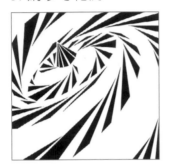
線的立體化構成 1

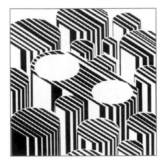
線的立體化構成 2

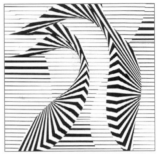
線的立體化構成 3

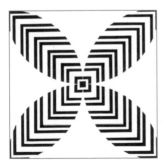
線的立體化構成 4

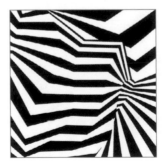
線的立體化構成 5

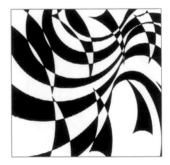
線的立體化構成 6

課題八：平面構成之線元素構成 III- 線的空間構成

課題目標：平面構成訓練。

創作方法：以水彩筆使用黑色廣告顏料做平塗造形的表現。以線（至少30 條線）構成元素，繪出空間效果圖形。

創作規格：

1. 在 A4 的影印紙，將線的構成圖形繪於 20cm×20cm 框內（草稿），以抽象形繪出 5 張。

2. 與老師討論後定正搞，再以黑色廣告顏料平塗在 20cm×20cm 西卡紙上，再貼到 30cm×30cm 黑色美國紙板。

3. 請參考範例

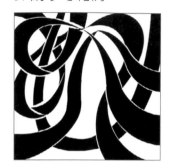
線的空間構成 1

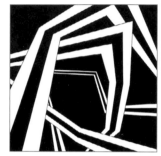
線的空間構成 2

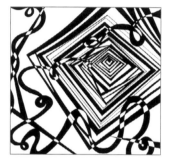
線的空間構成 3

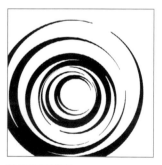
線的空間構成 4

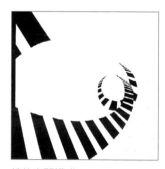
線的空間構成 5

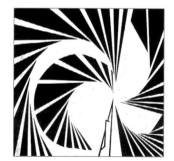
線的空間構成 6

課題九：平面構成之線元素構成 VI- 線產生的律動

課題目標：平面構成訓練。

創作方法：以水彩筆使用黑色廣告顏料做平塗造形的表現。以線（至少 10 條線）構成元素，繪出律動效果圖形。

創作規格：

1. 在 A4 的影印紙，將線的構成圖形繪於 20cm×20cm 框內（草稿），以抽象形繪出 5 張。

2. 與老師討論後定正搞，再以黑色廣告顏料平塗在 20cm×20cm 西卡紙上，再貼到 30cm×30cm 黑色美國紙板。

3. 請參考範例

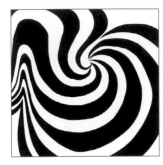
線產生的律動 1

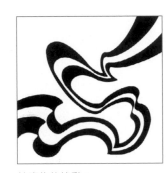
線產生的律動 2

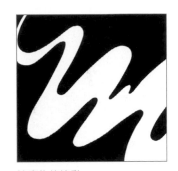
線產生的律動 3

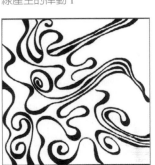
線產生的律動 4

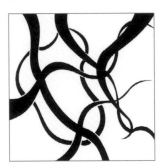
線產生的律動 5

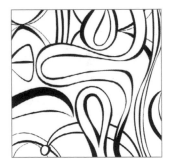
線產生的律動 6

課題十：平面構成之線元素構成 V- 線表現的質感

課題目標：平面構成訓練。

創作方法：以水彩筆使用黑色廣告顏料做平塗造形的表現。以線（至少 50 條線）構成元素，繪出質感效果圖形。

創作規格：

1. 在 A4 的影印紙，將線的構成圖形繪於 20cm×20cm 框內（草稿），以抽象形繪出 5 張。

2. 與老師討論後定正搞，再以黑色廣告顏料平塗在 20cm×20cm 西卡紙上，再貼到 30cm×30cm 黑色美國紙板。

3. 請參考範例

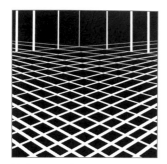
線表現的質感 1

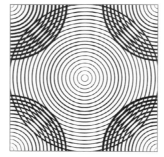
線表現的質感 2

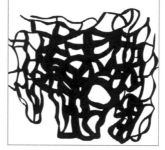
線表現的質感 3

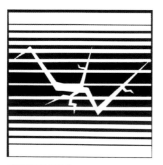
線表現的質感 4

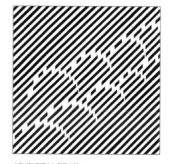
線表現的質感 5

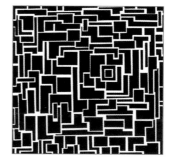
線表現的質感 6

課題十一：平面構成之面元素構成 I- 面的立體感構成

課題目標：平面構成訓練。

創作方法：以水彩筆使用黑色廣告顏料做平塗造形的表現。以面（不限
制數量）構成元素，繪出面形立體圖形。

創作規格：

1. 在 A4 的影印紙，將面的構成圖形繪於 20cm×20cm 框內（草稿），以抽
象形繪出 5 張。

2. 與老師討論後定正搞，再以黑色廣告顏料平塗在 20cm×20cm 西卡紙上，
再貼到 30cm×30cm 黑色美國紙板。

3. 請參考範例

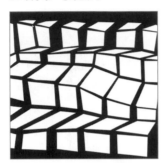
面的立體感構成 1

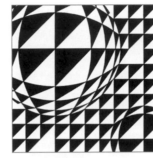
面的立體感構成 2

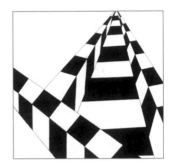
面的立體感構成 3

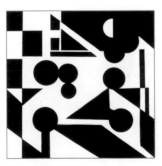
面的立體感構成 4

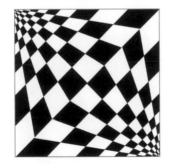
面的立體感構成 5

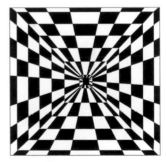
面的立體感構成 6

課題十二：平面構成之面元素構成 II- 面的空間感構成

課題目標：平面構成訓練。

創作方法：以水彩筆使用黑色廣告顏料做平塗造形的表現。以面（不限制數量）

構成元素，繪出空間立體圖形。

創作規格：

1. 在 A4 的影印紙，將面的構成圖形繪於 20cm×20cm 框內（草稿），以抽象形繪出 5 張。

2. 與老師討論後定正搞，再以黑色廣告顏料平塗在 20cm×20cm 西卡紙上，再貼到 30cm×30cm 黑色美國紙板。

3. 請參考範例

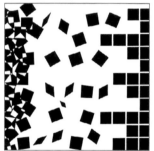
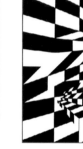
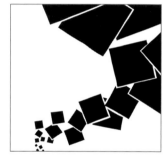

面的空間感構成 1　　　面的空間感構成 2　　　面的空間感構成 3

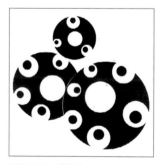
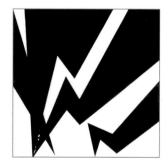
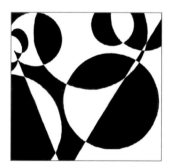

面的空間感構成 4　　　面的空間感構成 5　　　面的空間感構成 6

課題十三：平面構成之面元素構成 III- 面的漸變感構成

課題目標：平面構成訓練。

創作方法：以水彩筆使用黑色廣告顏料做平塗造形的表現。以面（不限
制數量）構成元素，繪出面形漸變圖形。

創作規格：

1. 在 A4 的影印紙，將面的構成圖形繪於 20cm×20cm 框內（草稿），以抽
象形繪出 5 張。

2. 與老師討論後定正搞，再以黑色廣告顏料平塗在 20cm×20cm 西卡紙上，
再貼到 30cm×30cm 黑色美國紙板。

3. 請參考範例

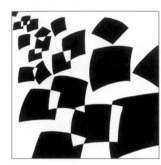
面的漸變感構成 1

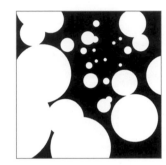
面的漸變感構成 2

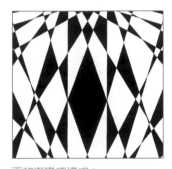
面的漸變感構成 3

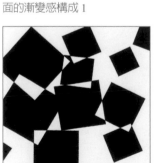
面的漸變感構成 4

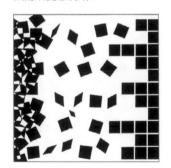
面的漸變感構成 5

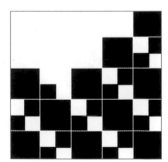
面的漸變感構成 6

課題十四：平面構成之面元素構成 VI- 面的律動感構成

課題目標：平面構成訓練。

創作方法：以水彩筆使用黑色廣告顏料做平塗造形的表現。以面（不限制數量）構成元素，繪出面形律動圖形。

創作規格：

1. 在 A4 的影印紙，將面的構成圖形繪於 20cm×20cm 框內（草稿），以抽象形繪出 5 張。

2. 與老師討論後定正搞，再以黑色廣告顏料平塗在 20cm×20cm 西卡紙上，再貼到 30cm×30cm 黑色美國紙板。

3. 請參考範例

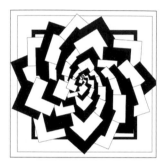
面的律動感構成 1

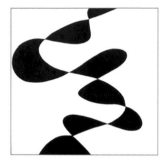
面的律動感構成 2

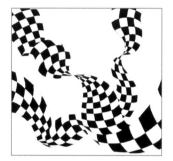
面的律動感構成 3

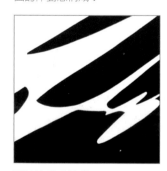
面的律動感構成 4

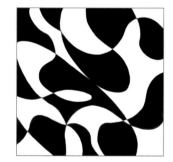
面的律動感構成 5

面的律動感構成 6

課題十五：平面構成之面元素構成 V- 面的物象構成

課題目標：平面構成訓練。

創作方法：以水彩筆使用黑色廣告顏料做平塗造形的表現。以面（不限制數量）構成元素，繪出面形物象圖形。

創作規格：

1. 在 A4 的影印紙，將面的構成圖形繪於 20cm×20cm 框內（草稿），以抽象形繪出 5 張。

2. 與老師討論後定正搞，再以黑色廣告顏料平塗在 20cm×20cm 西卡紙上，再貼到 30cm×30cm 黑色美國紙板。

3. 請參考範例

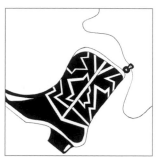
面的物象構成 1

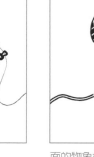
面的物象構成 2

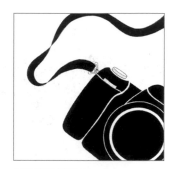
面的物象構成 3

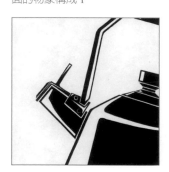
面的物象構成 4

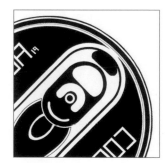
面的物象構成 5

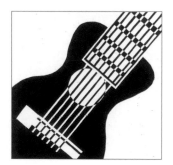
面的物象構成 6

課題十六：基本形構成：基本形反覆組合圖形

課題目標：平面構成訓練。

創作方法：以水彩筆使用彩色廣告顏料做平塗造形的表現。以基本形（每
個 4*4 cm，數量 25 個）構成元素，繪出反覆圖形。

創作規格：

1. 在 A4 的影印紙，將基本形的構成圖形繪於 20cm×20cm 框內（草稿），
   以抽象形繪出 5 張。

2. 與老師討論後定正稿，再以彩色廣告顏料平塗在 20cm×20cm 西卡紙上，
   再貼到 30cm×30cm 黑色美國紙板。

3. 請參考範例

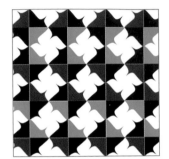
基本形反覆組合圖形 1

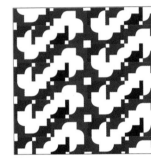
基本形反覆組合圖形 2

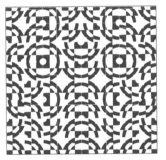
基本形反覆組合圖形 3

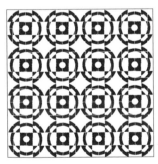
基本形反覆組合圖形 4

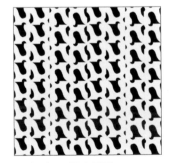
基本形反覆組合圖形 5

基本形反覆組合圖形 6

課題十七：基本形律動與漸變組合圖形

課題目標：平面構成訓練。

創作方法：以水彩筆使用彩色廣告顏料做平塗造形的表現。以基本形（每
　　　　　個 4*4cm，數量 25 個）構成元素，繪出律動與漸變圖形。

創作規格：

1. 在 A4 的影印紙，將基本形的構成圖形繪於 20cm×20cm 框內（草稿），
　 以抽象形繪出 5 張。

2. 與老師討論後定正搞，再以彩色廣告顏料平塗在 20cm×20cm 西卡紙上，
　 再貼到 30cm×30cm 黑色美國紙板。

3. 請參考範例

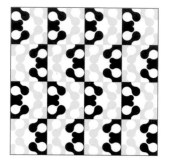

基本形律動組合圖形 1

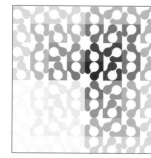

基本形律動組合圖形 2

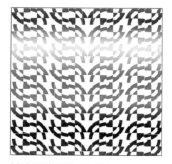

基本形律動組合圖形 3

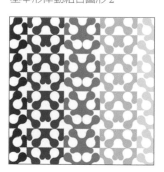

基本形律動組合圖形 4

基本形律動組合圖形 5

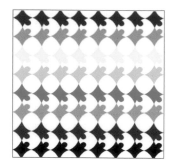

基本形律動組合圖形 6

第五章
平面設計形式原理

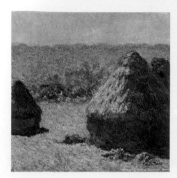
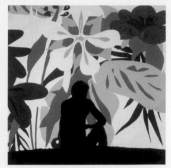
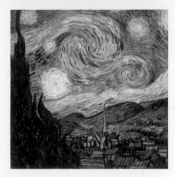

　　訓練審美觀，了解美的設計形式原理的每一
種特性，藉由創意思考的步驟，可以妥善的運用
形式原理，創造出平面設計。可以構成簡約美、
線條美、數理美、平衡美與動感美等現象。

第五章
平面設計形式原理

一、構成美的原理

　　自古希臘羅馬時期，無論在繪畫、雕塑或建築體上大量採用比例的美學形式，建構一種和諧的比例尺度與韻律節奏，從古希臘時期的巴特農神殿（Parthenon）、古羅馬時期的萬神殿（Pantheon）、文藝復興時期的聖彼得教堂（Basilica Sancti Petri）、巴洛克時期（Baroque）的凡爾賽宮（Versaille）等，無論在繪畫、雕塑或建築體上大量的採用比例美學形式，在古希臘哲學觀念中，畢達哥拉斯 (Pythagoras) 使用數學方法探索自然的傾向，確定了一個以理性態度認識世界的基本性格都是在「數」的概念下，以比例幾何學的形式設計的。西方古希臘的哲學家們認為美是要表現在物體形式上。在希臘哲學家就認為宇宙包含了 "和諧"、"數理" 與 "秩序"，以 "數" 作為宇宙形成的原理。希臘藝術理論既因建築與雕塑兩大藝術的暗示，以 "形式美" 及 "自然模仿" 為最高原理，於是理想的藝術創作係在模仿自然的形象中同時表達出和諧、比例、平衡、整齊的形式美的精神。

　　我們如將這些美的理念加以歸納後，可以整理出一些共同的規則性，由數的概念衍生在形態學的美有「反覆」「漸層」、「韻律」、「比例」、「平衡」、「對比」與「和諧」等七種形式[1]，亦都可以用幾何的形式來表達[2]。

1　　鐘承智（2003）。藝術設計與概論。臺中：長奇科技資訊有限公司。

2　　三井秀樹（2006）. New Theory of Art & Design (p.45). Japan: Rikuyosha Co., Ltd.

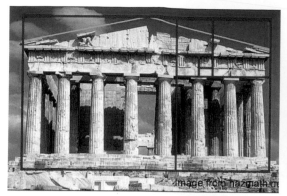

5-1 模數是古希臘羅馬時期所採用的比例美學形式

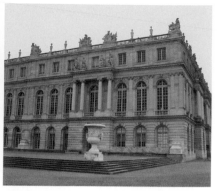

5-2 巴洛克時期（Baroque）的凡爾賽宮

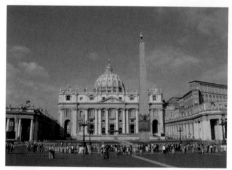

5-3 文藝復興時期的聖彼得教堂

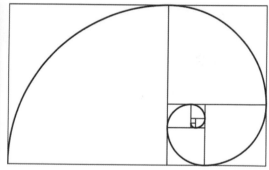

5-4 黃金比例

　　我們覺得某件事物美，是因為它的形象符合了我們的審美觀，美的
產生並非因為物象（造形）本身的屬性，也非因為我們的感性，而是源於
人類主觀或客觀的理性判斷，我們可以歸納出這些造成美感的條件或規
則，也就是美的形式原理。從事造形活動前，如能先認識美的形式原理，
在造形構成的過程中有很清楚的概念，作品就更有獨特見解。對於藝術
及設計創作來說，「美的形式原理」是極重要的設計基礎訓練。

　　以現代的設計形式特性來說，不同的設計領域仍然可以擁有共同性
的設計原理[3]，而以設計的方法言，無論在平面設計或是立體設計的過程
中，都可以用很多不同的方法去表現[4]，設計師必須知道哪一種方法較適

3　　Procter, P. (1978). Lonman Dictionary of Contemporary English (p.297). London, UK: Longman Group Limited.

4　　Sinclair, J. (1999). Cobuild English Dictionary (p.445). London, UK: Harper Collins Publishers.

合哪一種設計。例如：產品造形設計中，要創造美感，其構成美的條件有簡約美、線條美、數理美、平衡美、動感美等；而在建築設計領域，線條美、數理美都是常使用的方法。

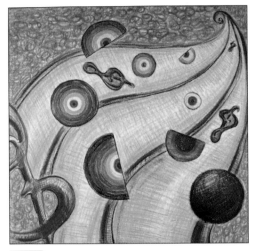

5-5a 線條美應用I

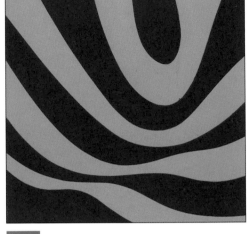

5-5b 線條美應用II

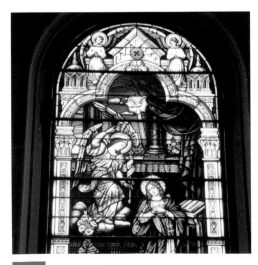

5-6a 比例美應用I

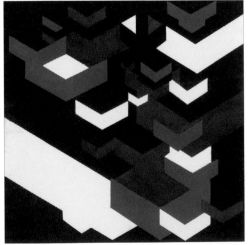

5-6b 比例美應用II

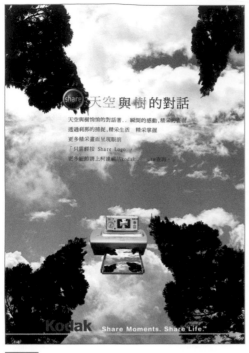

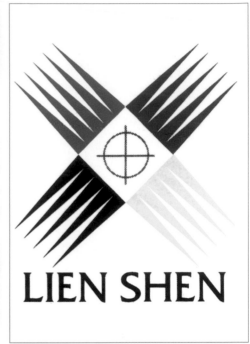

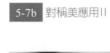

5-7a　對稱美應用 I

5-7b　對稱美應用 II

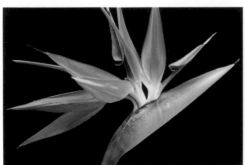

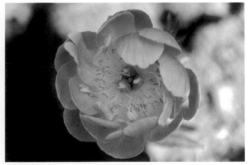

5-8a　自然界美的形式原理 I

5-8b　自然界美的形式原理 II

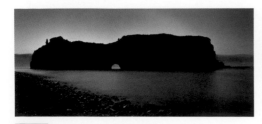

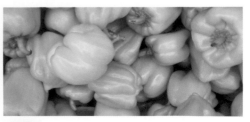

5-8c　自然界美的形式原理 III

5-8d　自然界美的形式原理 IV

二、美的形式原理

（一）反覆美

　　將相同（或相似）的形象或顏色之構成單元，作規律性或非規律性的重覆排列，可得到統一的構成。在其構成元素中含有簡潔的現象，即使是繁多或複雜的元素，只要是井然有序的組合，繁雜的現象也一樣可得到統一的效果，造形之構成，經常都是由許多相同單元體組合而成，個別單元體雖是單純、簡潔的形，但是經反覆的安排，則形成一井然有序的組合，表現出整體性的美，令人產生鮮明、清新、整合的感覺。反覆的現象組合包含顏色上、形象上、形式構成條件（角度、方向、質感）等的反覆形式。

　　以反覆的元素且有秩序的排列構成，在視覺的感受上會令人有一種安定感與舒適感，只要是井然有序的組合，其組合之後仍會令人產生喜悅、簡潔的清新現象。「反覆」的使用必須注意到秩序性上的構成原則，如果基本形已過於複雜，則多件反覆的組合後易造成雜亂的現象。

　　統一所以能構成的美的現象是因為其是在作構成元素的「模數」化排列，也就是數據的排列。以單一形狀或量體進行有變化的配置，讓原有的單一造形不再單調，且由於排列或配置的方法可多變化，做整齊與秩序的排列，則可以構想和諧的現象。統一有反覆、秩序與調合三種特性，也是有和諧的意義。是以單一元素或相同、或相似的多種元素作連續是的排列、應用擴張到其他範圍。在自然的環境中有許多現象是以統一的形式所構成的，統一雖然是做多項的擴張組合，但如果有依規劃或秩序性的組合可以讓整體感是一致性的。例如蜜蜂的六角形蜂巢構成，是相同的形以反覆作連續的擴張排列，海灘上排列整齊的石頭為相似的形做不規則的排列。統一構成的方法有形狀、尺寸、量體，進行上下左右與軸向的排列，也可以進行放大或縮小作漸層的變化。

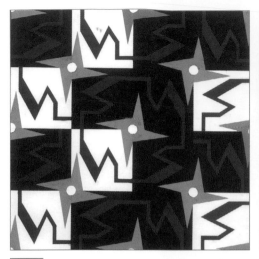

5-9a 模數排列的反覆美 I

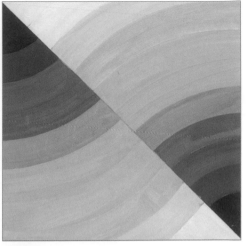

5-9b 模數排列的反覆美 II

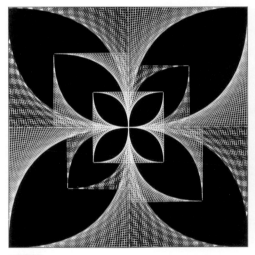

5-10a 連續排列的反覆美 I

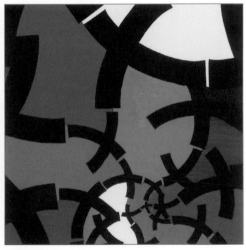

5-10b 連續排列的反覆美 II

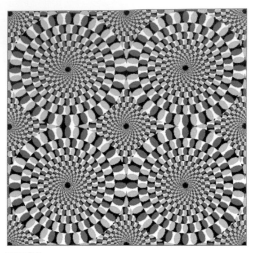

5-11a 量體的反覆美 I

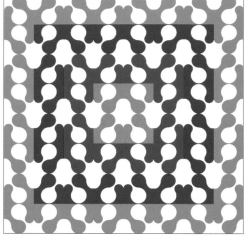

5-11b 量體的反覆美 II

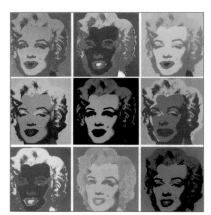

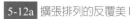
5-12a 擴張排列的反覆美 I

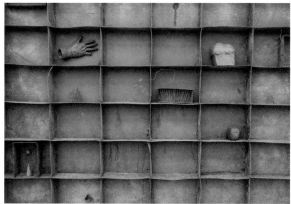

5-12b 擴張排列的反覆美 II

（二）和諧美

「和諧」能使我們的心理感覺愉快，其造形能相互調適而形成融洽的形式，具有柔和、圓融的效果，古代的哲學家就已認定和諧就是的美學本質特徵。我們先就形態藝術的美感條件來說，和諧的意思是平靜，

含有安靜、統一協調的意象；理論上，和諧是在整體間的相互關係，能保持一種完整平靜的情況，不分任何構成因素（點、線、面、形態、色彩、質感等），而能自然產生舒適感。和諧又稱「調和」，就是因為它含有協調、合理的現象或意境。在一般的狀況中，有形的調和、色彩的調和、質感的調和與量感的調和。無論在平面或立體造形中，基礎要素（如：形態、色彩、質感或機能結構等）若擁有相同或類似秩序時便能產生和諧美，而且當類似的條件愈多時，調和的效果愈彰顯。和諧分為「類似和諧」與「對比和諧」兩種，類似和諧是以相同或相似的元素組成調合的現象（秩序性），對比和諧是指較強烈的差異中仍然顯現出平靜的現象（非秩序性）。

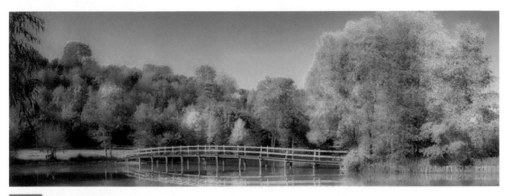

5-13 和諧之意思是平靜、安靜

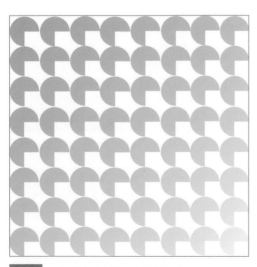

5-14a 以相同的元素組成調合的現象 I

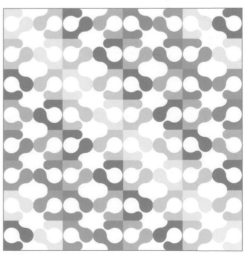

5-14b 以相同的元素組成調合的現象 II

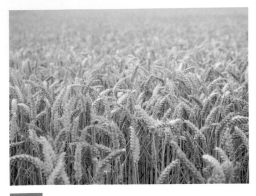

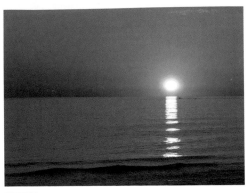

5-15a 調合的色彩現象 I

5-15b 調合的色彩現象 II

　　和諧的形式常被應用於圖書、海報、企業形象識別等設計，無論在圖與圖或圖與文之間的編排，將形、色、質等因素類似化，創造統一的形式美感，並賦予簡潔有力的視覺效果，構成溫馨、祥和的情境，不誇張也不浮華，激起觀賞者平和的情感。

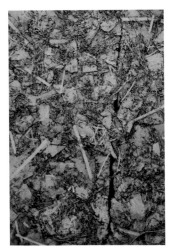

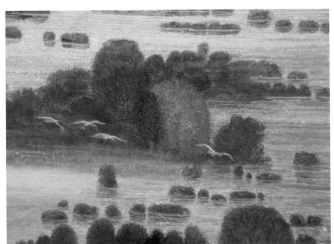

5-16a 和諧的平面圖形 I

5-16b 和諧的平面圖形 II

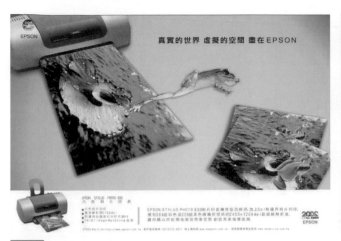

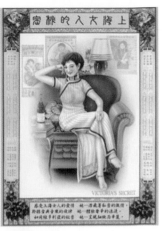

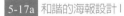
5-17a 和諧的海報設計 I

5-17b 和諧的海報設計 II

（三）漸層美

　　漸層為漸次變化的反覆形式，它含有等差、等比之漸變的意思，也就是同一單元體的形，其排列由大而小，由強而弱，由明而暗（反之亦然），以一定的秩序形成形態或量感的的漸變作用。漸層的變化，必須以秩序性狀態出現，否則只是一群大大小小無規律的形元素。「漸層美」的表現與「規則的韻律」或「秩序美」的精神有相同的交集，其效果比反覆更活潑或激動。在設計創作中，漸層的表現形式與方法有很多種，包括有形、方向、角度、尺寸（長、寬、深）、色彩、空間、位置等，尤以形的漸層最常被採用。

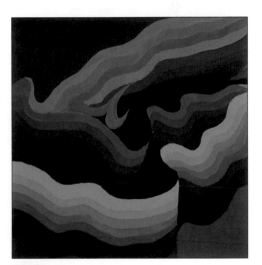

5-18 漸層為漸次變化的反覆形式

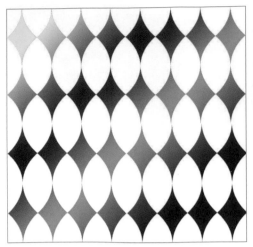

5-19a 方向的漸層Ⅰ

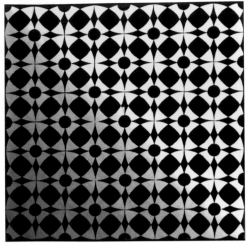

5-19b 方向的漸層Ⅱ

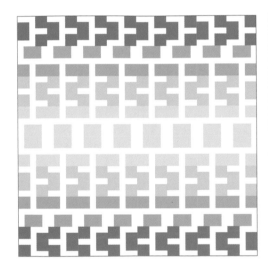

5-20a 色彩的漸層Ⅰ

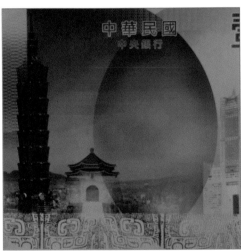

5-20b 色彩的漸層Ⅱ

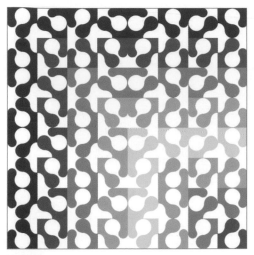
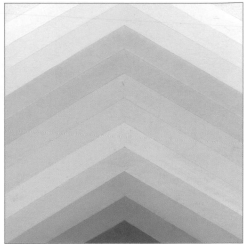

5-21a 位置的漸層 I

5-21b 位置的漸層 II

　　漸層變化強調的是數學級數之應用，此種數理秩序性往往是表現嚴正條理及科學美的現象。在漸層平面的圖形設計中，如以相同或相似的多種元素作秩序性的漸變排列，可以構成令人覺得心情喜悅的統一之美；而相異元素亦可構成有趣的圖形變化效果，甚至其變化可脫離原有基本形態，以重疊、排列或分割等構成形式，只要是井然有序的組合，都可以形成漸層的樣式。漸層的原理並非一成不變的，它是在有規劃的前提下，循一定的規則做多項延伸的安排。

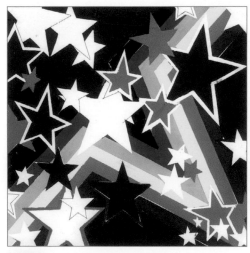
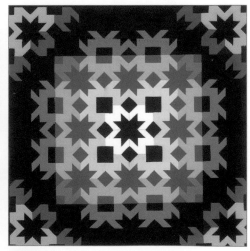

5-22a 相同元素作秩序性的漸層 I

5-22b 相同元素作秩序性的漸層 II

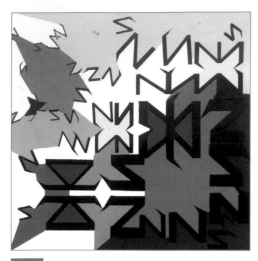

5-23a 相似元素作秩序性的漸層 I

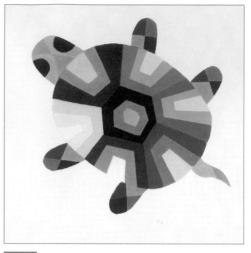

5-23b 相似元素作秩序性的漸層 II

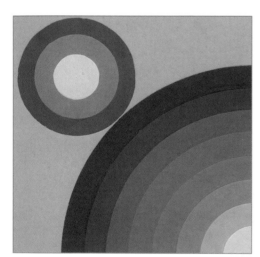

5-24a 規律的圖形構成的漸層 I

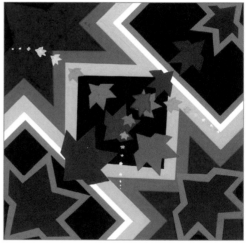

5-24b 規律的圖形構成的漸層 II

（四）平衡美

　　平衡（均衡）在一般的說法是左右形象或上下形象的分量相等，在視覺上藉由點、線、面、形、大小、方向、肌理、顏色等各種複雜的視覺要素，施以布置極微妙的構成，表現出輕快或和諧的感覺，各種屬性平衡、對稱、安定和比例等，不偏重於任何一方者，就叫平衡。根據大自然各種動、植物的形態法則，平衡的秩序性是絕對的，無論是天空飛鳥的雙翼、地上的走獸的四肢或是人類的五官，必須維持其平衡性（不一定是對稱），才得以發揮飛、行、走、跑、看、聽等各種功能。

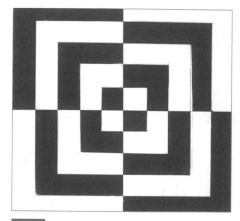

5-25　平衡是左右形象或上下形象的分量相等

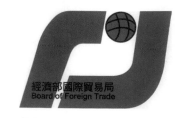

5-26a　左右形象分量相等的平衡美 I

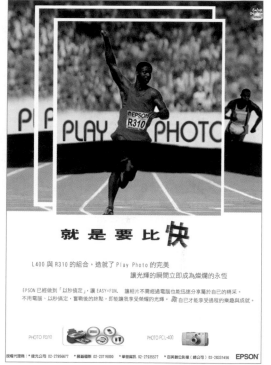

5-26b　左右形象分量相等的平衡美 II

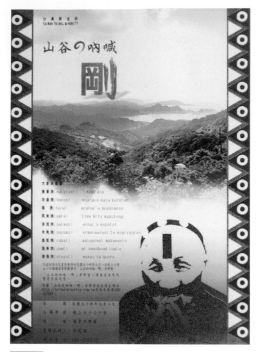

5-27a 上下形象分量相等的平衡美 I

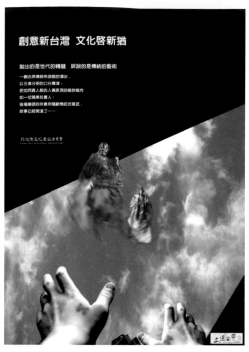

5-27b 上下形象分量相等的平衡美 II

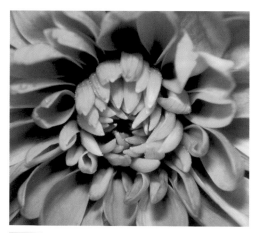

5-28a 自然形態的平衡美 I

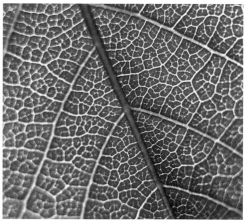

5-28b 自然形態的平衡美 II

　　植物的生長形態，例如：花朵的花瓣、葉子的葉脈、樹木的枝幹、果實和種子等，都是自然的均衡原理；平衡的定理已不可否認地存在於自然界中，人類的造形活動也因襲此種定律，並演變成造形理論，將之列美學原理之一。自然景物的平衡現象，已成為人類審美參考準則，人類一直嘗試著創作依循自然定理或法則的造形，並且另外制定了一套以人為造形為主的造形原理，藉此作為創作的發展依據。平衡已是被公認為美的形式原理之一，在人為造形的處理上，平衡感是為了維持整體的安定，使造形物體中的量感、構成組織之位置上、形象上及空間上形成穩定。

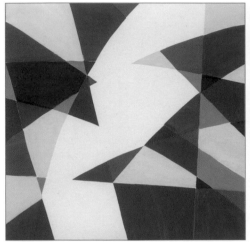

5-29a 量感相等的平衡美Ｉ

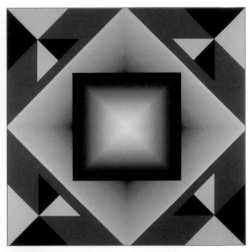

5-29b 量感相等的平衡美ＩＩ

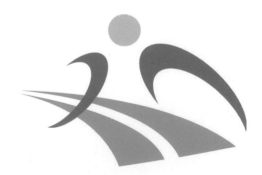

5-30a 空間相等的平衡美Ｉ

5-30b 空間相等的平衡美ＩＩ

　　平衡在構成上，有一種「張力」的感覺，可分為「形態平衡」與「空間平衡」兩種形式，在力學上的不偏不倚，或者是量感上的比例調合，均可造成平衡的現象。以平衡形式表現的圖形較為中規中矩，有穩定、堅固的效果。按平衡形式的「安定狀態」分析，有兩種情形，一是指在造形的構圖中，以中心軸四周分配的造形量度均相等，而形成「對稱平衡」；另一種「心理的視覺平衡」是指造形整體中，雖然在中心軸四周分配造形的量度或是形態不一定相等，但卻能在心理上產生平衡的感覺，又稱為「非對稱平衡」。

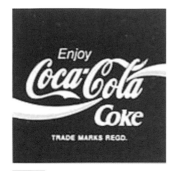

5-31 張力感覺的平衡美

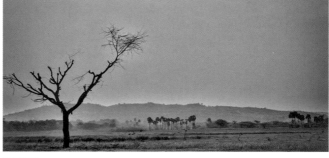

5-32 安定狀態的平衡美

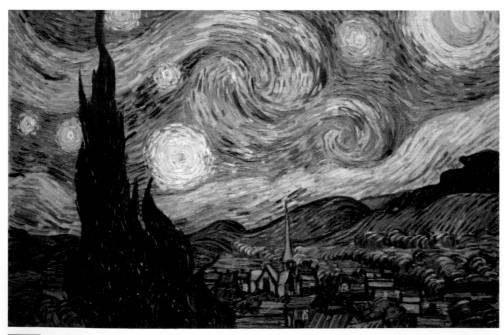

5-33 心理的視覺平衡

1.對稱平衡：

　　相同式樣的視覺元素，同時出現在對稱軸線或中心位置兩邊，此時兩邊的圖樣成為完全的「鏡射」狀態，使兩邊的力量不偏不倚，是為「對稱平衡」。對稱平衡包括「左右兩側對稱」、「上下兩側對稱」與「輻射對稱」三種基本形式。左、右側或上、下側對稱是以一個軸線（水準軸、垂直軸或是任何一斜線軸）為中心，兩邊相對位置的形態完全相同，量感也相同；「輻射對稱」則是以一點為中心，依一定的角度往四周作放射狀的發散排列。

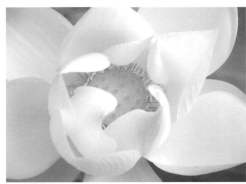

5-34 輻射對稱

5-35 左右兩側對稱的平衡美

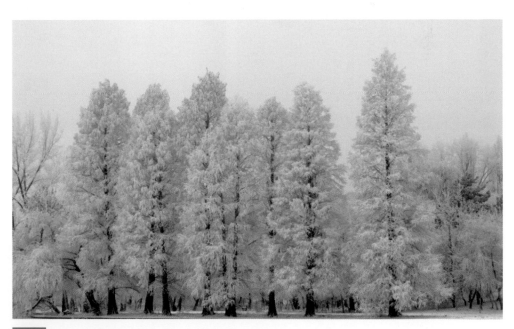

5-36 狀態的平衡美

2. 非對稱平衡：

　　非對稱平衡的成立，乃是在構圖之左、右或是上、下不對稱，但心理又可感覺到穩定和諧的現象。非對稱平衡決定於每個樣式與分量均不相同的構成單元，在視覺心理上卻能互相抗衡，此種現象是因心理因素所產生。非對稱平衡雖然不如對稱平衡穩定，但是在造形上的應用更加靈活。就非對稱平衡的構成形式而言，影響平衡現象的因素也很多，有在形體上、色彩上或者量感、空間的變化等，會產生動勢或是非穩定的狀態，但是在視覺仍有平衡的張力產生，只是若兩者之張力的強度不一，則容易產生失衡的情形。

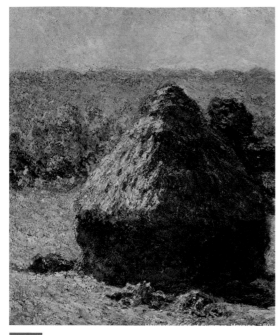

5-37 左右兩側非對稱的平衡美

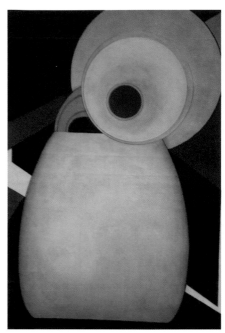

5-38 安定狀態的非對稱平衡美

（五）韻律美

　　韻律（又稱律動）本來是用於表達音樂和詩歌中音調的起伏和節奏感，但有些美學專家認為詩和音樂的起源與人類愛好節奏及和諧的本能有密切關係。韻律的形式千變萬化，有雄偉、單純、複雜、粗糙、纖細等，暗藏豐富的內涵。韻律也伴隨著層次的構成，經過反覆地變化安排後，出現連續的動態及轉移的現象；又如在比例上稍作變化，則視覺造形就會更有變化且富韻律效果，使人興起輕快、激動的生命感。

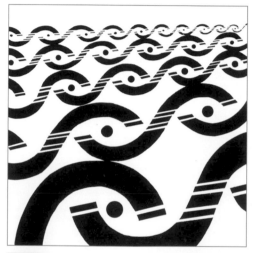
5-39 韻律是連續的動態及轉移的現象

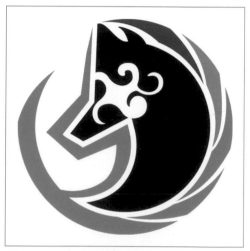
5-40 韻律興起輕快、激動的生命感

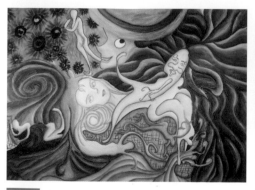
5-41a 自由形式韻律Ⅰ

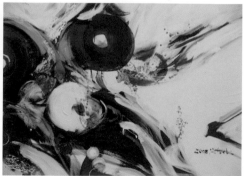
5-41b 自由形式韻律Ⅱ

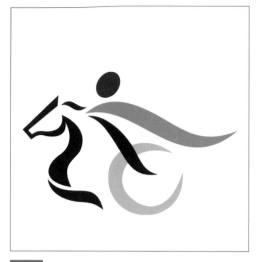

5-42a 幾何形式韻律 I

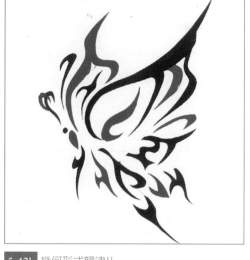

5-42b 幾何形式韻律 II

　　韻律是指視覺上或心理上有動態的現象，就如音樂的演奏，或者是一個實體表現有如動勢，例如：朱銘先生創作的《太極》系列，整個形態的架構靜中帶動，是一種心理感受的律動形式。在構成的基本元素中，以點及線元素較容易引起律動的形式。動感的形成可使用各種相似的元素以反覆形式的組構而成，例如：由相同的色彩元素或質感元素組合，就會形成律動的現象。事實上，韻律存在於大自然中的每一物，例如：生長中的植物、奔跑的動物、雲朵的變化、天氣的變動、河水的流動，甚至是星球的繞動，都是連續動感的現象，因此我們可得到韻律構成的形式如下：

幾何形	連續的反覆形式
	元素本身的律動形式

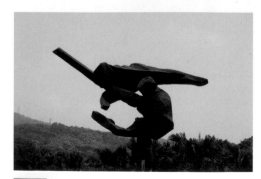

5-43 朱銘先生所創作的韻律形式

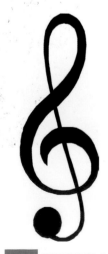

5-44 音樂韻律形式

　　在韻律形式中，畫家最喜歡使用色彩構成律動形式，尤以印象主義為實踐者。他們觀察不同時間的日光照射在物體上，呈現不同的光影變化，因此使用明度不同色彩構成了水波的盪漾或者是陽光的變化，這種手法亦常見於寫實畫當中。而抽象畫派則以幾何元素構成連續的律動，抽象畫的創始者康丁斯基，使用點、線、面等幾何元素，以量的繁衍構成音樂律動的節奏，康氏認為重覆形式才是提升內在震撼力最強而有力的方式。再者，歐普藝術更以視覺的錯視交叉，形成了心理感覺的律動形式。

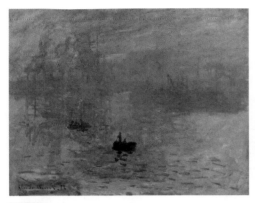

5-45 印象主義繪畫的韻律形式

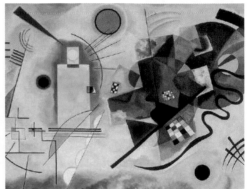

5-46 康丁斯基繪畫的韻律形式

　　韻律形式的構成方法有連續、反覆、變動及轉移四種：

1. 連續：以相同或相似的形式（形、色彩或質感）不斷地出現，由前後相接的關係形成變化，而產生了律動的現象。

2. 反覆：以相同的單元體，作規則或者不規則的排列組合，形成了漸進的律動感變化。

3. 變動：以構成元素本身在形態上、方向上的變動或轉向，就會構成律動現象。

4. 轉移：是屬於元素間之配置的問題，將各相同或相異的單元作位置上或方向上的移動。

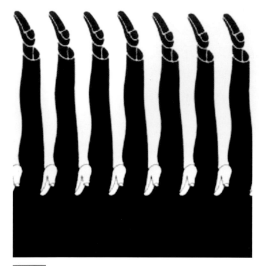

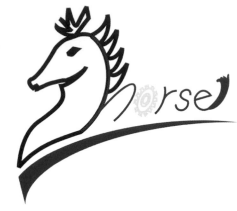

5-47a 連續的韻律形式 I

5-47b 連續的韻律形式 II

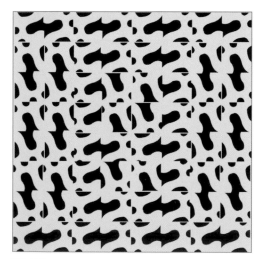

5-48a 反覆的韻律形式 I

5-48b 反覆的韻律形式 II

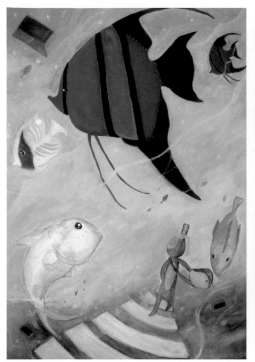

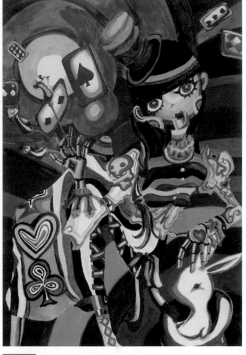

5-49a　變動的韻律形式 I

5-49b　變動的韻律形式 II

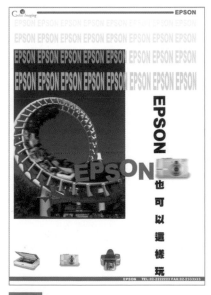

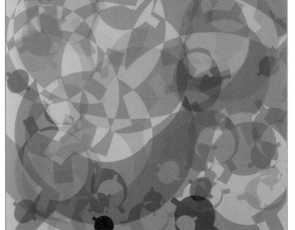

5-50a　轉移的韻律形式 I

5-50b　轉移的韻律形式 II

（六）比例美

　　古希臘的哲學家將數理、比例秩序視為美的形式原理之來源。在中古世紀時代，美學中的數理、幾何、比例等，其藝術概念乃是來自於崇尚神學的理念。到了文藝復興時期，由義大利的藝術家們發展為另一種超自然的先決條件，並將模矩比例的理論，更發揚光大，實有不可估量的價值。他們將人體比例的量度，結合建築或建築物的某些廊柱、大廳、窗戶等部位，以論證建築物具有人體生命力的造形。例如：喬奇奧（Francesco di Giorgio）曾繪製《比例研究》（Study of Proportion），將人體與教堂平面圖重疊，研究人體與建築的比例對照；達文西（Leonardo da Vinci）的《維特魯威人》（Vitruvian Man）則細部呈現了人體各部位的比例關係。模矩的概念是經得起考驗的，千古年以來，由歷史所遺留下來的各種建築、雕刻、器皿、繪畫等，都可見比例之美。

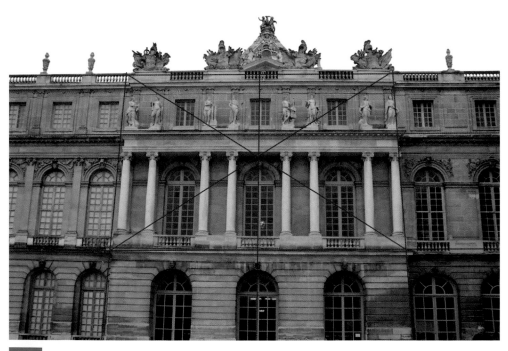

5-51 模矩比例

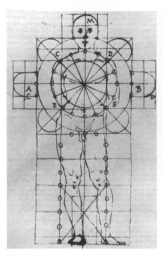 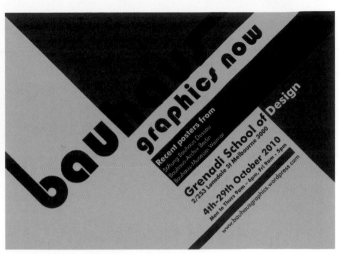

5-52 《維特魯威人》人體比例圖　　5-53 構圖形態的相對視覺比例

　　任何物體不論是何種形狀，都必然存在著三度空間「長、寬、高」的度量，比例所探討的，就是這三個方向度量之間的關係問題。造形上的比例有兩種，一種是在單位個體形象之各部分的相對視覺比例；另一種則是整體構圖形態中各個圖像間的相對視覺比例。比例的構成條件，乃是在組織上含有一定的數理比值，一些藝術家發現，只有簡單而合乎模數的比例關係，才能使人易於辨認；早在古希臘時期，多位數學家就對探究「最佳比例」產生濃厚興趣，歐基里德（Euclid）的《幾何原本》（Elements）首次記載了著名的「黃金分割」1:1.618，亦稱「黃金比」。

　　造形上常用的比例有：黃金比例、等比級數比例、等差級數比例、費勃那齊數列比例（Fibonacci numbers）和貝魯數列比例（Pell numbers）等，其數列產生之觀念各有不同。

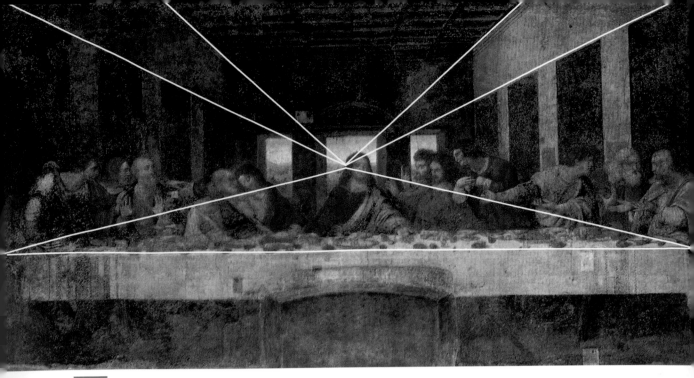

5-54a 古典藝術的繪畫比例 I

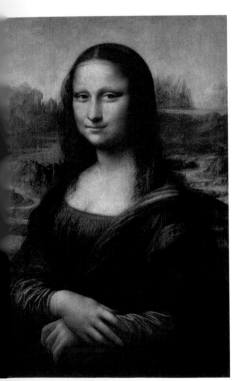

5-54b 古典藝術的繪畫比例 II

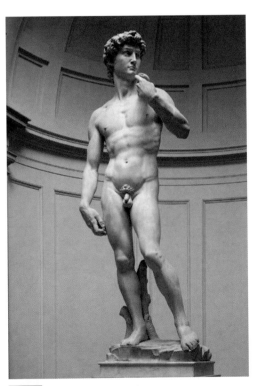

5-55a 古典藝術的雕塑比例 I

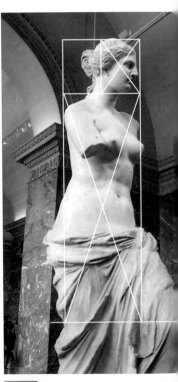

5-55b 古典藝術的雕塑比例 II

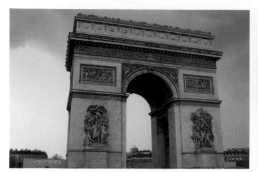

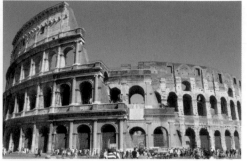

5-56a　古典藝術的建築比例 I

5-56b　古典藝術的建築比例 II

1. 黃金比例：古希臘人認為最美的比例為 1：1.618，文藝復興時代達文西以此比例繪出最完美的人體。黃金比例的幾何學定義，是將把一條線分割成大小二段時，小線段與大線段之長度比，等於大線段與總長之比，這種分割方式稱「黃金分割」。

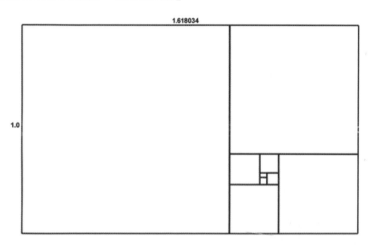

5-57　黃金比例分割

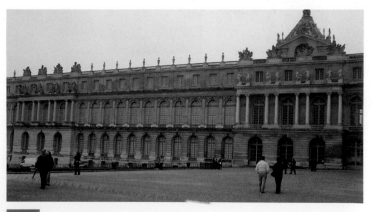

5-58　黃金比例建築

2. 等比級數：又稱為「幾何級數」，乃以一個基數為基礎，依次上乘，就可以造成等比數列。例如：基數為 1，公比為 2 時，就可以得到發散的數列如：2⁰、2¹、2²…⋯⋯；或將公比定為 0.5 時，得到收斂數列：2、1、0.5⋯⋯。

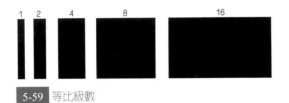

5-59　等比級數

3. 等差級數：這種單純的數列是累進地增加或減少其公差，例如：1、2、3、4⋯⋯（公差為 1），或 8、6、4、2⋯⋯（公差為 -2）。

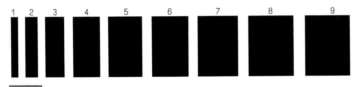

5-60　等差級數

4. 費勃那齊數列：這種數列的作法，就是把前二項之和，作為次項之數目。例如：1、1、2、3、5、8、13、21…⋯，它在造形上的美妙之處，就是相鄰兩項數之比接近黃金例。

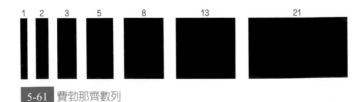

5-61　費勃那齊數列

5.貝魯數列：此種數列是將前項數目的二倍，加上再前項等於後項，使鄰近兩項的比值保持近乎於 $1+ \sqrt{2}$ =2.4142…的數值，如：1、2、5、12、29、70…...，其推算法和費勃那齊數列相似。

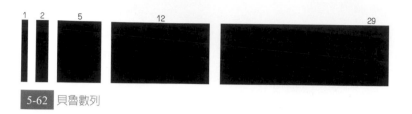

5-62 貝魯數列

（七）對比美

「對比」是指當兩種或兩種以上的事物在一起時，產生對立或互相排斥的狀況。在對比的畫面中，如果產生一個主調，則周圍其他事物的量感或質感就會相對減弱，另外一種情況是產生兩個對立的主調，因此形成了對比的現象。由形態的量感、色調、質感、結構強弱或構圖的大小，都可形成對比效果。對比美主要在強調構成的突顯性，目的在吸引觀賞者的視覺停留並對其加深印象。對比現象必須有一個存在的需求條件，就是相異元素的分量不可差異太大，否則會偏於重點式的對比。

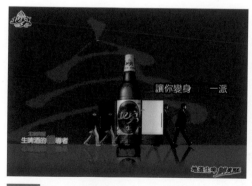
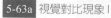

5-63a 視覺對比現象 I

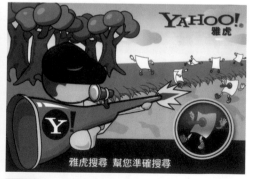

5-63b 視覺對比現象 II

對比美為一個畫面中或一件立體造形物中，有強烈的對照的元素可以強調其特殊造形之美，該獨特的元素可能是形態、色彩、質感等。只要不造成作品的負擔或是破壞其原有的面貌，對比總是會有意想不到的成果。對比在構圖中主題量度與背景量度的比例差異很大，而對比中各個形之間的量度與地位的比例相近。

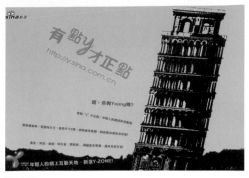
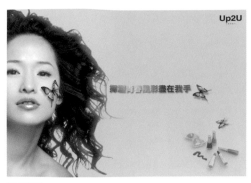

5-64a 對照的元素對比現象 I   5-64b 對照的元素對比現象 II

　　對於「對比」一項，是將並置的兩樣元素，同屬於一類的「刺激」元素，將其比較後個性愈顯差距，就可造成「對比」的現象。在一張構圖中，並置的兩種不同的元素（形象），必須有極大的差異，才會產生對比現象，例如：就顏色而言，有黑色與白色共同存在之對比；而以立體造形而言，則有光滑與粗糙的質感對比；又如理性幾何形與感性自由形共同存在之對比現象；也有體積大小之對比。對比美主要在強調構成的突顯性，引起觀者強烈的心理反應，延長其視覺停留於作品的時間。對比形式用於繪畫藝術創作，往往可產生獨特的結果，因而抽象藝術常使用對比的形式呈現。造形構成的對比大致有以下幾項：

1. 形狀對比，如：高瘦對比矮胖、直線造形對比曲線造形等。

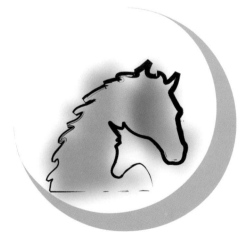
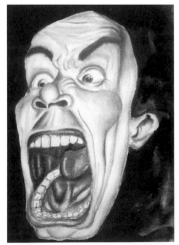

5-65a 形狀對比現象 I   5-65b 形狀對比現象 II

2.色彩對比，如：亮的對比暗的、有彩色對比無彩色、冷色對比暖色等。

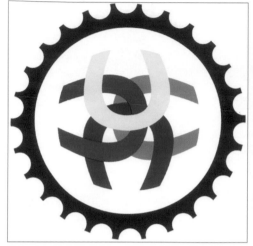

5-66a 色彩對比現象Ⅰ

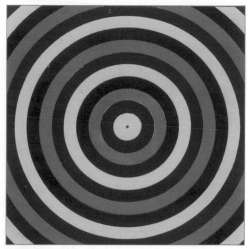

5-66b 色彩對比現象Ⅱ

3.量形對比，如：大的對比小的、寬的對比窄的等。

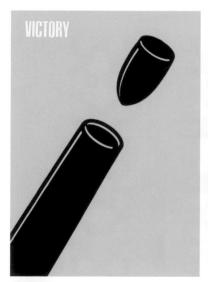

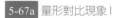
5-67a 量形對比現象Ⅰ

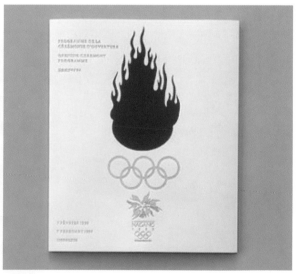

5-67b 量形對比現象Ⅱ

4. 位置對比，如：中央對比邊緣、上方對比下方等。

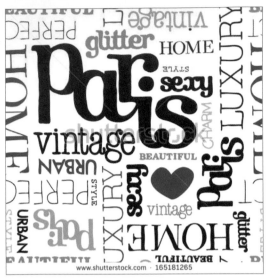

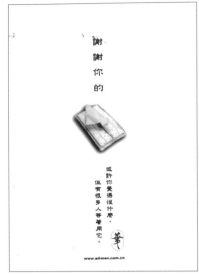

5-68a 位置對比現象 I

5-68b 位置對比現象 II

5. 質感對比，如：平滑對比粗糙、木質對比金屬等。

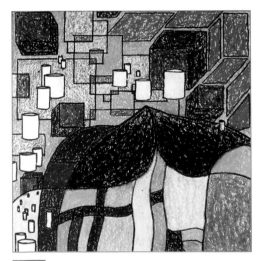

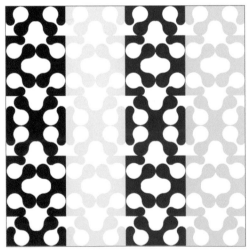

5-69a 質感對比現象 I

5-69b 質感對比現象 II

摘要整理

一、構成美的原理

畢達哥拉斯 (Pythagoras) 使用數學方法探索自然的傾向，確定了一個以理性態度認識世界的基本性格都是在「數」的概念下，以比例幾何學的形式設計的。西方古希臘的哲學家們認為美是要表現在物體形式上。我們如將這些美的理念加以歸納後，可以整理出一些共同的規則性，由數的概念衍生在形態學的美有「反覆」、「漸層」、「韻律」、「比例」、「平衡」、「對比」與「和諧」」等七種形式。從事造形活動前，如能先認識美的形式原理，在造形構成的過程中有很清楚的概念，作品就更有獨特見解。對於藝術及設計創作來說，「美的形式原理」是極重要的設計基礎訓練。

二、美的形式原理

（一）反覆美

將相同（或相似）的形象或顏色之構成單元，作規律性或非規律性的重覆排列，可得到統一的構成。在其構成元素中含有簡潔的現象，即使是繁多或複雜的元素，只要是井然有序的組合，繁雜的現象也一樣可得到統一的效果，造形之構成，經常都是由許多相同單元體組合而成，個別單元體雖是單純、簡潔的形，但是經反覆的安排，則形成一井然有序的組合，表現出整體性的美，令人產生鮮明、清新、整合的感覺。反覆的現象組合包含顏色上、形象上、形式構成條件（角度、方向、質感）等的反覆形式。

（二）和諧美

「和諧」能使我們的心理感覺愉快，其造形能相互調適而形成融洽的形式，具有柔和、圓融的效果，古代的哲學家就已認定和諧就是的美學本質特徵。我們先就形態藝術的美感條件來說，和諧的意思是平靜，含有安靜、統一協調的意象；理論上，和諧是在整體間的相互關係，能保持一種完整平靜的情況，不分任何構成因素（點、線、面、形態、色彩、質感等），而能自然產生舒適感。和諧又稱「調和」，就是因為它含有協調、合理的現象或意境。

（三）漸層美

漸層為漸次變化的反覆形式，它含有等差、等比之漸變的意思，也就是同一單元體的形，其排列由大而小，由強而弱，由明而暗（反之亦然），以一定的秩序形成形態或量感的的漸變作用。漸層的變化，必須以秩序性狀態出現，否則只是一群大大小小無規律的形元素。「漸層美」的表現與「規則的韻律」或「秩序美」的精神有相同的交集，其效果比反覆更活潑或激動。

（四）平衡美

平衡（均衡）在一般的說法是左右形象或上下形象的分量相等，在視覺上藉由點、線、面、形、大小、方向、肌理、顏色等各種複雜的視覺要素，施以布置極微妙的構成，表現出輕快或和諧的感覺，各種屬性平衡、對稱、安定和比例等，不偏重於任何一方者，就叫平衡。

（五）韻律美

韻律（又稱律動）本來是用於表達音樂和詩歌中音調的起伏和節奏感，但有些美學專家認為詩和音樂的起源與人類愛好節奏及和諧的本能有密切關係。韻律的形式千變萬化，有雄偉、單純、複雜、粗糙、纖細等，暗藏豐富的內涵。

（六）比例美

　　古希臘的哲學家將數理、比例秩序視為美的形式原理之來源。任何物體不論是何種形狀，都必然存在著三度空間「長、寬、高」的度量，比例所探討的，就是這三個方向度量之間的關係問題。造形上的比例有兩種，一種是在單位個體形象之各部分的相對視覺比例；另一種則是整體構圖形態中各個圖像間的相對視覺比例。早在古希臘時期，多位數學家就對探究「最佳比例」產生濃厚興趣，歐基里德（Euclid）的《幾何原本》（Elements）首次記載了著名的「黃金分割」1:1.618，亦稱「黃金比」。

（七）對比美

　　「對比」是指當兩種或兩種以上的事物在一起時，產生對立或互相排斥的狀況。在對比的畫面中，如果產生一個主調，則周圍其他事物的量感或質感就會相對減弱，另外一種情況是產生兩個對立的主調，因此形成了對比的現象。由形態的量感、色調、質感、結構強弱或構圖的大小，都可形成對比效果。

課 題

課題一：構成美的原理

課題目標：觀察力的訓練

創作方法：請以數位相機或手機拍攝自然物與人造物的美的型式原理照
片：「反覆」「漸變」、「韻律」、「比例」、「平衡」、「對
比」與「和諧」。

創作規格：

1. 自然物每一項 3 張，人造物每一項 3 張。

2. 以簡報檔製作，在課堂上發表你觀察的概念。

3. 請參考範例

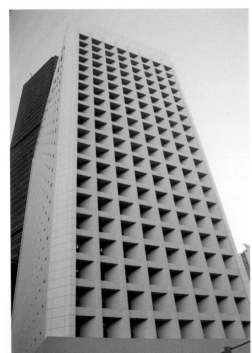

人造物 - 反覆

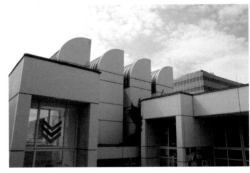

人造物 - 比例

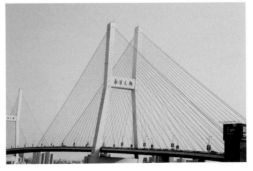

人造物 - 平衡

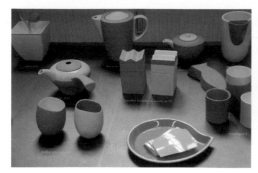

人造物 - 和諧

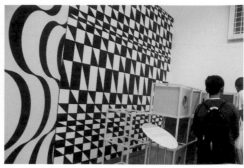

人造物 - 對比

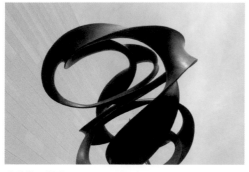

人造物 - 韻律

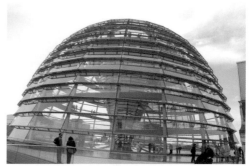

人造物 - 漸變

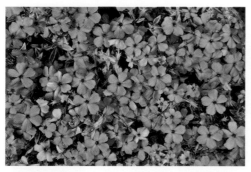

自然物 - 反覆

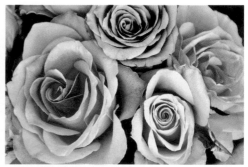

自然物 - 比例

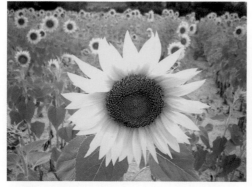

自然物 - 平衡

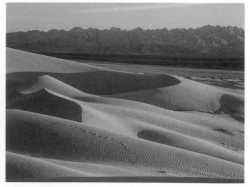

自然物 - 和諧

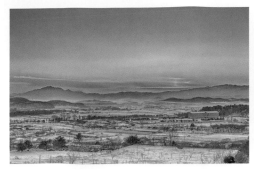

自然物 - 對比

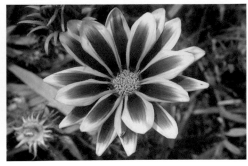

自然物 - 漸變

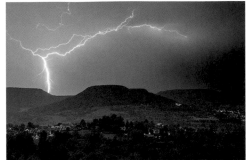

自然物 - 韻律

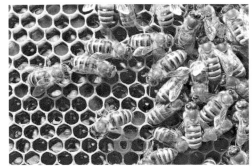

自然物 - 反覆

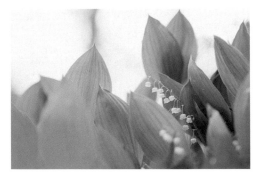

自然物 - 比例

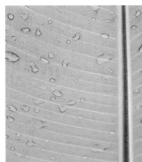

自然物 - 平衡

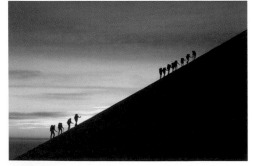

自然物 - 對比

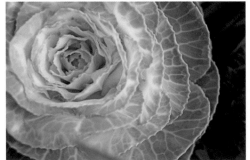

自然物 - 漸變

課題二：美的形式原理

課題目標：理解構成美的原理（觀察力的訓練）- 反覆美

創作方法：請以水彩筆使用廣告顏料做平塗造形的表現。以形態、色彩、
　　　　　質感等繪出平面反覆美圖形。

創作規格：

1. 在 A4 的影印紙，以麥克筆將構成圖形繪於 20cm×20cm 框內（草稿），
　 以抽象形繪出 5 張。（黑色與彩色各 5 張）

2. 與老師討論後選定正稿黑色與彩色各 1 張，再以廣告顏料平塗在
　 20cm×20cm 西卡上，再貼到 30cm×30cm 黑色美國紙板。

3. 請參考範例

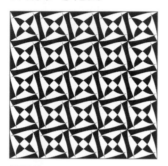
反覆美 1

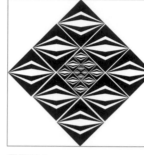
反覆美 2

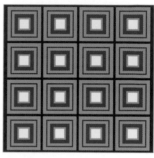
反覆美 3

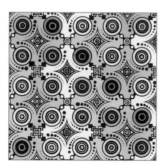
反覆美 4

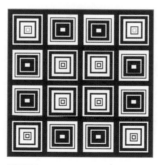
反覆美 5

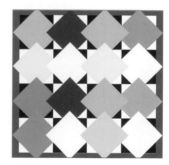
反覆美 6

課題三：美的形式原理

課題目標：理解構成美的原理（觀察力的訓練）- 和諧美

創作方法：請以水彩筆使用廣告顏料做平塗造形的表現。以形態、色彩、
質感等繪出平面和諧美圖形。

創作規格：

1. 在 A4 的影印紙，以麥克筆將構成圖形繪於 20cm×20cm 框內（草稿），
以抽象形繪出 5 張。（黑色與彩色各 5 張）

2. 與老師討論後選定正稿黑色與彩色各 1 張，再以廣告顏料平塗在
20cm×20cm 西卡紙上，再貼到 30cm×30cm 黑色美國紙板。

3. 請參考範例

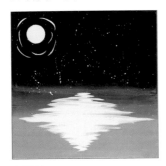
和諧美 1

和諧美 2

和諧美 3

和諧美 4

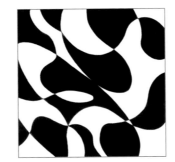
和諧美 5

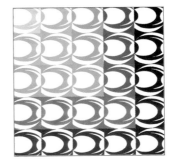
和諧美 6

課題四：美的形式原理

課題目標：理解構成美的原理（觀察力的訓練）- 漸層美

創作方法：請以水彩筆使用廣告顏料做平塗造形的表現。以形態、色彩、質感等繪出平面漸層美圖形。

創作規格：

1. 在 A4 的影印紙，以麥克筆將構成圖形繪於 20cm×20cm 框內（草稿），以抽象形繪出 5 張。（黑色與彩色各 5 張）

2. 與老師討論後選定正稿黑色與彩色各 1 張，再以廣告顏料平塗在 20cm×20cm 西卡紙上，再貼到 30cm×30cm 黑色美國紙板。

3. 請參考範例

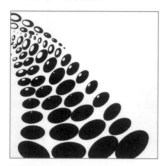
漸層美 1

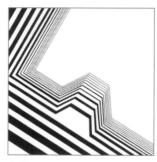
漸層美 2

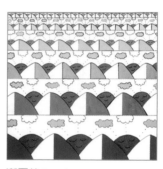
漸層美 3

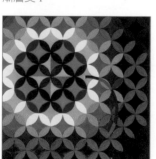
漸層美 4

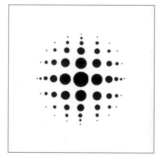
漸層美 5

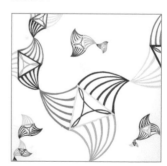
漸層美 6

課題五：美的形式原理

課題目標：理解構成美的原理（觀察力的訓練）- 平衡美

創作方法：請以水彩筆使用廣告顏料做平塗造形的表現。以形態、色彩、
質感等繪出平面平衡美圖形。

創作規格：

1. 在 A4 的影印紙，以麥克筆將構成圖形繪於 20cm×20cm 框內（草稿），
以抽象形繪出 5 張。（黑色與彩色各 5 張）

2. 與老師討論後選定正稿黑色與彩色各 1 張，再以廣告顏料平塗在
20cm×20cm 西卡上，再貼到 30cm×30cm 黑色美國紙板。

3. 請參考範例

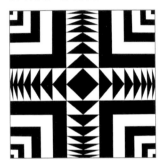
平衡美 1

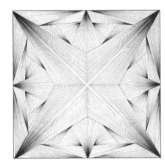
平衡美 2

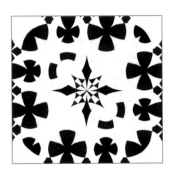
平衡美 3

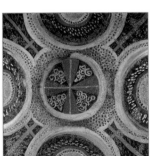
平衡美 4

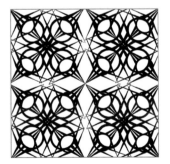
平衡美 5

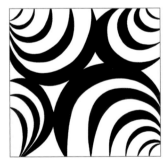
平衡美 6

課題六：美的形式原理

課題目標：理解構成美的原理（觀察力的訓練）- 韻律美

創作方法：請以水彩筆使用彩色廣告顏料做平塗造形的表現。以形態、色彩、質感等繪出平面韻律美圖形。

創作規格：

1. 在 A4 的影印紙，以麥克筆將構成圖形繪於 20cm×20cm 框內（草稿），以抽象形繪出 5 張。（黑色與彩色各 5 張）

2. 與老師討論後選定正稿黑色與彩色各 1 張，再以彩色廣告顏料平塗在 20cm×20cm 西卡紙上，再貼到 30cm×30cm 黑色美國紙板。

3. 請參考範例

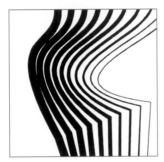
韻律美 1

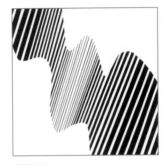
韻律美 2

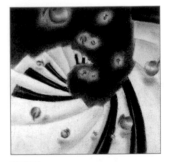
韻律美 3

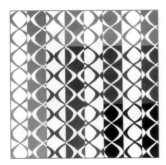
韻律美 4

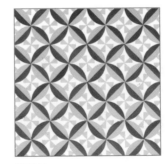
韻律美 5

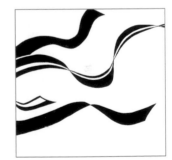
韻律美 6

課題七：美的形式原理

課題目標：理解構成美的原理（觀察力的訓練）- 比例美

創作方法：請以水彩筆使用彩色廣告顏料做平塗造形的表現。以形態、
色彩、質感等繪出平面比例美圖形。

創作規格：

1. 在 A4 的影印紙，以麥克筆將構成圖形繪於 20cm×20cm 框內（草稿），
   以抽象形繪出 5 張。（黑色與彩色各 5 張）

2. 與老師討論後選定正稿黑色與彩色各 1 張，再以彩色廣告顏料平塗在
   20cm×20cm 西卡紙上，再貼到 30cm×30cm 黑色美國紙板。

3. 請參考範例

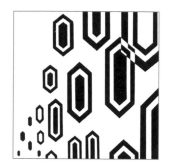
比例美 1

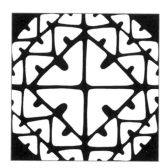
比例美 2

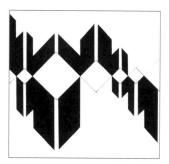
比例美 3

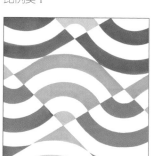
比例美 4

比例美 5

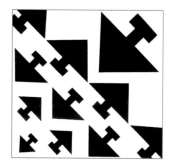
比例美 6

課題八：美的形式原理

課題目標：理解構成美的原理（觀察力的訓練）- 對比美

創作方法：請以水彩筆使用廣告顏料做平塗造形的表現。以形態、色彩、
　　　　　質感等繪出平面對比美圖形。

創作規格：

1. 在 A4 的影印紙，以麥克筆將構成圖形繪於 20cm×20cm 框內（草稿），
　 以抽象形繪出 5 張。（黑色與彩色各 5 張）

2. 與老師討論後選定正稿黑色與彩色各 1 張，再以廣告顏料平塗在
　 20cm×20cm 西卡紙上，再貼到 30cm×30cm 黑色美國紙板。

3. 請參考範例

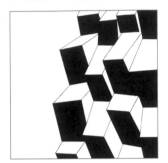

對比美 1

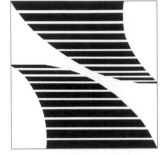

對比美 2

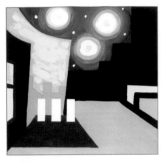

對比美 3

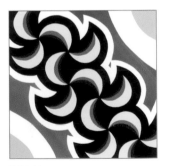

對比美 4

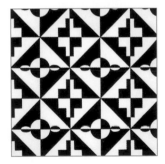

對比美 5

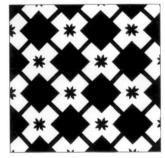

對比美 6

第六章
平面構成設計方法

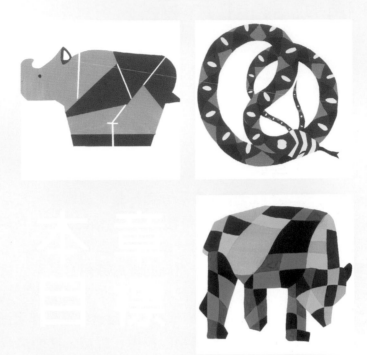

　　了解構成的流程，透過設計之潛能，以感覺能力、觀念認知能力、想像能力、思維能力等，應用設計原理，以構成方法創造出各種平面設計圖形與現象，經過探索、分析、思考等三項過程，將設計元素概念化，漸進性的找到解決方法而達到創作的成果。

第六章
平面構成設計方法

一、平面造形構成概念

（一）平面設計概念

　　平面造形屬於二次元空間。在平面造形藝術領域中，乃是以視覺感官來取得訊息，而沒有立體造形的觸覺訊息。平面的意義，可以說是一條線、一個面或是一個形象，但不是一個立體或空間，所以在平面創作之發揮，較無法像立體造形可以作多方向的形成或組合。平面構成的目的在於創造出優美形態，並且巧妙地配置，以二次元造形之形式呈現，藉以達到視覺認知的形狀、顏色或組織構圖。而設計師在創作平面造形時，在思考上必須富有創造性，加上精練的技術和經驗，才能構成具有想像力、組織力等優良的平面造形作品。

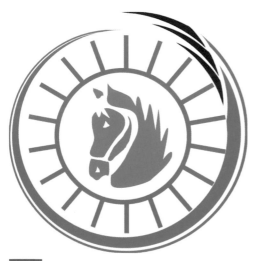

6-1a 由形狀構成的平面設計 I

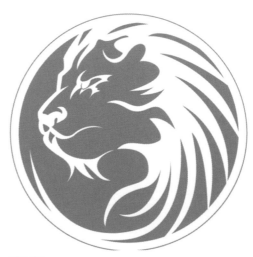

6-1b 由形狀構成的平面設計 II

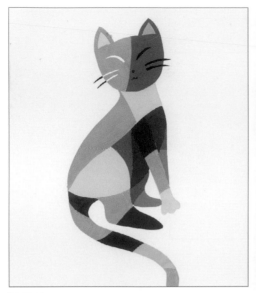

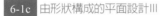
6-1c 由形狀構成的平面設計III

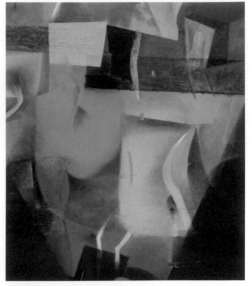
6-1d 由形狀構成的平面設計IV

（二）構成流程

創作必須藉由流程，才能漸進性的找到解決方法而達到創作的成果，而以造形的構成，需經過探索、分析、思考等三項過程，將設計元素概念化，引導學生找到解決問題的方法，重在思考、分析而非技術的操作。構成流程造形方法是由設計之潛能，以感覺能力、觀念認知能力、想像能力、思維能力、審美能力、思考習慣、心態、經驗背景等加以整合歸納。最終目的在培養創意（Creativity）。包括以下三項流程：

探索：深入了解與認知構成的基本元素，可推導出「概念化」行為，作　　　為下一步思考的方向。

思考：以造形的思維理念為根基，思考造形本質現象的特質，經判斷、　　　思考後的現象概念，反應出分析的形式。

分析：經過邏輯性的推理行為，則造形法則已漸漸成立，再將這些法則，　　　經過分析，予以分類或重整，我們可得到各種造形的模式。

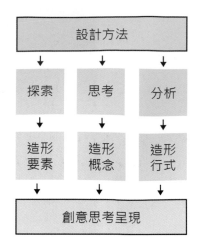

圖表 6-1　構成流程

　　按平面設計的構成流程，可分為「設計原理」、「設計元素」、「設計要素」及「設計形式」四種。平面設計的最終目標，乃是在創造一種屬於「美」的視覺感受成果。美學的構成現象，是源由人對於抽象的接觸所產生美的心情，也就是所謂的愉悅的心情，除了視覺上的感覺之外，另包括了內心的感受、知覺、想像、思想和觀念等心理功能。在根據平面設計對「美」的一種追求，對於設計構成所探討的方法如下列所述：

1. 設計原理：包括美學上所含蓋的完美實現原則的和諧美、反覆美、漸層美、律動美、對比美、比例美、對稱美、統一美等。

2. 設計元素：依構成的最基本元素而言，有點、線、面、形各種構成元素，這些元素各具特徵，在視覺上因形式上的變化，所形成的效果，給予人的感受都不盡相同。

3. 設計要素：視覺要素是造形活動所不可缺的一種內涵，主要呈現於外在或內在的存在現象，分別有形態、質感、色彩及空間四種。造形創作者除了會應用設計要素之外，還必須賦予造形一種有生命力的形態，才能造就一優美且完整的造形。

4. 設計形式：形式是表達的內容現象，也就是構成造形的條件。形式也是
   視覺表現的方式，例如以分割方式可使畫面內容更豐富、以群集方式可
   使畫面增加量感、以重疊方式可令畫面有空間感、而透過矛盾形式的表
   現，可使畫面內容更為有趣。

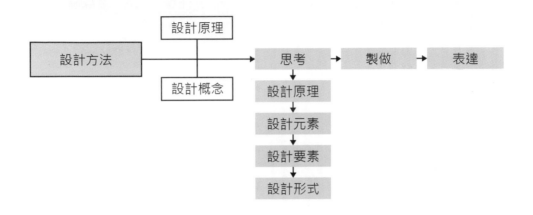

圖表 6-2　設計構成流程

二、構成方法

　　由基本元素點、線、面，搭配構成的方法如：分割、配置、重疊、
集合、軸向、模擬、變化、聯想、量感，加上形、色彩、質感的變化組合，
可得出各式各樣的造形結果。

（一）分割

　　在構圖中作規則或不規則的分配，以切割的方式完成構圖，稱為分
割。分割形式一般都以數學幾何的原理分配，例如：平行、交叉、等量、
相似量形，或依等差級數、等比級數作為分割的依據，或者也可以徒手
自由分割。

1. 平行形式分割：分為水平平行分割、垂直平行分割或其他方向平行分割，除直線和圓弧線外，曲線（如：雙曲線、拋物線、橢圓等）也可以作為平行分割的形式，做層次性的變化。

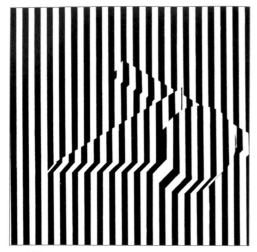
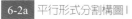

6-2a 平行形式分割構圖 I

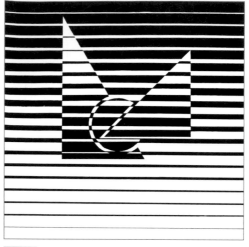

6-2b 平行形式分割構圖 II

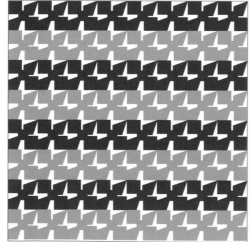

6-2c 平行形式分割構圖 III

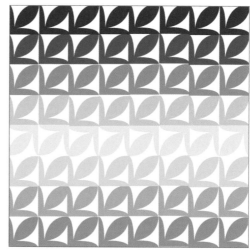

6-2d 平行形式分割構圖 IV

2. 交叉形式分割：兩種不同方向的線或面相遇時，可以得到交集，成為兩
　相交線或相交面。相交兩直線又可分為垂直線相交與斜線相交，曲線也
　可以使用相交方式完成平面構圖。交叉分割會形成格狀的面形，採用多
　重線或面的相交可得到立體空間的效果，交叉分割如以不規則尺度構圖
　時，可得到較活潑的圖形。

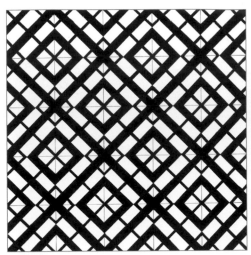

6-3a 交叉形式分割構圖I

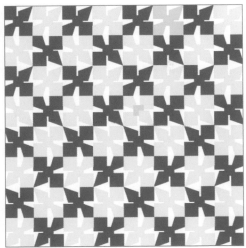

6-3b 交叉形式分割構圖II

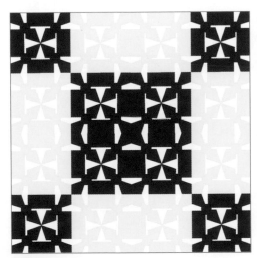

6-3c 交叉形式分割構圖III

6-3d 交叉形式分割構圖IV

3. 放射形式分割：在構圖的範圍內以一中心點向外出發，往四周發散，有
   如放射狀，以整個構圖空間而言，發射的中心點不一定要在整個圖形之
   中央，同時在一個圖形中可以有兩個以上的發射中心點，以增加圖面的
   特殊效果。放射分割本身就已有透視空間的效果。

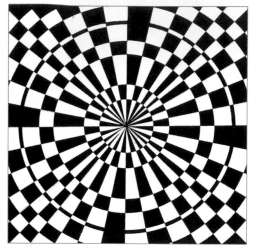

6-4a 放射形式分割構圖I

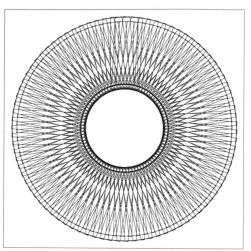

6-4b 放射形式分割構圖II

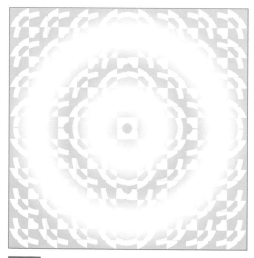

6-4c 放射形式分割構圖III

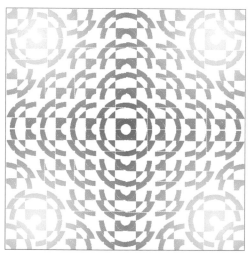

6-4d 放射形式分割構圖IV

4. 等比、等差列數分割：以等比或等差數列的分配，是屬於一種漸變的構
   圖方式，可造成漸大、漸寬或漸小、漸窄的變化，此種方式亦造成圖形
   的立體感或速度感。

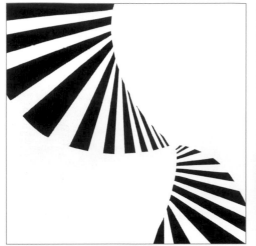

6-5a 等比形式分割構圖I

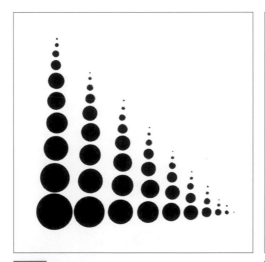

6-6a 等差形式分割構圖I

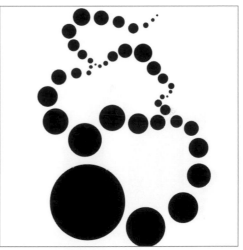

6-6b 等差形式分割構圖II

285

5. 等量形式分割：以相同的形式、形狀或面積作排列組合或切割，分割的排列必須有規則性，不可雜亂無章，可以點形、線形、面形方式做分割的單元體，其效果有如美的形式原理中的反覆構成。

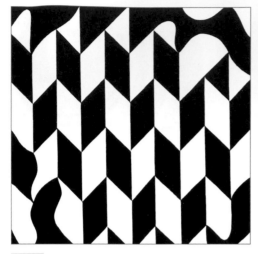

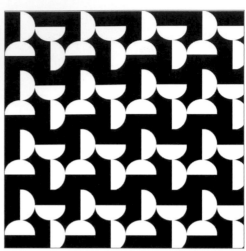

6-7a 等量形式分割構圖Ⅰ　　　　**6-7b** 等量形式分割構圖Ⅱ

6. 相似量形分割：以類似但不相同的形、量度作排列組合或分割整個畫面，此種情況將會出現等量形分割形式，且較具活潑感。

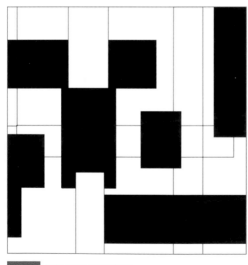

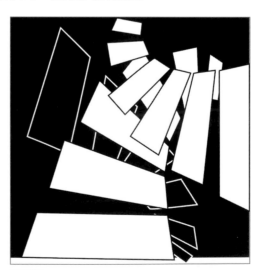

6-8a 相似量形分割構圖Ⅰ　　　　**6-8b** 相似量形分割構圖Ⅱ

7. 自由形式分割：不按比例或大小，以不同的形態或元素作各種自由狀態的構圖安排，可以直線、曲線或其他各種線條之分割，自由分割仍必須作構圖上的規劃，以免造成構圖上的視覺亂象。

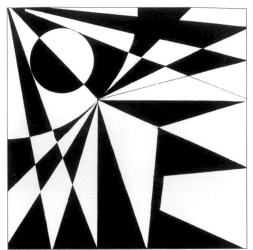

6-9a　自由形式分割構圖Ⅰ

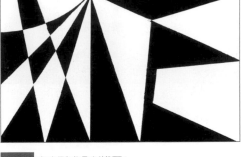

6-9b　自由形式分割構圖Ⅱ

（二）配置

　　配置在平面設計中又稱「編排」，是將相同或不同的元素放在一起，形成群體，經過排列或組合而成的視覺效果。在平面設計形式中，使用編排方式需要兩個以上或群集的元素，將之作位置（方向、角度、位置、內外）上的安排，才能將配置的效果呈現出來。而具有張力與動感的組成則可依整體環境的大小或密度，以水平、垂直或交錯等各種方式，配置成最佳的組合。配置的方法主要有：

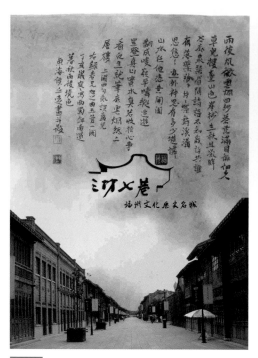

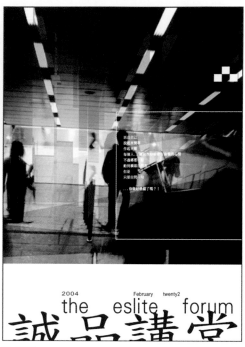

6-10a 平面設計配置Ⅰ

6-10b 平面設計配置Ⅱ

1. 水平方向配置：各元素之間作水平方向平行或接近平行的安排，使整體的構成為線形的形式，產生較為理性的組合意象。

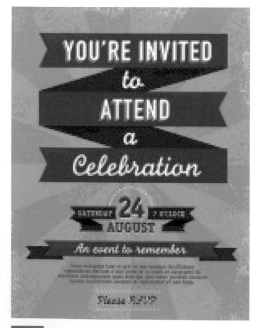

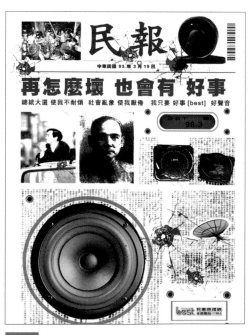

6-11a 水平方向配置Ⅰ

6-11b 水平方向配置Ⅱ

2. 垂直方向配置：各元素與各元素之間作相互呈垂直關係，使整體性的構成為相交的形式，產生較為理性的構成意象。

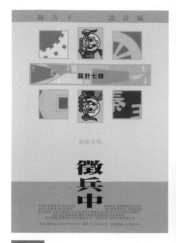 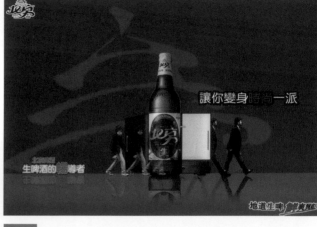

6-12a 垂直方向配置Ｉ　　6-12b 垂直方向配置ＩＩ

3. 對比配置：各元素之尺寸、色彩、角度、形狀、方向等差異，使整體構成對比的形式，產生較為強烈的構成意象。

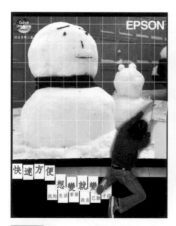 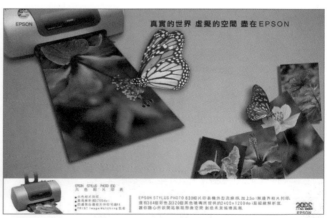

6-13a 尺寸對比現象配置　　6-13b 色彩對比現象配置

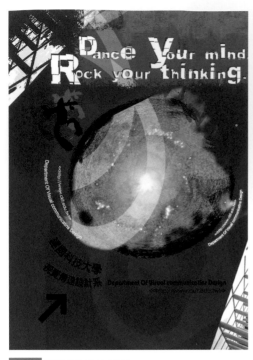

6-13c 形狀對比現象配置

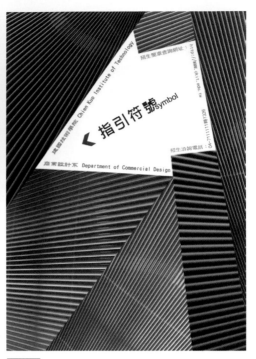

6-13d 方向對比現象配置

4.疏散配置：各元素之距離寬鬆，使畫面成為較空洞的現象。

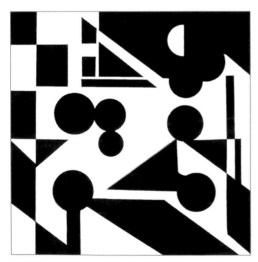

6-14a 疏散現象配置Ⅰ

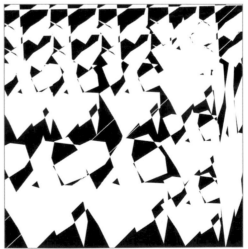

6-14b 疏散現象配置Ⅱ

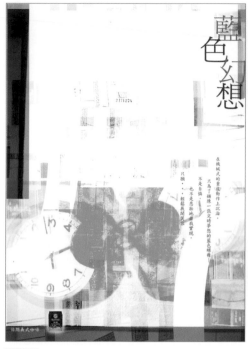

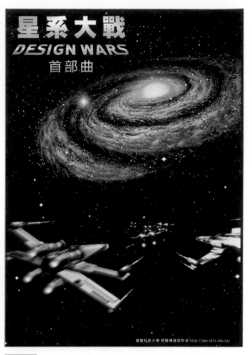

6-14c 疏散現象配置Ⅲ

6-14d 疏散現象配置Ⅳ

5. 密集配置：各元素之距離緊密，使畫面成為較繁榮的現象。

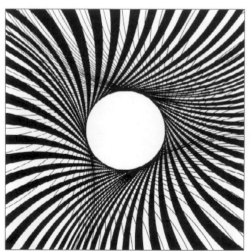

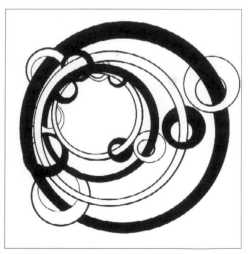

6-15a 密集現象配置Ⅰ

6-15b 密集現象配置Ⅱ

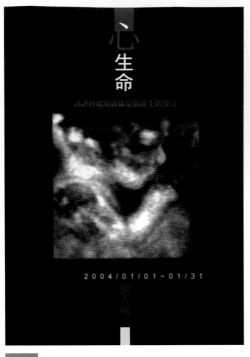

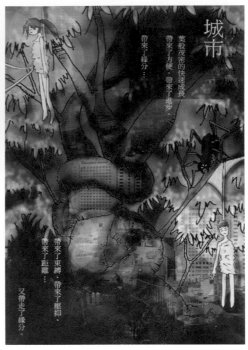

6-15c 密集現象配置III

6-15d 密集現象配置IV

6. 任意配置：除上述較為規矩的配置方法，亦可在平面空間使用元素的重
   疊、反覆等手法，或者利用元素與背景的關係作安排，同時也可使用層
   次的配置，呈現較有變化的效果。

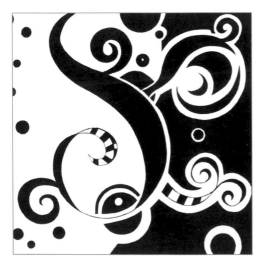

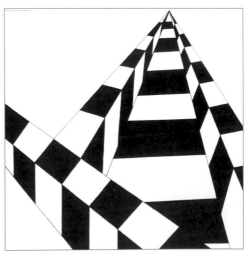

6-16a 任意現象配置I

6-16b 任意現象配置II

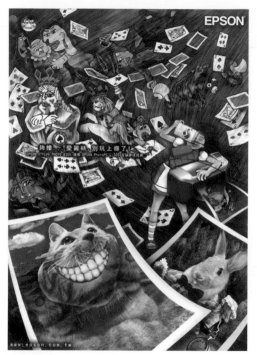

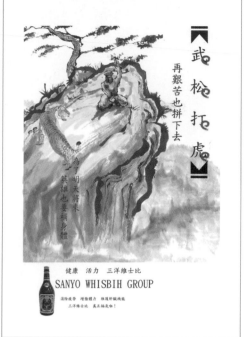

6-16c 任意現象配置Ⅲ

6-16d 任意現象配置Ⅳ

（三）重疊

　　重疊是把兩種或兩種以上的圖形相交，構成聯集或交集，重疊後之結果因為較複雜，所以在構成時需留意重疊的交集處，以免過度混亂。而重疊分為規則重疊和不規則重疊兩種；在形的安排上可以相同形或不同形相互重疊，目的都是在求構成後的變化結果。重疊的種類分為加法、減法、混合、透明和空間重疊五種。

1.加法重疊：兩種圖形重疊後，在其交集處作塗黑處理，此種方法會在量感上增加，造成圖形構成分量更加重，但此種重疊無法在構圖上作變化。

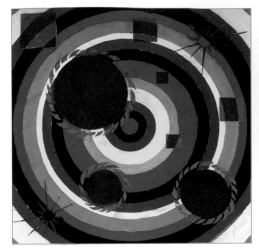

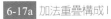 加法重疊構成 I

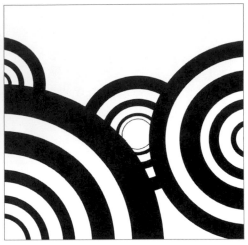

6-17b 加法重疊構成 II

2. 減法重疊：兩種圖形重疊後，在其交集處作反白或變色處理，此種結果可得到較清新的組合，使重疊反而減輕，可作圖形上的變化。

6-18a 減法重疊構成 I

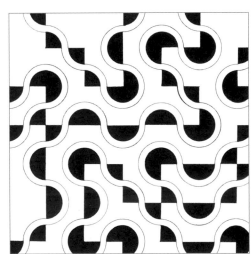

6-18b 減法重疊構成 II

3. 混合重疊：也就是加法與減法之混合重疊，作不規則之處理，此種構成
　較易變成混亂的圖形，因此，非不得已儘量不使用。

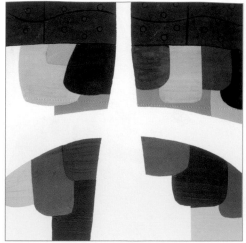

6-19a 混合重疊構成 I

6-19b 混合重疊構成 II

4. 空間重疊：以線形或面形的輪廓線作前後的安排，或以小的形重疊於大
　者之上，構成深度感與空間感。

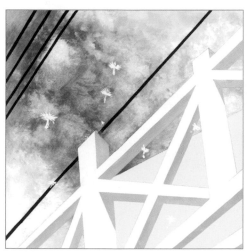
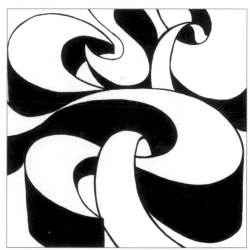

6-20a 空間重疊構成 I

6-20b 空間重疊構成 II

5. 透明重疊：將各元素作前後的安排，產生了減弱現象，包括色彩、質感、
　密度等方面的弱化。

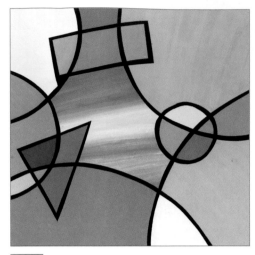

6-21a 透明重疊構成Ⅰ

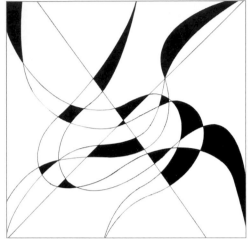

6-21b 透明重疊構成Ⅱ

（四）集合

　　集合乃是相同、類似或不相同的構成元素，作群體化的過程，使整
個圖形有完整的規劃，它剛好與分割的構成方式相反。集合的構圖不只
在作單元形態的構成，其整體的構圖效果比單元形態更重要。因此，集
合不但需考慮構成元素本身，更需考慮每個元素之間的整合關係。集合
按方式區分，有「規則性集合」與「不規則性集合」；按種類分則有「相
同形集合」、「相似形集合」與「不同形集合」三種。

1. 相同形集合：以同樣形態的單元體作規則或不規則的排列構圖，此種構
　圖結果須依構圖的安排方式而定，可以呈現規則的呆板圖形，也可以有
　趣變化的方式處理之。

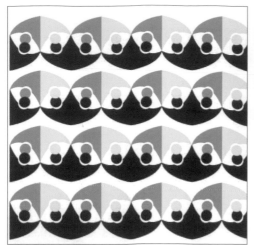

6-22a 相同形集合 I

6-22b 相同形集合 II

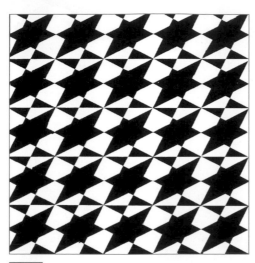

6-22c 相同形集合 III

6-22d 相同形集合 IV

6-22e 相同形集合 V

6-22f 相同形集合 VI

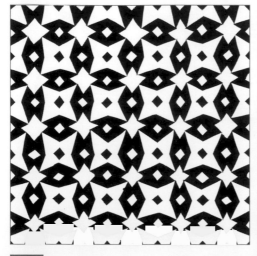

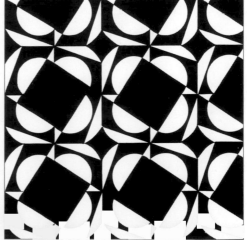

2. 相似形集合：將相似形的單元體或面積大小類似的單元體，以規則或不
   規則方式排列構圖，此種方式可以得到較活潑且多變化的圖形，但是在
   視覺上仍屬於規則、穩定性的構圖表現。單元體間的差異不可太大，否
   則會形成視覺上的混雜。

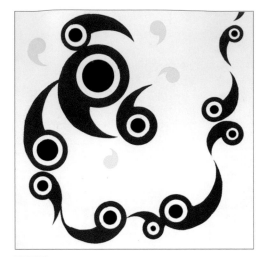

6-23a 相似形集合 I

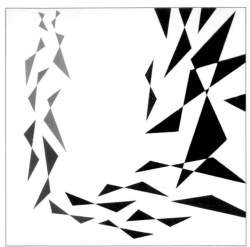

6-23b 相似形集合 II

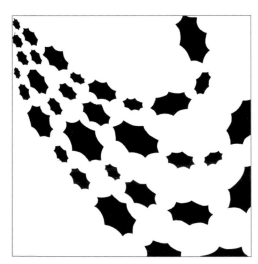

6-23c 相似形集合 III

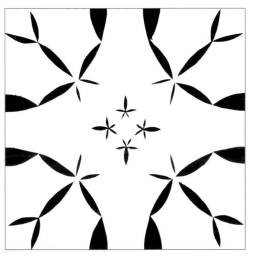

6-23d 相似形集合 IV

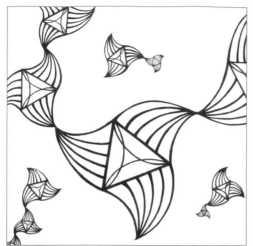

6-23e　相似形集合 V

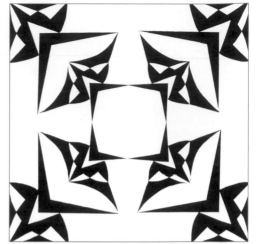

6-23f　相似形集合 VI

3. 不同形集合：單元體的形狀不同，面積大小也不同，以規則或不規則的排列構圖，此種構圖方式變化較多，但如果毫無組織或規則的安排，會形成視覺上的不安定。

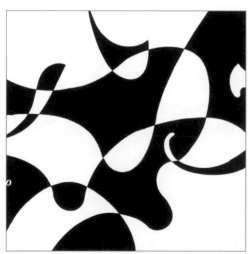

6-24a　不同形集合 I

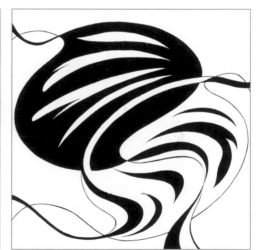

6-24b　不同形集合 II

（五）軸向

　　軸向是一種線性活動，軸向的先決條件是有一軸線為主要導引，讓構成元素沿著此軸線作連續的配置，軸線可以是水平線也可以是垂直線。軸線的使用對設計而言，是非常正式性的手法，可主導整體造形傾向或決定重心的一種強大控制形式，這是因為軸線有支配構圖中所有組成元素的特性。例如：線、面或體元素，如按軸線的規則發展構成，無論此些元素是任何形式或多寡，其最後的組成仍然是有線性的感覺。

1. 軸向是指有某些元素依特定方向排列的傾向。

2. 軸向是非常「正式化」的設計手法。

3. 在設計中常可找到展現權力象徵的軸線。

4. 軸線可引導眼睛的注意力，將設計中元素或區塊串聯在一起。

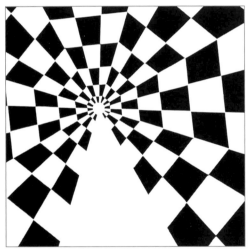

6-25a 軸向構成 I

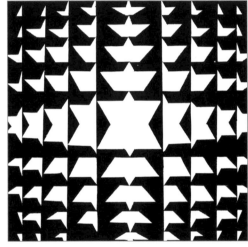

6-25b 軸向構成 II

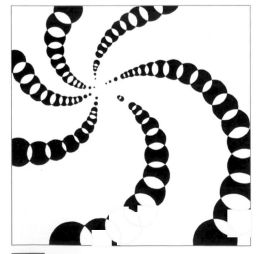

6-25c 軸向構成 III

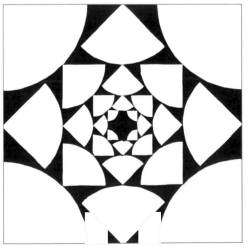

6-25d 軸向構成 IV

（六）模擬

　　模擬是訓練對事物的觀察力，再以轉換、變形、描述等方法表現出來。「模擬」不只是模仿、重製，而應適度地轉換理念。平面設計的模擬是將現實具體的現象或形狀，以另一種形式，在不失去原真實面貌的狀況下，描述該具體形象的形式或狀態，使之有原物的變換的現象。

6-26a 模擬構成Ⅰ

6-26b 模擬構成Ⅱ

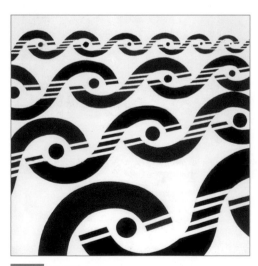

6-26c 模擬構成Ⅲ

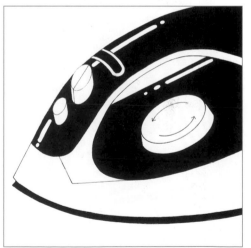

6-26d 模擬構成Ⅳ

（七）變化

變化是從一種現有的圖形轉換為新的組織或結構圖形。可以在同一個構圖內，作內部圖形的改變，也可以新的元素，作形的轉變。

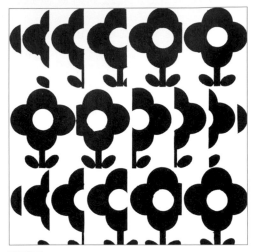

6-27a 變化構成 I

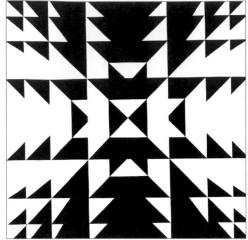

6-27b 變化構成 II

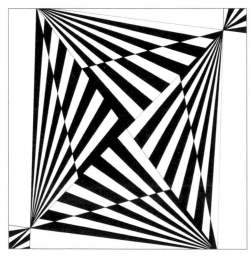

6-27c 變化構成 III

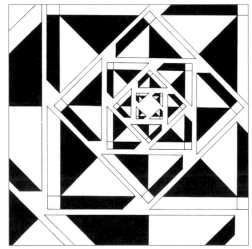

6-27d 變化構成 IV

（八）聯想

　　聯想是根據具體現象的原貌，以形的轉換形式，移轉成為另一種屬性，但原有具體物的特質或形式仍存在於移轉後的形象。所有物的造形構成元素均來自於點線面，透過創作者的觀念認知能力或是想像能力，藉由點線面元素構成元素，以具象的物體或是情境作為想像的基礎，構成現實世界景象的圖形，善用點線面等三種構成元素的特色，可以創造出許多形式的聯想表現。

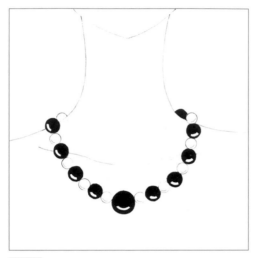

6-28a 點的聯想構成 I

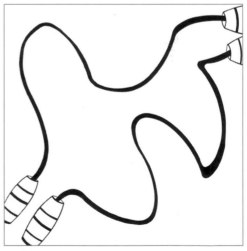

6-28b 點的聯想構成 II

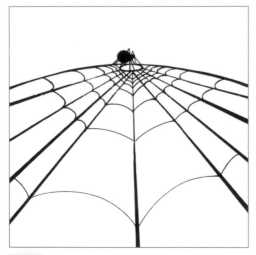

6-28c 線的聯想構成 I

6-28d 線的聯想構成 II

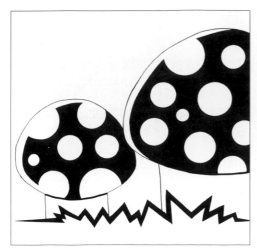

6-28e 面的聯想構成 I

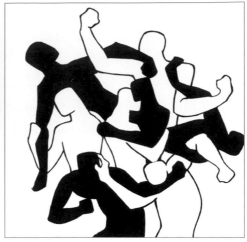

6-28f 面的聯想構成 II

（九）量感

　　量感為造形上的基本元素組合後的數量、體積或尺寸，給予人在視覺上或心理上有豐滿度的現象。在實質體積加上空間形式，則量感的爆增力更豐富。如果以單獨的線形或面形的元素構成，其量感現象可能輕薄；但如果以群集的方式將之組構成形，則可得到足夠數量的構成，並帶入了空間形式，而形成了所謂的空間量感。

表 6-1　量感的構成條件

實體量感	材料：塊狀	虛體量感	材料：線狀、面狀
	形式：整體		形式：群體
	現象：透明		現象：不透明
	空間：分割		空間：連貫

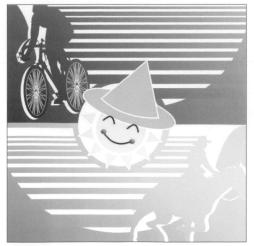

6-29a 量感構成 I

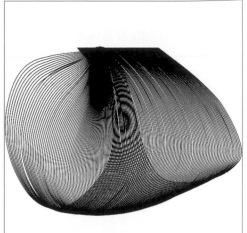

6-29b 量感構成 II

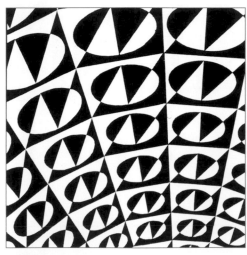

6-29c 量感構成 III

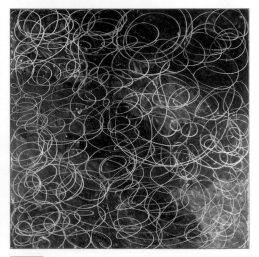

6-29d 量感構成 IV

三、造形語彙

造形過程必須透過組織、安排、整合，再加以協調，成為最適合的形式表現，無論是以概念圖形、模型、多媒體影像，都是藉著造形的呈現表達創作者的概念。造形是在創造視覺意象中的形式、色彩、質感和空間四種屬性，其常用的概念方法有八種造形語彙，包括排列、方向、連續、轉移、分割、重疊、集合、模矩。

1. 排列：任何構成元素均占有位置，位置的不同，使構成元素產生前後、
   上下、遠近或是左右之層次。

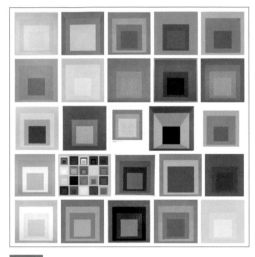
6-30a 排列構成 I

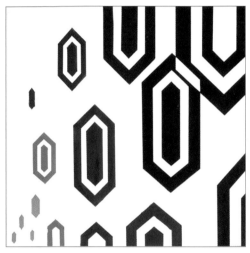
6-30b 排列構成 II

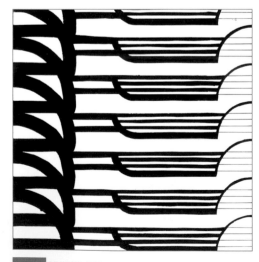
6-30c 排列構成 III

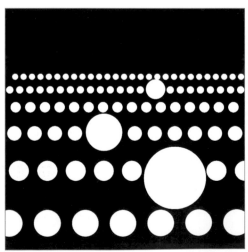
6-30d 排列構成 IV

2. 方向：位置是形體在空間之中所占領的地位，而方向則是在占領的地位
   中本身的方位，兩者關係密切且亦相互影響。方向是造成動感的一種條
   件，尤其是群聚單元體構成時，方向是決定「形」變化的命脈。形體在
   方向上的定位分為角度、高度及本身的量度（長度）三種，角度分為垂
   直、水平、傾斜和圓周角度四種特性，水平方向具有安定、冷靜及和平
   的感覺，傾斜角方向則具有多變、特異和靈活的感覺，圓周方向具動感
   和活潑性；而高度乃是以層次的高低決定其條件；量度乃是決定方向延
   伸的傾向，如果量度大，方向的傾向就愈明顯，延伸感就愈重。

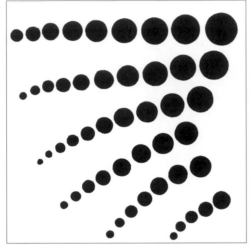

6-31a 方向構成 I

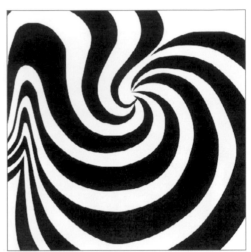

6-31b 方向構成 II

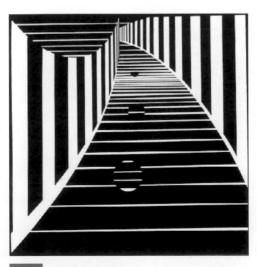

6-31c 方向構成 III

3. 連續：連續是單一元素或多種元素作反覆地排列應用，形成漸進變化的
   圖形，可使造形的量感或尺度加重。如果將相同的元素連續排列，可視
   為反覆形式的一種。連續形式實已包含了反覆構成，另外還具有動感與
   韻律感。連續的組構有線性、角度、位置、量度、反覆等漸進變化形式。
   線性的連續具有安定、冷靜及和平的感覺；角度性的連續則具有威嚴、
   正直和延展的感覺；位置性的連續有多變、特異和靈活的感覺，而量度
   性的連續具有延伸的傾向；且量度愈大，量感的傾向愈明顯，延伸感愈
   重。

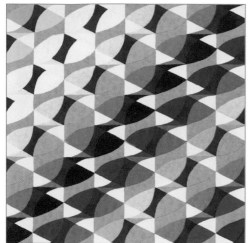

6-32a 連續構成 I

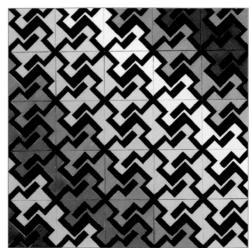

6-32b 連續構成 II

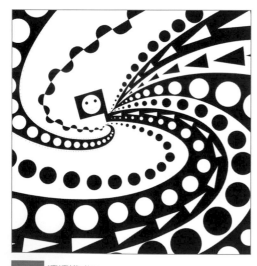

6-32c 連續構成 III

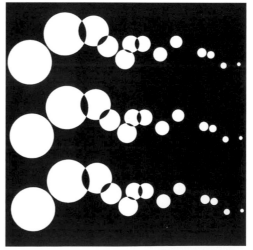

6-33d 連續構成 IV

4. 轉移：即配置的手法加以變化，將各個相同或者不同基本元素，改變其
方向及位置，再加上大小或寬窄的變化，有秩序性的遞增或遞減，形成
造形、方向、位置、距離、明暗、位置或大小等的轉換。轉移是基本元
素不斷地出現，可以是連續或不連續的排列，只要出現變化的狀況，就
可產生動感的現象。

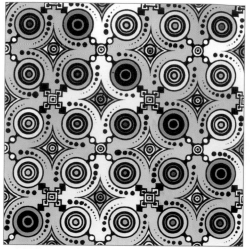

6-33a 轉移構成 I

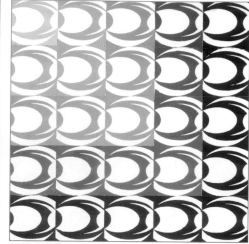

6-33b 轉移構成 II

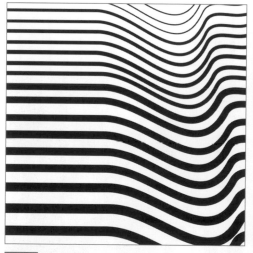

6-33c 轉移構成 III

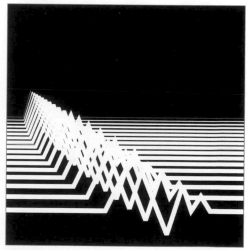

6-33d 轉移構成 IV

5. 模矩：模矩是合乎數學關係的特定模式，相同的形式就是「等模矩」，有大小變化的是「等差模矩」或是「等比模矩」。畢達哥拉斯從希臘音樂的和聲學中發現了音樂與數學之間的關係，得出萬物皆「數」的信念，後人進而發現數理在造形的創作方面，也有相當大的分量。模矩即是一種典型的形態或具有獨特意向所構成的數量系統，是造形或設計所使用的典型或基準。模矩必須符合一定的比例，常運用於連續性的反覆或漸變，形成等比例的擴張或減少；或也可運用於位置性上的處理，以區塊、分割、比例、位置、等量等形式，掌握形與形之間的緊密關係。比例並不只在於單單尺度上的大小而已，它使造形產生了韻律節奏的美感，事實上，自古希臘、羅馬時期，在建築、繪畫或雕塑方面，早已開始使用模矩的觀念，藝術家將之稱為「比例藝術」（proportion）。

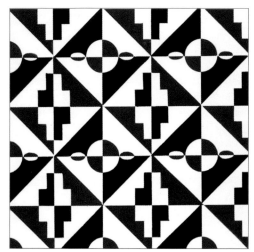
6-34a 模矩構成 I

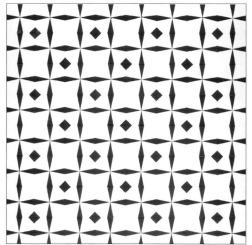
6-34b 模矩構成 II

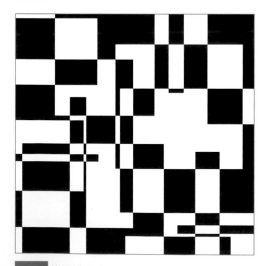
6-34c 模矩構成 III

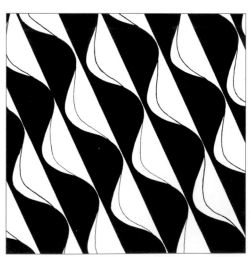
6-34d 模矩構成 IV

摘要整理

一、平面造形構成概念

　　按平面設計的構成流程，可分為「設計原理」、「設計元素」、「設計要素」及「設計形式」四種。平面設計的最終目標，乃是在創造一種屬於「美」的視覺感受成果。美學的構成現象，是源由人對於抽象的接觸所產生美的心情，也就是所謂的愉悅的心情，除了視覺上的感覺之外，另包括了內心的感受、知覺、想像、思想和觀念等心理功能。在根據平面設計對「美」的一種追求，對於設計構成所探討的方法如下列所述：

1. 設計原理：包括美學上所含蓋的完美實現原則的和諧美、反覆美、漸層美、律動美、對比美、比例美、對稱美、統一美等。

2. 設計元素：依構成的最基本元素而言，有點、線、面、形各種構成元素，這些元素各具特徵，在視覺上因形式上的變化，所形成的效果，給予人的感受都不盡相同。

3. 設計要素：視覺要素是造形活動所不可缺的一種內涵，主要呈現於外在或內在的存在現象，分別有形態、質感、色彩及空間四種。造形創作者除了會應用設計要素之外，還必須賦予造形一種有生命力的形態，才能造就一優美且完整的造形。

4. 設計形式：形式是表達的內容現象，也就是構成造形的條件。形式也是視覺表現的方式，例如以分割方式可使畫面內容更豐富、以群集方式可使畫面增加量感、以重疊方式可令畫面有空間感、而透過矛盾形式的表現，可使畫面內容更為有趣。

二、構成方法

（一）分割

在構圖中作規則或不規則的分配，以切割的方式完成構圖，稱為分割。分割形式一般都以數學幾何的原理分配，例如：平行、交叉、等量、相似量形，或依等差級數、等比級數作為分割的依據，或者也可以徒手自由分割。

（二）配置

配置在平面設計中又稱「編排」，是將相同或不同的元素放在一起，形成群體，經過排列或組合而成的視覺效果。在平面設計形式中，使用編排方式需要兩個以上或群集的元素，將之作位置（方向、角度、位置、內外）上的安排，才能將配置的效果呈現出來。

（三）重疊

重疊是把兩種或兩種以上的圖形相交，構成聯集或交集，重疊後之結果因為較複雜，所以在構成時需留意重疊的交集處，以免過度混亂。而重疊分為規則重疊和不規則重疊兩種；在形的安排上可以相同形或不同形相互重疊，目的都是在求構成後的變化結果。重疊的種類分為加法、減法、混合、透明和空間重疊五種。

（四）集合

集合乃是相同、類似或不相同的構成元素，作群體化的過程，使整個圖形有完整的規劃，它剛好與分割的構成方式相反。集合的構圖不只在作單元形態的構成，其整體的構圖效果比單元形態更重要。因此，集合不但需考慮構成元素本身，更需考慮每個元素之間的整合關係。集合按方式區分，有「規則性集合」與「不規則性集合」；按種類分則有「相同形集合」、「相似形集合」與「不同形集合」三種。

（五）軸向

軸向是一種線性活動，軸向的先決條件是有一軸線為主要導引，讓構成元素沿著此軸線作連續的配置，軸線可以是水平線也可以是垂直線、斜線或是曲線。軸線的使用對設計而言，是非常正式性的手法，可主導整體造形傾向或決定重心的一種強大控制形式，這是因為軸線有支配構圖中所有組成元素的特性。

（六）模擬

模擬是訓練對事物的觀察力，再以轉換、描述等方法表現出來。「模擬」不只是模仿、重製，而應適度地轉換理念。平面設計的模擬是將現實具體的現象或形狀，以另一種形式，在不失去原真實面貌的狀況下，描述該具體形象的形式或狀態，使之有原物的特質再度呈現的現象。

（七）變化

變化是從一種現有的圖形轉換為新的組織或是結構圖形，可以在同一個構圖內，作內部圖形的改變，也可以新的元素，作形的轉變。

（八）聯想

聯想是根據具體現象的原貌，以形的轉換形式，移轉成為另一種屬性，但原有具體物的特質或形式仍存在於移轉後的形象。所有物的造形構成元素均來自於點線面，透過創作者的觀念認知能力或是想像能力，藉由點線面元素構成元素，以具象的物體或是情境作為想像的基礎，構成現實世界景象的圖形，善用點線面等三種構成元素的特色，，可以創造出許多形式的聯想表現。

（九）量感

量感為造形上的基本元素組合後的數量、形態或尺寸，給予人在視覺上或心理上有豐滿度的現象。在實質的構圖中加上空間形式，則量感的爆增力更豐富。如果以單獨的線形或面形的元素構成，其量感現象可能輕薄；但如果以群集的方式將之組構成形，則可得到足夠數量的構成，並帶入了空間形式，而形成了所謂的空間量感。

三、造形語彙

　　造形過程必須透過組織、安排、整合，再加以協調，成為最適合的形式表現，無論是以概念圖形、模型、多媒體影像，都是藉著造形的呈現表達創作者的概念。造形是在創造視覺意象中的形式、色彩、質感和空間四種屬性，其常用的概念方法有七種造形語彙，包括排列、方向、連續、轉移、模矩。

1. 排列：任何構成元素均占有位置，位置的不同，使構成元素產生前後、上下、遠近或是左右之層次。

2. 方向：位置是形體在空間之中所占領的地位，而方向則是在占領的地位中本身的方位，兩者關係密切且亦相互影響。

3. 連續：連續圖形，可使造形的量感或尺度加重。如果將相同的元素連續排列，可視為反覆形式的一種。連續形式實已包含了反覆構成，另外還具有動感與韻律感。

4. 轉移：即配置的手法加以變化，將各個相同或者不同基本元素，改變其方向及位置，再加上大小或寬窄的變化，有秩序性的遞增或遞減，形成造形、方向、位置、距離、明暗、位置或大小等的轉換。

5. 模矩：模矩是合乎數學關係的特定模式，相同的形式就是「等模矩」，有大小變化的是「等差模矩」或是「等比模矩」。

課　題

課題一、構成方法 - 交叉分割

課題目標：理解構成方法的原理

創作方法：請以水彩筆使用廣告顏料做平塗造形的表現。以形態、色彩、
　　　　　質感等構成元素繪出平行、交叉、等量、相似平面分割圖形。

創作規格：

1. 在 A4 的影印紙，以麥克筆將構成圖形繪於 20cm×20cm 框內（草稿），
   以抽象形各繪出 4 張草稿。（黑色與彩色各 2 張）

2. 與老師討論後選定黑色與彩色正稿各 1 張，再以廣告顏料平塗在 20
   cm×20cm 西卡紙上，再貼到 30cm×30cm 黑色美國紙板。

3. 請參考範例

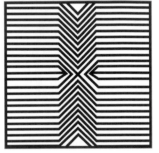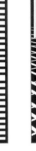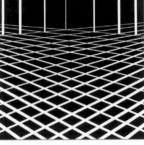

平行分割　　　　　　　交叉分割　　　　　　　相似分割

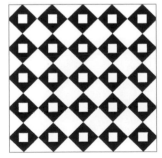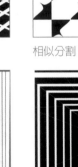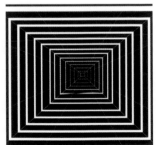

等量分割　　　　　　　平行分割　　　　　　　平行分割

課題二、構成方法 - 模擬

課題目標：理解構成方法的原理

創作方法：請以水彩筆使用廣告顏料做平塗造形的表現。以形態元素模擬出具象的形體，並以動物的形體為主題，模擬出圖形。

創作規格：

1. 在 A4 的影印紙，以麥克筆將構成圖形繪於 20cm×20cm 框內（草稿），以半抽象形繪出 6 張草稿。（黑色與彩色各 3 張）

2. 與老師討論後選定黑色與彩色正稿各 1 張，再以廣告顏料平塗在 20cm×20cm 西卡紙上，再貼到 30cm×30cm 黑色美國紙板。

3. 請參考範例

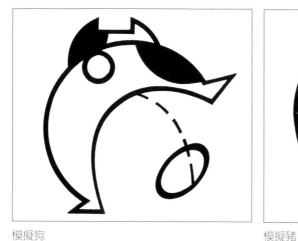
模擬狗

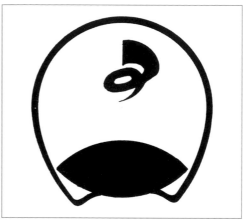
模擬豬

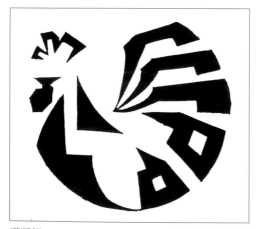
模擬雞

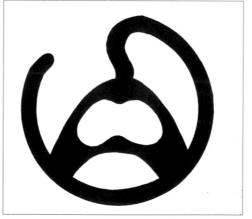
模擬猴

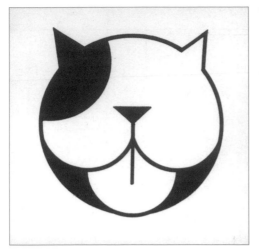

模擬狗

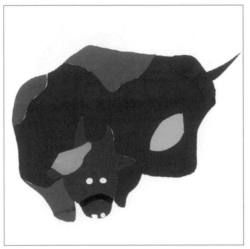

模擬牛

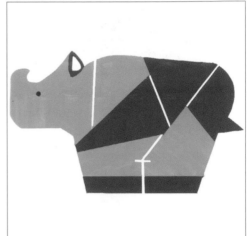

模擬犀牛

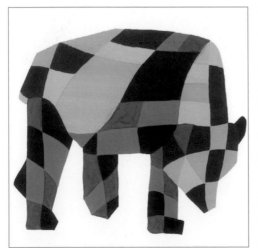

模擬熊

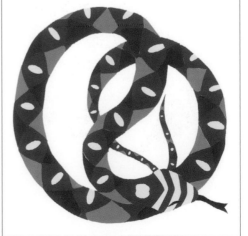

模擬蛇

課題三、構成方法 - 聯想

課題目標：理解構成方法的原理

創作方法：請以水彩筆使用廣告顏料做平塗造形的表現。以點線面等三
　　　　　種構成元素，聯想出現有具象的自然物或是人造物之形態，
　　　　　將知會於圖紙上。

創作規格：

1. 在 A4 的影印紙，以點線面等三種構成元素，用黑色麥克筆將構成圖形繪
　　於 20cm×20cm 框內（草稿），以具象形繪出各 2 張草稿。

2. 與老師討論後選定正稿 1 張，再以黑色廣告顏料平塗在 20cm×20cm 西
　　卡紙上，再貼到 30cm×30cm 黑色美國紙板。

3. 請參考範例

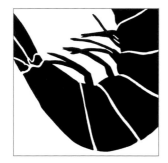

面聯想

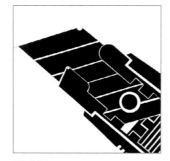

面聯想

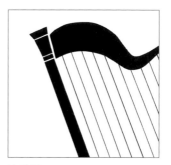

線聯想

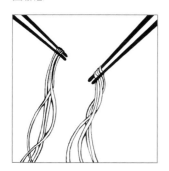

線聯想

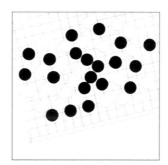

點聯想

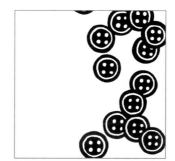

點聯想

課題四、造形語彙 - 方向

課題目標：理解造形語彙的原理

創作方法：請以水彩筆使用廣告顏料做平塗造形的表現。以點線面等三
　　　　　種構成元素，以「方向」造形語彙繪出其構圖。

創作規格：

1. 在 A4 的影印紙，以點線面等三種構成元素，用麥克筆將構成圖形繪於
　 20cm×20cm 框內（草稿），以具象形繪出各 2 張草稿。

2. 與老師討論後選定正稿 1 張，再以黑色廣告顏料平塗在 20cm×20cm 西
　 卡紙上，再貼到 30cm×30cm 黑色美國紙板。

3. 請參考範例

方向 1

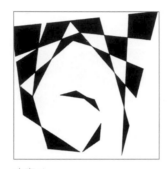

方向 2

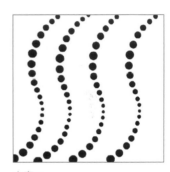

方向 3

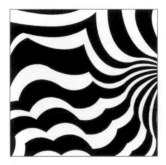

方向 4

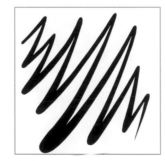

方向 5

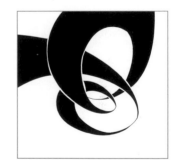

方向 6

課題五、造形語彙 - 模矩

課題目標：理解造形語彙的原理

創作方法：請以水彩筆使用廣告顏料做平塗造形的表現。以線、面等二
種構成元素，以等差模矩及等比模矩造形語彙，繪出其構圖。

創作規格：

1. 在 A4 的影印紙，以線面等二種構成元素，用麥克筆將構成圖形繪於
   20cm×20cm 框內（草稿），以具象形繪出各 3 張草稿。

2. 與老師討論後選定正稿 1 張，再以黑色廣告顏料平塗在 20cm×20cm 西
   卡紙上，再貼到 30cm×30cm 黑色美國紙板。

3. 請參考範例

模矩 1

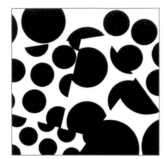
模矩 2

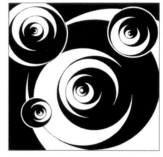
模矩 3

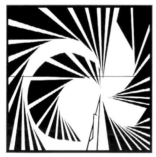
模矩 4

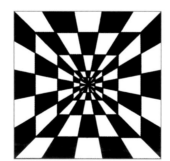
模矩 5

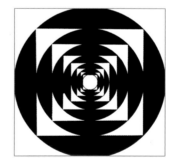
模矩 6

第七章
平面造形應用

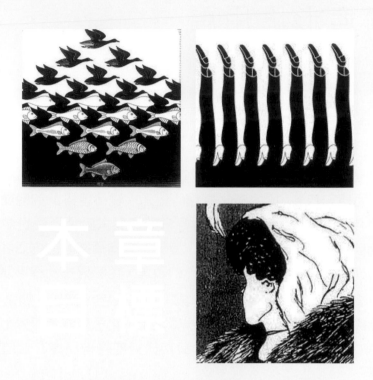

本 章

熟悉構成元素、構成要素與美的形式原理，
透過創意思考與構成方法，將之應用在視覺圖形
的創作，包括：海報設計、圖案設計、商標符號、
文字造形等各種平面設計的應用。

第七章
平面造形應用篇

一、視覺造形的傳達

　　平面造形的視覺傳達可主導觀者視覺的心理感受，舉凡商業設計中的 DM、海報、包裝、CIS 或多媒體等皆是視覺傳達設計的範圍。在視覺傳達設計中，色彩會影響人對傳達媒介的感受，但色彩所扮演的角色只是在襯出「形」所代表意義的情境，造形（或稱圖案）的內涵才是真正表達設計創作的用意與精神，若沒有形的表達，色彩只是一種平淡的外表。

　　平面設計是由二次元的造形構成，可由文字、圖像、符號等形式呈現，平面設計之首要任務乃是在求視覺之美，給予觀賞者視覺上的喜悅，進而導入心靈的愉快感受。而平面設計研究的終極目標在於造形創作能力的培養。

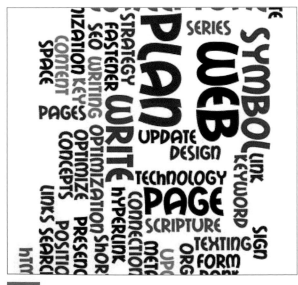

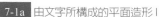
7-1a 由文字所構成的平面造形 I

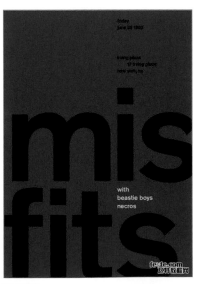
7-1b 由文字所構成的平面造形 II

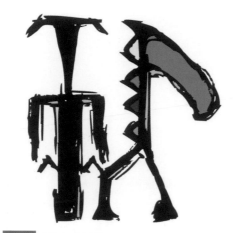

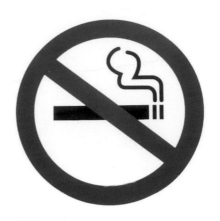

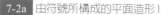
7-2a　由符號所構成的平面造形 I

7-2b　由符號所構成的平面造形 II

　　形必須透過傳遞的媒介或是工具，才能讓人感受到它的存在。而人類利用視覺、聽覺、嗅覺、味覺、觸覺五種感官，來感覺形、音、色、味、表面狀態及重量等種種訊息，斐歇爾（M. Fessel）認為人類接收的資訊有 65% 來自眼睛為最多，25% 來自耳朵，其餘 10% 則來自其他感覺器官；而「造形」即多以視覺資訊呈現，以達最廣泛且最快速的傳達效率，也符合視覺性記號的說服、指示、象徵、說明及記錄等條件。在許多情況下，這些條件的組合使用，常造成特殊效果而達成傳達訊息的目的。總而言之，視覺傳達是一種可以彌補語言傳達之不足，甚至能代替語言的傳達形式。視覺造形的領域相當廣，從繪畫、攝影、印刷設計、壁紙或建材表面印製的花紋、紡織品的圖案或是工藝品中的陶瓷器，乃至於產品造形的符號或色彩等，均可透過視覺造形傳遞以上各種訊息。

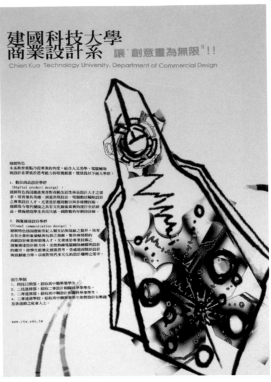

7-4 印刷設計造形

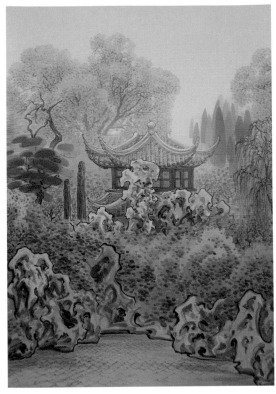

7-3 繪畫造形

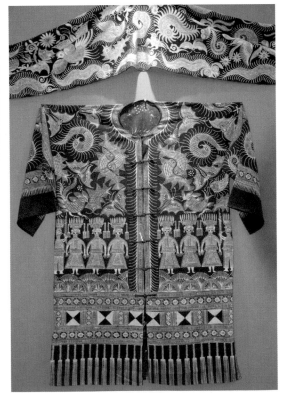

7-5 紡織品圖案造形

二、視覺形式的表現

平面設計是基礎設計課程中最基本且重要的一項學習，舉凡一切平面設計的項目都需要有視覺形式的規劃，例如：廣告、海報及包裝圖案的設計，皆需要以圖案、文字或符號來表達或傳遞訊息給消費者；而在立體的工業產品設計，則需要在操作介面（如：控制面板、按鍵、語意符號、色彩等），作符合操作目標與規範的視覺規劃，以滿足使用者的需求；另外在展示或公共空間的設計中，仍需仰賴於平面視覺圖案的傳達，而使觀賞者更容易瞭解空間的指標或展品的內容和特點。

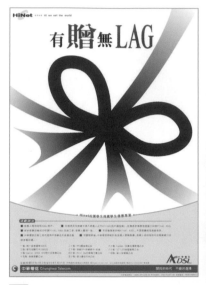

7-6 海報設計圖案

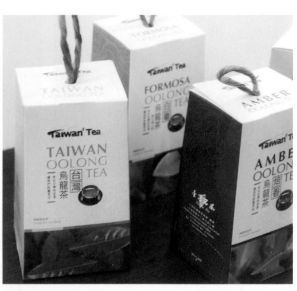
7-7 包裝設計圖案

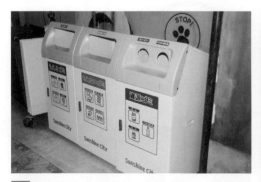
7-8 產品設計圖案

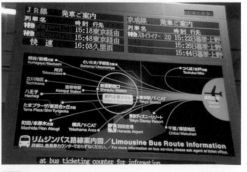
7-9 室內空間標示的視覺圖案

　　目前基本設計平面構成的課程內容，大多是由「包浩斯」設計學院的教學理念發展而成，其課程內容非常多元，目的在訓練學生造形能力的表達。在平面造形中，技巧雖然重要，但是創作能力的培養，更是不可缺的一門功課，要成為一位優秀的設計家，所需要的不只是工匠的純熟技術而已，更需具備深思的想像與敏銳的美感。平面造形構成的內容依構成元素之不同而變化，其構成目標又以「形」為最主要的研究對象，按廣義的解釋，一般視覺形式的表現元素有形態、質感、色彩、材料、明暗、構成、空間、時間、機能等。

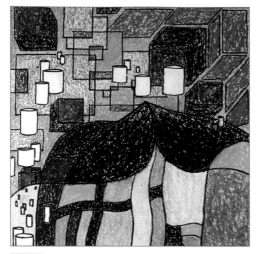

7-10　視覺形式的表現 - 質感

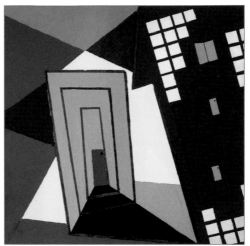

7-11　視覺形式的表現 - 色彩

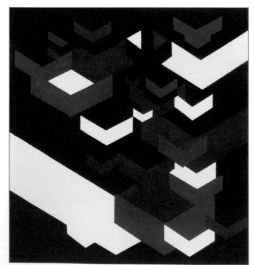

7-12　視覺形式的表現 - 空間

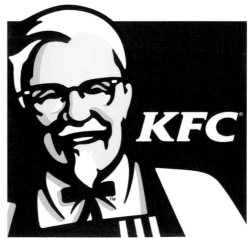

7-13　商標符號

　　平面設計所應用的範圍非常廣泛，各種應用的構成條件與內涵大同小異，有賴於設計師如何巧妙地運用構成元素，並適當地詮釋其造形，以符合社會文化的生活層次與民族風俗，將設計融於生活中。平面設計的目的在快速提供訊息，以及創造美感，提升生活品質，所以平面設計在人類的生活領域中，已占有相當重要的地位，我們不得不去重視它、探討它。

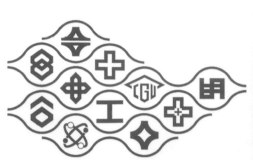

7-14　企業識別形象

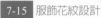

7-15　服飾花紋設計

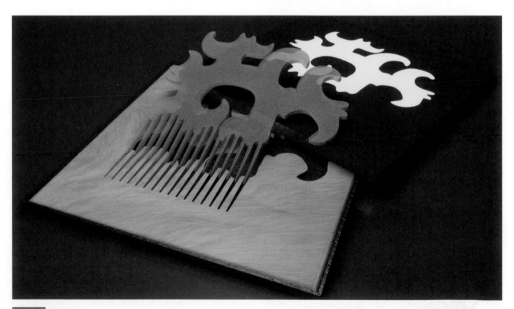

7-16　電腦繪圖

　　平面構成一般是以視覺的感受去探討造形的呈現，而造形表達是要把想像中有形或無形的觀念，變成一種能見且合理的現象，不論具象或是抽象，最終的目標乃是藉造形表達一種存在感。

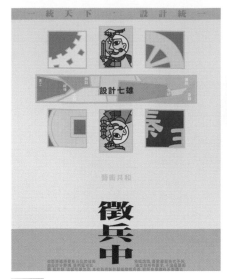
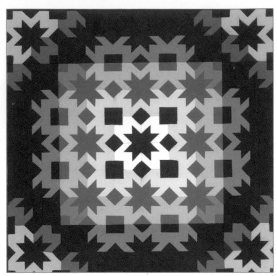

7-17 平面設計之美學形式原理中秩序性的安排

三、文字造形應用

　　文字是傳達訊息的一種媒介，以文字為主的造形也是傳達語言的溝通方式，不管是中文或是外文，字體的形式都有其構成的法則，如：中國文字造形最先是從象形演變而來。文字造形是在探討文字本身的造形、結構、字與字的編排、傳達的機能性與實用性等，讓讀者能很輕易地閱讀並增加視覺設計的美感。文字設計除了本身字體的變化之外，在其結構上也可發揮不同的特色，字體設計是一種線條的構成，也是圖像的組合，文字可以發展為符號、圖形及形象。

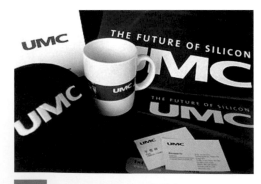
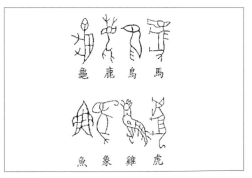

7-18 文字是傳達訊息的一種媒介　　7-19 中國文字造形的演變

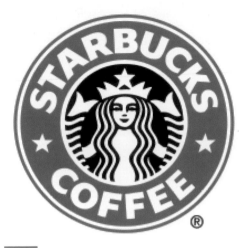

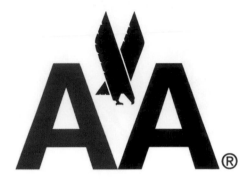

7-20a 文字造形應用 I

7-20b 文字造形應用 II

四、符號構成應用

　　符號是傳達意象的一種非正式表達形式，符號可以依所需的功能創造樣式，可用文字、圖騰、繪畫等的形式表達，屬文化性的溝通方式，以作為物體、宗教、族群、天文、地理、活動、規則、企業等的象徵，例如：公司企業的標誌（Logo）、古物的圖騰等。符號乃是隨著不同功能的需求而特別設計，有些符號的使用期間較短暫，例如：奧運會的符號；也有永久功能的符號，例如：交通標誌。符號構成的應用需配合色彩，才能更清楚地表達其功能、美感與效用，透過符號的呈現，可以表現出明顯的意義。

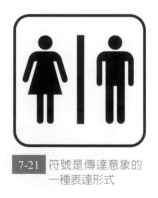

7-21 符號是傳達意象的
一種表達形式

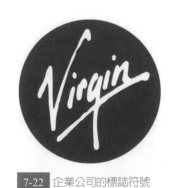

7-22 企業公司的標誌符號

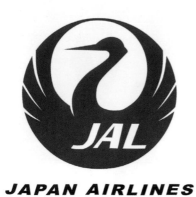

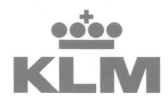

7-23a 航空公司的圖騰 I

7-23b 航空公司的圖騰 II

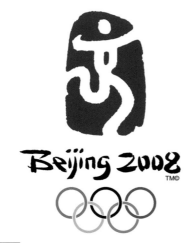

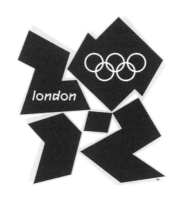

7-24a 奧運會的符號 I

7-24b 奧運會的符號 II

7-25a 交通標誌符號 I

7-25b 交通標誌符號 II

五、圖形構成應用

圖形構成應用的範圍很廣，諸如各類平面廣告、CIS、圖樣設計等。圖形可由基本形、自然形、符號或由分割的文字構成，而構成方法包括構成美的形式原理、造形語彙、構圖方法等，有賴設計師巧妙地組合運用。

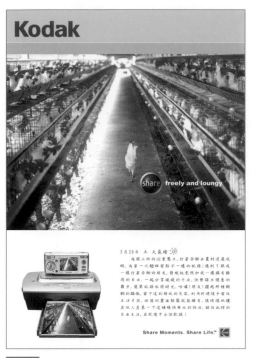

7-26a 廣告設計圖形 I

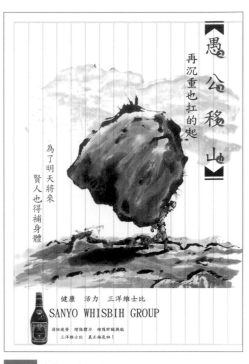

7-26b 廣告設計圖形 II

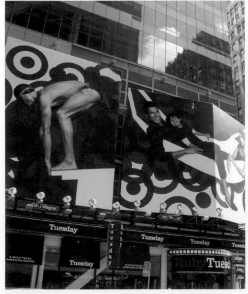

7-27a 平面看板圖形 I

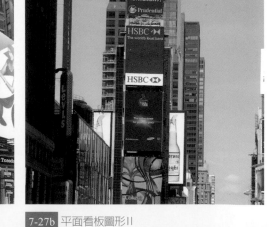

7-27b 平面看板圖形 II

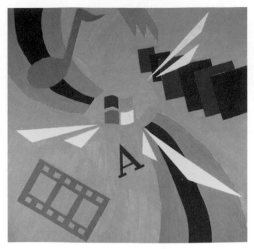

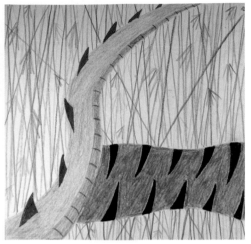

7-28a 意象表達圖形（微軟公司）　　　7-28b 意象表達圖形（臥虎藏龍）

六、形象構成應用

　　不論是平面的「形」或是立體的「形體」的表達，總是要藉著某些材質或媒介物，經過結構（Composition）的配置和組合，構成「形象」。形象設計除需素材和媒介之外，還需透過造形的法則（如：構成形式、構成原理），配合設計者的理念將創作精神表現出來。

　　形象創作的來源有很多，自然造形是最常被模擬的一種，造形設計是一個很有內涵的過程，不只是在於創作者個人憑空想像而已，對於被創作之形象必須有充分的準備工作與了解。

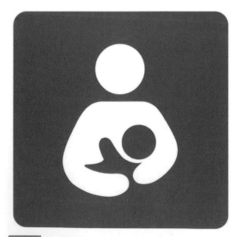

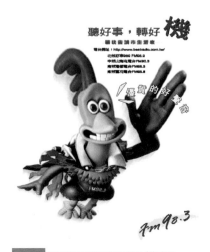

7-29a 模擬自然造形的形象構成 I　　　7-29b 模擬自然造形的形象構成 II

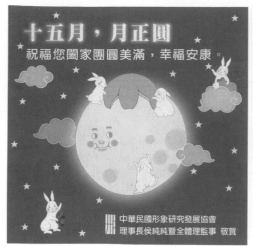

7-30a　有量感的形象 I

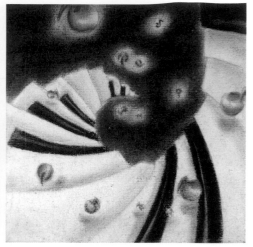

7-30b　有量感的形象 II

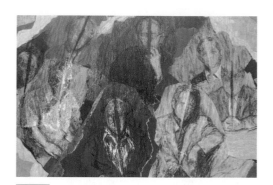

7-31a　有顏色的形象 I

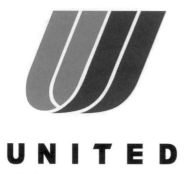

7-31b　有顏色的形象 II

七、質感構成應用

　　色彩在平面設計的應用如：海報、廣告之印刷等，隨著技術的進步而愈來愈精緻嚴謹，如以印刷色彩而言，就可達到兩千多種不同的色相，可讓設計品的呈現更細緻逼真，但對設計過程的要求也就更高了。色彩可使造形產生量感和深度（depth），量感可藉由色彩的面積、寒暖色的膨脹與收縮來呈現；深度則可藉色彩的明度表現之。在各種造形要素中，色彩比其他要素（如：形態、質感）具有更強的吸引力。根據調查，大多數的人表示對某些色彩的好惡強於對形態的或質感的感覺，原因是在於色彩的心理感覺，它對人是一種刺激，也是一種象徵，會引發觀者的情緒及生理反應。

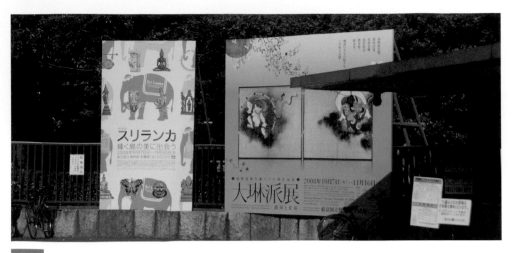

7-32 色彩應用圖形

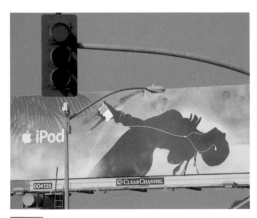

7-33a 色彩的明度應用 I

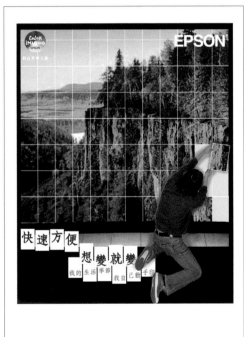

7-34a 色彩的明度應用 II

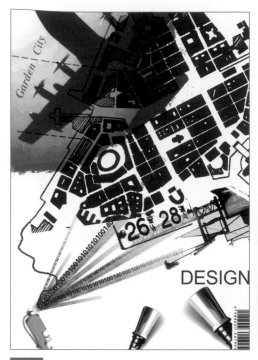

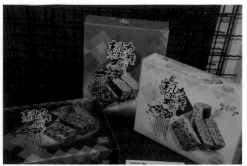

7-33b 色彩的彩度應用 I

7-34b 色彩的彩度應用 II

八、錯視與圖地反轉應用

1. 錯視圖形

　　錯視（illusion），一般是指在視知覺上產生錯誤或扭曲的現象，符合「錯視」條件的現象很多，包括事物的大小、形狀、色彩以及動態等，錯視的現象與類型以幾何圖形的錯視數量最多，也是常常讓人最會產生錯視的現象。另外也可以藉由對比、反轉、運動等方法等，在平面上出三次元立體空間的圖形，或是矛盾的圖形，可以構成各種錯覺的現象。

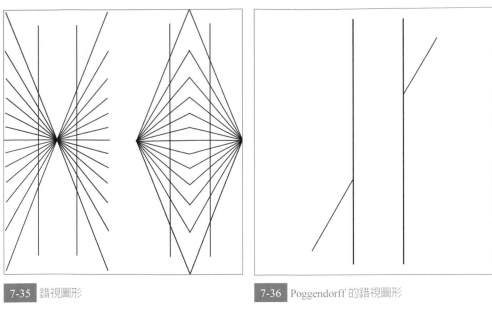

7-35 錯視圖形

7-36 Poggendorff 的錯視圖形

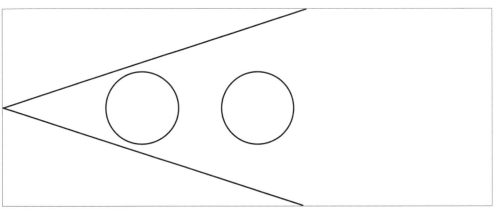

7-37 Ponzo 的錯視圖形

2.圖地反轉圖形

　　「圖」與「地」的關係乃是「正」與「負」的關係，或是「主體」與「背景」兩者之間的關係，「圖」與「地」在造型認知上，也具有重要的關鍵角色。圖就是圖形，要具備視覺上的形式或是樣式，地就是「背景」，與圖相對立，兩者形成了差異性，我們在視覺上可以從「圖」與「地」的相對關係上認知其可構成一種特殊的對應效果，由於「圖、地」關係的曖昧而造成的反轉，即稱為「圖、地」的反轉現象。

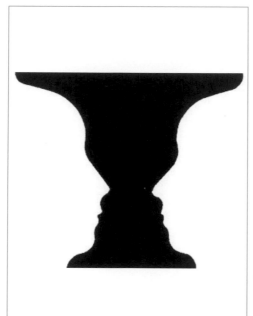

7-38　魯賓的杯

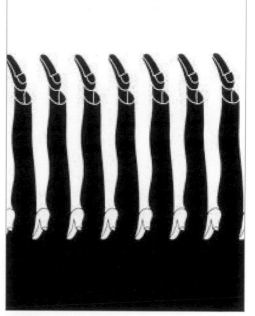

7-39　福田繁雄的海報

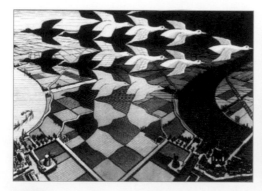

7-40a　Escher 的圖地反轉（晝與夜）

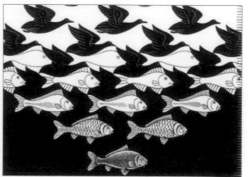

7-40b　Escher 的圖地反轉（天空與水）

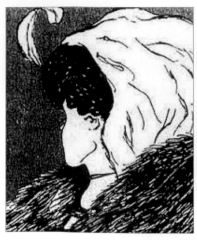

7-41 少女與老太婆

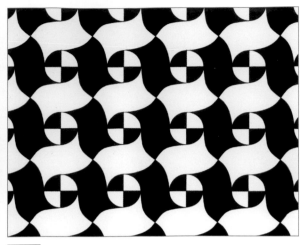

7-42 圖與地

3. 矛盾空間圖形

　　由於「圖、地」關係的曖昧
而造成的反轉，如果將圖與地的現
象轉換成具有三次元的表象，使整
體的圖形關係構成了「不可能」或
「矛盾」圖形，就具有矛盾空間圖
形的現象，而有些二次元的圖畫，
雖但卻與實際的空間相矛盾，也會
形成矛盾空間的現象。

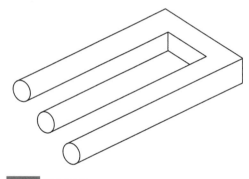

7-43 兩支三叉

7-44 邊洛斯的矛盾三角空間

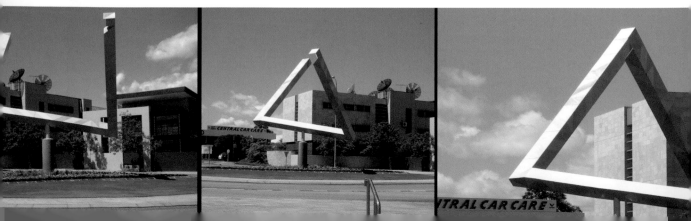

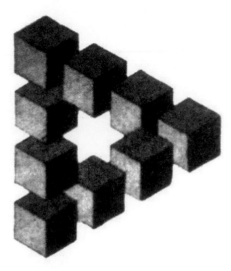

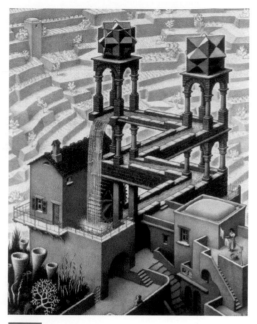

7-45 不可能的矛盾空間

7-46 Escher 的瀑布

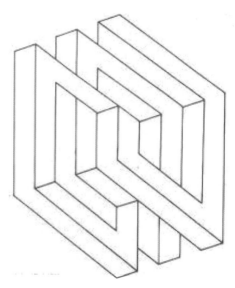

7-47 不可能的矛盾空間

摘要整理

一、視覺造形的傳達

　　平面設計是由二次元的造形構成，可由文字、圖像、符號等形式呈現，平面設計之首要任務乃是在求視覺之美，給予觀賞者視覺上的喜悅，進而導入心靈的愉快感受。而平面設計研究的終極目標在於造形創作能力的培養。

二、視覺形式的表現

　　平面設計所應用的範圍非常廣泛，各種應用的構成條件與內涵大同小異，有賴於設計師如何巧妙地運用構成元素，並適當地詮釋其造形，以符合社會文化的生活層次與民族風俗，將設計融於生活中。平面造形構成的內容依構成元素之不同而變化，其構成目標又以「形」為最主要的研究對象，按廣義的解釋，一般視覺形式的表現元素有形態、質感、色彩、材料、明暗、構成、空間、時間、機能等。

三、文字造形應用

　　文字是傳達訊息的一種媒介，以文字為主的造形也是傳達語言的溝通方式，不管是中文或是外文，字體的形式都有其構成的法則。文字造形是在探討文字本身的造形、結構、字與字的編排、傳達的機能性與實用性等，讓讀者能很輕易地閱讀並增加視覺設計的美感。文字設計除了

本身字體的變化之外，在其結構上也可發揮不同的特色，字體設計是一種線條的構成，也是圖像的組合，文字可以發展為符號、圖形及形象。

四、符號構成應用

　　符號是傳達意象的一種非正式表達形式，符號可以依所需的功能創造樣式，可用文字、圖騰、繪畫等的形式表達，屬文化性的溝通方式，以作為物體、宗教、族群、天文、地理、活動、規則、企業等的象徵。符號構成的應用需配合色彩，才能更清楚地表達其功能、美感與效用，透過符號的呈現，可以表現出明顯的意義。

五、圖形構成應用

　　圖形構成應用的範圍很廣，諸如各類平面廣告、CIS、圖樣設計等。圖形可由基本形、自然形、符號或由分割的文字構成，而構成方法包括構成美的形式原理、造形語彙、構圖方法等，有賴設計師巧妙地組合運用。

六、形象構成應用

　　不論是平面的「形」或是立體的「形體」的表達，總是要藉著某些材質或媒介物，經過結構（Composition）的配置和組合，構成「形象」（Identity）。形象設計除需素材和媒介之外，還需透過造形的法則（如：構成形式、構成原理），配合設計者的理念將創作精神表現出來。

七、色彩構成應用

　　色彩可使造形產生量感和深度（depth），量感可藉由色彩的面積、寒暖色的膨脹與收縮來呈現；深度則可藉色彩的明度表現之。在各種造形要素中，色彩比其他要素（如：形態、質感）具有更強的吸引力。

八、錯視與圖地反轉應用

1. 錯視圖形

　　錯視（illusion），一般是指在視知覺上產生錯誤或扭曲的現象，符合「錯視」條件的現象很多，包括事物的大小、形狀、色彩以及動態等，錯視的現象與類型以幾何圖形的錯視數量最多，也是常常讓人最會產生錯視的現象。另外也可以藉由對比、反轉、運動等方法等，在平面上出三次元立體空間的圖形，或是矛盾的圖形，可以構成各種錯覺的現象。

2. 圖地反轉圖形

　　圖就是圖形，要具備視覺上的形式或是樣式，地就是「背景」，與圖相對立，兩者形成了差異性，從「圖」與「地」的相對關係上認知其可構成一種特殊的對應效果，由於「圖、地」關係的曖昧而造成的反轉，即稱為「圖、地」的反轉現象。

3. 矛盾空間圖形

　　如果將圖與地的現象轉換成具有三次元的表象，使整體的圖形關係構成了「不可能」或「矛盾」圖形，就具有矛盾空間圖形的現象，而有些二次元的圖畫，雖但卻與實際的空間相矛盾，也會形成矛盾空間的現象。

課 題

課題一、視覺形式的表現

課題目標：理解視覺形式文字造形應用

創作方法：請以水彩筆使用廣告顏料，以中文與英文文字元素（可以加
　　　　　上圖形）設計出各一家公司的標準字體，做平塗造形的表現。
　　　　　以形態、色彩等構成圖形。

創作規格：

1. 在 A4 的影印紙，以麥克筆將構成圖形繪於 20cm×20cm 框內（草稿），
以抽象形各繪出 8 張草稿。（中文字黑色與彩色草稿各 2 張；英文字黑
色與彩色草稿各 2 張）

2. 與老師討論後選定黑色與彩色正稿各 1 張（中文字黑色與彩色正稿各 1 張；
英文字黑色與彩色正稿各 1 張），再以廣告顏料平塗在 20cm×20cm 西
卡紙上，再貼到 30cm×30cm 黑色美國紙板。

3. 請參考範例

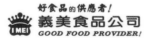 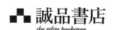

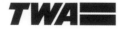

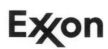

課題二、視覺形式的表現

課題目標：理解視覺形式符號構成應用

創作方法：請以水彩筆使用廣告顏料，以各種符號元素設計出一家公司
的 LOGO，做平塗造形的表現。以形態、色彩等構成圖形。

創作規格：

1. 在 A4 的影印紙，以麥克筆將構成圖形繪於 20cm×20cm 框內（草稿），
以抽象形各繪出 4 張草稿。（黑色與彩色各 2 張）

2. 與老師討論後選定黑色與彩色正稿各 1 張，再以廣告顏料平塗在
20cm×20cm 西卡紙上，再貼到 30cm×30cm 黑色美國紙板。

3. 請參考範例

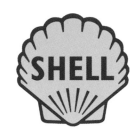
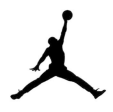

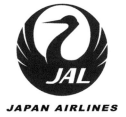
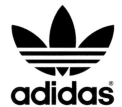
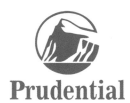

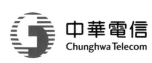
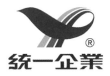
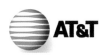

課題三、視覺形式的表現

課題目標：理解視覺形象、文字與色彩形式的整合應用。

創作方法：請以廣告顏料、色鉛筆、麥克筆等各種材質（不得混合使用），
以形象、文字、符號與圖形等（可以混合使用）設計出一張
海報表現（主題不限），尺寸為 A3 直式。

創作規格：

1. 在 A4 的影印紙，以麥克筆繪出草稿。

2. 與老師討論後修正，再以廣告顏料繪於 A3 西卡紙上，再貼到
40cm×31cm 的黑色美國紙板。

3. 請參考範例

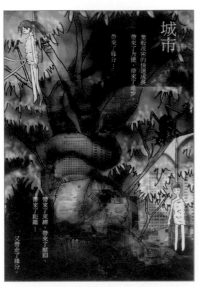
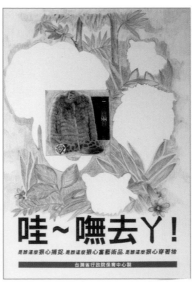
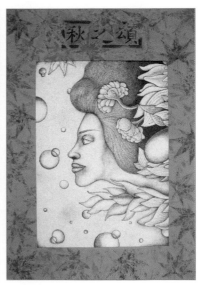

課題四、視覺形式的表現

課題目標：理解視覺形式之錯視應用

創作方法：請以 0.8mm 黑色代針筆，以幾何圖形繪出錯視的圖形。

創作規格：

1. 在 A4 的影印紙，以麥克筆將構成圖形繪於 20cm×20cm 框內（草稿），
   以抽象形各繪出 3 張草稿。

2. 與老師討論後選定正稿各 1 張，再以黑色代針筆繪於 20cm×20cm 西卡
   紙上，再貼到 30cm×30cm 黑色美國紙板。

3. 請參考範例

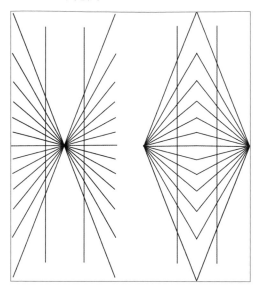
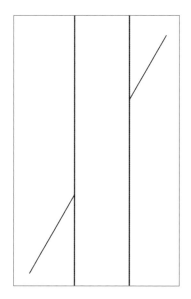

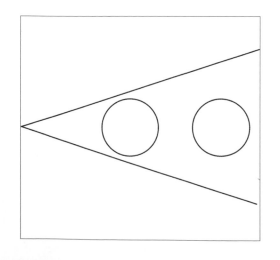
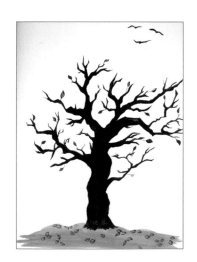

課題五、視覺形式的表現

課題目標：理解視覺形式之圖地反轉應用

創作方法：請以彩色廣告顏料，繪出圖地反轉的圖形。

創作規格：

1. 在 A4 的影印紙，以麥克筆將構成圖形繪於 20cm×20cm 框內（草稿），以抽象形各繪出 2 張草稿。

2. 與老師討論後選定彩色正稿 1 張，再以廣告顏料平塗在 20cm×20cm 西卡紙上，再貼到 30cm×30cm 黑色美國紙板。

3. 請參考範例

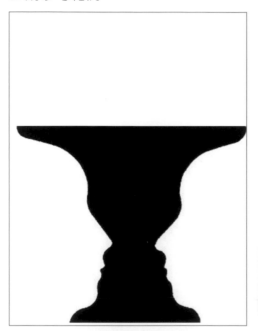
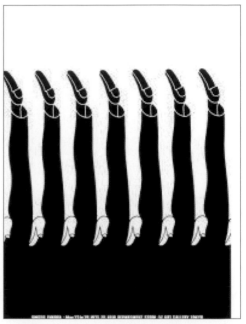
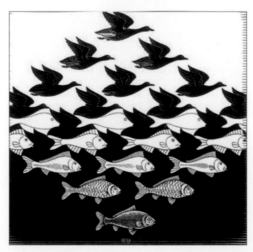
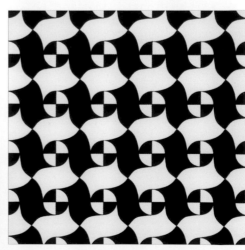

附錄

● ● ● ● ● ● ● ●

平面繪圖方法與技巧

　　平面構成原理是屬於理念的思考與理解上的問題，構成思考是需要時間與經驗的累積，且每一個人領悟能力都不一樣，另外也要有感受方面的理解力，有了相當充足的理念之後，如要將所思考與創意的現象表達出來，就要以手繪的方法與技巧，並切要使用工具與材料，才能完整的將個人的概念呈現在圖紙上。而創作技巧對於初學者也是相當的重要，方法錯誤，則無法將好的構想付諸實現，這是必然的道理。以平面設計的工具種類並不複雜，只要能掌握住正確的使用方法，就可以畫出一張很好的作品。本節以點線面構成的技巧作為案例，供同學參考，透過階段性的繪製過程，並以圖示並詳細的說明每一步驟的作法，相信可以讓同學了解繪製的技巧。

一、工具

　　繪圖工具：切割尺、噴膠、平塗筆、美工刀、膠膜、色鉛筆、代針筆、曲線板、三角板、素描鉛筆、素描用保護膠、圓圈板、圭筆、作品袋、紙膠帶、碳筆、軟橡皮、剪刀、麥克筆、小碟子、筆洗、切割墊、保麗龍膠水、粉彩筆、壓克力顏料、製圖儀器。

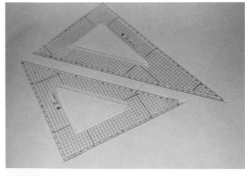

三角板

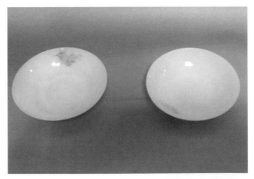

小碟子

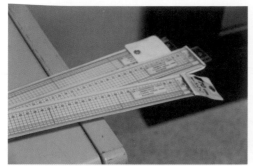

切割尺

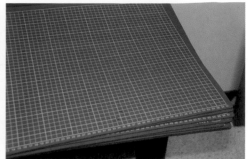

切割墊

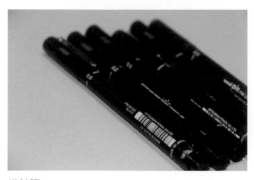

代針筆

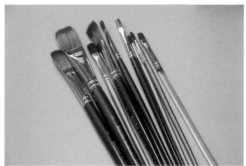

平塗筆

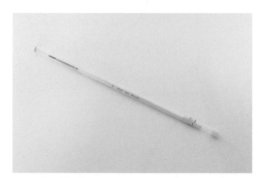

圭筆

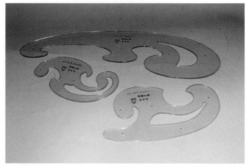

曲線板

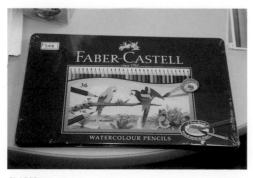

色鉛筆

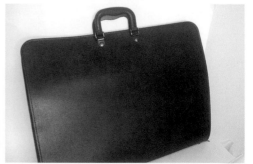

作品袋

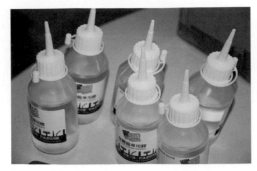

保麗龍膠水

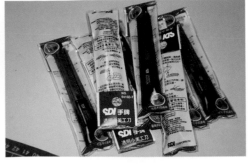

美工刀

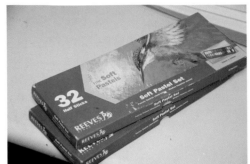

粉彩筆

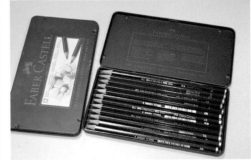

素描鉛筆

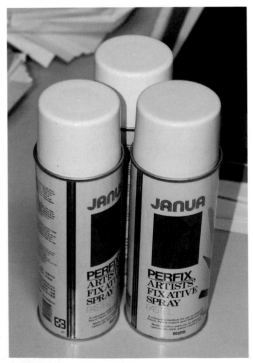

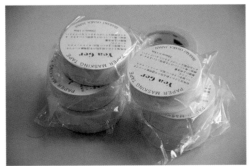

紙膠帶

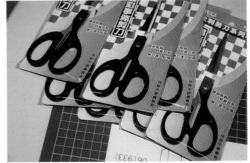

素描保護膠

剪刀

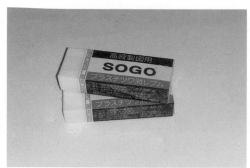

軟橡皮

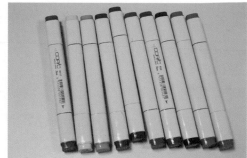

麥克筆

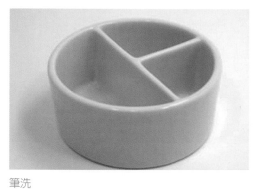

筆洗

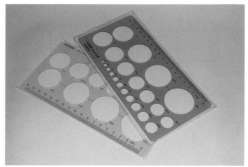

圓圈盤

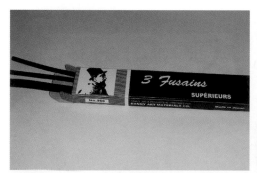

碳筆

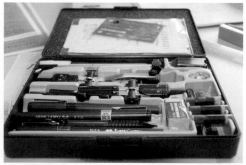

製圖儀器

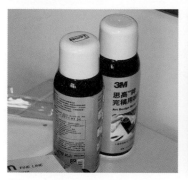

噴膠

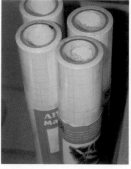

膠膜

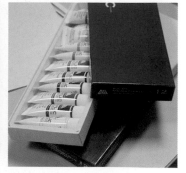

壓克力顏料

二、材料

材料：西卡紙、美國紙板、form core（風扣板）、木材、素描圖紙、珍珠板、道林紙、影印紙、廣告顏料。

1.西卡紙

西卡紙（厚）用於基礎設計課程的立體設計作品的製作，透過西卡紙可彎折的特色，建構立體造形，目的在訓練學生的立體構成觀念與材料使用的技巧。西卡紙（薄）用於基礎設計課程的平面設計作品的製作，目的在訓練學生的構圖觀念，設計概論課程的平面繪圖，訓練同學對於色彩與造形的概念。透過西卡紙材的使用，使同學能更清楚的瞭解材料的特性，配合繪畫媒介的應用，可發展好的造型作品。

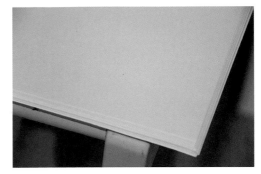

西卡紙

2.美國紙板

美國紙板是用於基礎設計課程的立體設計作品與平面設計作品的製作，可作為立體造形的襯底的基座使用，也可作為平面造型的背景底板使用，用在展示的時後，可以固定於展板上的背景紙用，黑色的紙板可以襯出白色西卡紙的圖案，達到平面設計的效果。

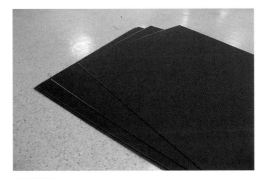

美國紙板

3.風扣板

風扣板用於展示設計、基礎設計課程與畢業專題的模型製作，主要用於展示的縮小比例立體模型，作課堂上討論並修正，作為精模製作的依據。基礎設計課程可應用風扣板作為立體造形的襯底的基座使用，並作作課堂上討論並修正，作為立體設計精模製作的依據。畢業專題可應用風扣板，進行草模階段的檢討並修正，作為產品設計的模型依據。

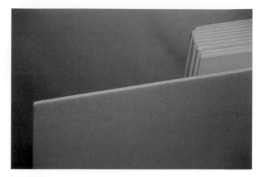

風扣板

4.木材

用於基礎設計課程的立體設計作品的製作，作為線材構成應用的材料，透過木條的延伸性，可進行立體的反覆材構成，可發展好的造型作品，訓練同學對於線形造形的概念。

5.素描紙

基礎設計課程的草圖繪製用，設計素描繪圖使用。

6.珍珠板

用於展示設計、基礎設計課程與畢業專題的模型製作，主要用於展示的縮小比例立體模型，作課堂上討論並修正，作為精模製作的依據。基礎設計課程可應用風扣板作為立體造形的襯底的基座使用，並作作課堂上討論並修正，作為立體設計精模製作的依據。畢業專題可應用風扣板，進行草模階段的檢討並修正，作為產品設計的模型依據。

7.道林紙

　　基礎設計課程的立體設計作品的製作，以草模的型式討論與發展造型的結構，可做為精緻模型的參考。用於立體造形的草稿製作之用，因其紙柔軟度高，可以捲、彎、折、撕，做很多造形，是做成草模很好用的材料。

三、繪圖方法

1.切割方法

（1）以左手壓住紙片，先畫出要切割的尺寸線。

（2）以 HB 的鉛筆畫好，將切割尺壓置於紙上，對齊切割線。

（3）手握緊美工刀由上往下切，第一道可以先輕畫於紙上，第二道再用力的切割，就可完成。

（4）切割紙時要專心，眼睛務必盯著美工刀看，不可跟其他同學談話，直到紙切割完畢為止。

2.平塗方法

（1）以 HB 或 B 鉛筆，將所構想的圖案繪於西卡紙上，使用透明膠膜，將之貼於西卡紙覆蓋在所會的圖案上，要比原圖案還要大。

（2）用美工刀將所要的圖案沿著鉛筆線切割掉圖案。

（3）將少許廣告顏料挖出放置於小碟子，加上少量的水在小碟子上，以平塗筆將之調均勻。

（4）顏料均勻後，以平塗筆沾少量顏料，以同一方向來回塗於圖案上。

（5）塗完後，等 20-30 秒讓顏料乾掉，觀察所圖的顏料是否足夠，如果看似有深灰色感覺，表示水加太多在顏料上，必須再塗上第二次的顏料。

（6）等塗完第二層顏料之後，必須等一分鐘，讓顏料完全乾之後，用美工刀輔助，將膠膜慢慢的挑起來。

（7）過程完畢，如果在同一張紙上另外有圖案，以同樣的方法進行。

（8）等同一張紙所有的圖案塗完畢後，放置於一旁讓它自然乾掉。

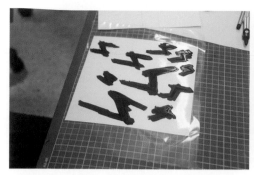

平塗方法 1：畫完底稿後貼上膠膜

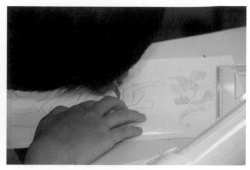

平塗方法 2：使用美工刀割下膠膜

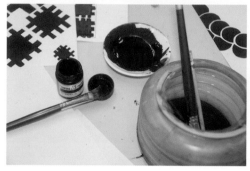

平塗方法 3：準備比與廣告顏料工具

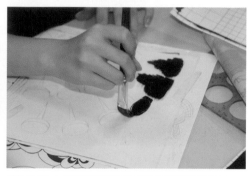

平塗方法 4：以廣告顏料平塗在割下膠膜空白處

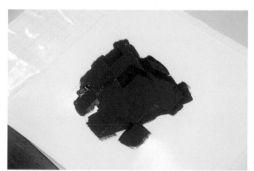

平塗方法 5：等乾掉

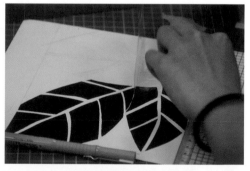

平塗方法 6：用美工刀將膠膜慢慢的挑起

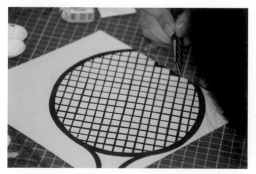

平塗方法 7：以同樣的方法進行其他圖案

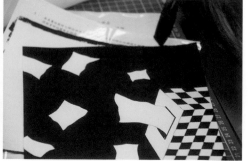

平塗方法 8：放置於一旁讓它自然乾掉

3.修圖方法

（1） 西卡紙共有三層的薄片壓製而成，如不小心在平塗時弄髒消紙，可以使用美工刀去除。

（2） 以左手小指引導美工刀定位，在污點四周輕輕的按其形狀切割後，再輕輕的挑起來。

（3） 再拿一張乾淨的影印紙蓋住去除污點後的地方，以指甲磨平即可。

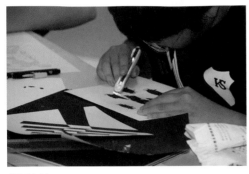
修圖方法 1

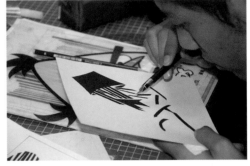
修圖方法 2

4.平面構成繪圖示範

（1） 使用代針筆修細節

（2） 使用美工刀輕輕挑起膠膜

（3） 平塗

（4） 使用代針筆繪出圖形 I

（5） 使用代針筆繪出圖形 II

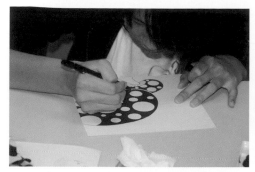

繪圖示範 1

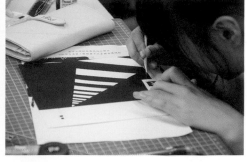

繪圖示範 2

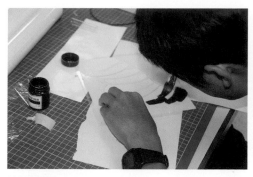

繪圖示範 3

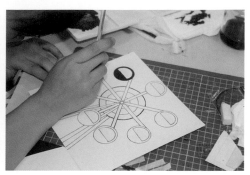

繪圖示範 4

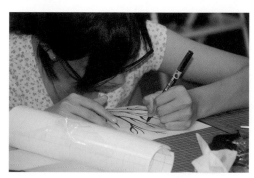

繪圖示範 5

參考文獻

一、中文書目

1. 林書堯，1971，《視覺藝術》，台北，國立台灣藝術專科學校。

2. 林書堯，1987，《基本造形學》，台北，維新書局。

3. 李薦宏，1995，《形、生活與設計》，台北，亞太圖書出版社。

4. 呂清夫，1984，《造形原理》，台北，雄獅圖書公司。

5. 呂清夫，1996，《後現代的造形思考》，高雄，炎黃藝術股份有限公司。

6. 王錦堂，1986，《論建築創意》，台北，遠東圖書公司。

7. 王錦堂，1984，《建築設計方法論》，台北，台隆書店。

8. 王錦堂，1976，《體系的設計方法初階》，台北，遠東圖書公司。

9. 李薦宏、賴一輝，1973，《造形原理》，台北，國立編譯館。

10. 王無邪，1994，《平面設計原理》，台北，雄獅圖書公司。

11. 王無邪，1994，《立體設計原理》，台北，雄獅圖書公司。

12. 林品章，1990，《平面設計基礎》，台北，星狐出版社。

13. 林品章，1986，《商業設計》，台北，藝術家出版社。

14. 林品章，1990，《基本設計》，台北，藝術家出版社。

15. 郭少宗，1994，《從景觀雕塑到雕塑公園》，台北，藝術圖書公司。

16. 黃健敏，1995，《貝聿 »的世界》，台北，藝術家出版社。

17. 陸蓉之，1994，《公共藝術的方位》，台北，藝術圖書公司。

18. 林貴榮，1994，《都市配備與街道景觀》，台北，藝術圖書公司。

19. 官政能，1995，《產品物徑》，台北，藝術家出版社。

20. 靳埭強，1985，《平面設計實踐》，台北，藝術家出版社。

21. 黃健敏，1992，《美國公眾藝術》，台北，藝術家出版社。

22. 郭少宗，1992，《從景觀雕塑到雕塑公園》，台北，藝術家出版社。

23. 林貴榮，1992，《都市配備與街道景觀》，台北，藝術家出版社。

24. 劉思量，1992，《藝術心理學》，台北，藝術家出版社。

25. 林 » 泉，1993，《造形（一）》，台北，三民書局。

26. 林振陽，1993，《造形（二）》，台北，三民書局。

27. 管倖生，1992，《廣告設計》，台北，三民書局。

28. 黃世輝、吳瑞楓，1992，《展示設計》，台北，三民書局。

29. 田曼詩，1993，《美學》，台北，三民書局。

30. 何秀煌，1981，《思想方法導論》，台北，三民書局。

31. 李 » 龍，1994，《應用色彩》，台北，藝風堂出版社。

32. 楊清田，1992，《反轉錯視原理與圖形設計研究》，台北，藝風堂出版社。

33. 邱永福，1994，《造形原理》，台北，藝風堂出版社。

34. 邱永福，1995，《圖文編輯》，台北，藝風堂出版社。

35. 丘永福，1994，《設計基礎》，台北，藝風堂出版社。

36. 林崇宏，1995，《造形基礎》，台北，藝風堂出版社。

37. 鄭國裕、林磐聳，1992，《色彩計劃》，台北，藝風堂出版社。

38. 星韓，1994，《造型藝術美學》，台北，洪葉文化事業公司。

39. 馬英哲，1983，《現代視覺設計》，台北，大陸書店。

40. 周敬煌，1983，《工業設計、工業產品發展之依據》，台北，大陸書店。

41. 王錦堂，1994，《環境設計應用行為學》，台北，東華書局。

42. 何秀煌，1987，《邏輯 -- 邏輯的性質與邏輯的方法導論》，台北，東華書局。

43. 陳寬祐，1993，《基礎造形》，台北，新形象出版社。

44. 朴先圭，1989，《繪畫思想與造形理論》，台北，新形象出版社。

45. 歐秀明，1994，《應用色彩學》，台北，雄獅圖書公司。

46. 歐秀明、賴來洋，1994，《實用色彩學》，台北，雄獅圖書公司。

47. 陳振輝，1995，《中國現代造形觀》，台北，銀禾文化事公司。

48. 彭一剛，1980，《建築空間組合論》，台北，地景企業公司。

49. 漢寶德，1995，《建築與文化近思錄》，台北，國立歷史博物館。

50. 虞君質，1991，《藝術概論》，台北，大中國圖書公司。

51. 林群英，1996，《藝術概論》，台北，全華科技圖書公司。

52. 李玉龍，1982，《近代設計史》，台北，六合出版社。

53. 高俊茂，1989，《草圖設計完稿技法》，台北，星狐出版社。

54. 漢寶德，1971，《建築的精神向度》，台北，境與象出版社。

55. 孫全文，1985，《建築中之中介空間》，台北，胡氏圖書公司。

56. 吳志誠，1982，《產品與工業設計》，台北，北星圖書公司。

57. 曾坤明，1979，《工業設計的基礎》，台北。

58. 葉朗，1993，《現代美學體系》，台北，書林出版公司。

59. 朱文一，1993，《空間、符號、城市》，中國北 ¨，中國建築工藝出版社。

60. 楊裕富，1998，《設計的文化基礎》，台北，亞太出版社。

61. 莊伯和，1989，《中國造型》，台北，光華書報雜誌社。

62. 董勝忠，1992，《材料的認識與應用》，台中，名閣出版社。

63. 王濟昌，1994，《美學論文集》，台南，世一書局。

64. 劉育東，1996，《建築的涵意》，台北，胡氏圖書出版社。

65. 徐學明，《建築藝術造形》，香港，時代建築研究社。

66. 謝攸青，1995，《藝術鑑賞教學內容》，台北，台北市立美術館。

67. 曾昭旭等九人合著，1793，《生活美學》，台北，台北市立美術館。

68. 王秀娟等七人合著，1992，《現代藝術與都市景觀設計》，台北，台北市立美術館。

69. 許和義等十二人合著，1995，《遙望羅丹》，台北，台北市立美術館。

70. 王無邪，1995，《平面設計基礎》，台北，藝術家出版社。

71. 王受之，1997，《世界現代設計》，台北，藝術家出版社。

72. 余東升，1995，《中西建築美學比較研究》，台北，洪葉文化事業。

73. 黃天中、洪英正合著，1996，《心理學》，台北，台北市立美術館。

74. 黃碧端等八人合著，1996，《美的呈現》，台北，台北市立美術館。

75. 陳秉璋等八人合著，1996，《後現代美學與生活》，台北，台北市立美術館。

76. 吳瑪悧，1997，《德國公共空間藝術新方向》，台北，藝術家出版社。

77. 倪再沁，1997，《台灣公共藝術的探索》，台北，藝術家出版社。

78. 郭少宗，1997，《認識環境雕塑》，台北，藝術家出版社。

79. 陳燕靜，1997，《水景公共藝術》，台北，藝術家出版社。

80. 高千惠，1997，《芝加哥公共藝術現代化運》，台北，藝術家出版社。

81. 劉俐，1997，《日本公共藝術生態》，台北，藝術家出版社。

82. 鄭乃;，1997，《藝術家看公共藝術》，台北，藝術家出版社。

83. 林保堯，1997，《公共藝術的文化觀》，台北，藝術家出版社。

84. 黃建敏，1997，《生活中的公共藝術》，台北，藝術家出版社。

85. 孫全文，1986，《當代建築學理論之研究》，台北，詹氏書局。

86. 季鐵男，1993，《思考的建築》，台北，時報文化出版公司。

87. 釋聖嚴，1992，《禪的生活》，台北，台北英文雜誌社。

88. 王建柱，1993，《室內設計學》，台北，藝風堂出版社。

89. 林書堯，1995，《色彩認識論》，台北，三民書局。

90. 李天來，1992，《視覺設計》，台北，北星圖書公司。

91. 陳文印，1997，《設計解讀》，台北，亞太圖書公司。

92. 黃光雄，1995，《教學原理》，台北，師大書苑。

93. 黃文雄、簡茂發，1994，《教育研究法》，台北，師大書苑。

94. 段家鋒、孫正豐、張世賢，1995，《論文寫作研究》，台北，三民書局。

95. 王文科，1995，《教育研究法》，台北，五南圖書公司。

96. 何秀煌，1992，《邏輯》，台北，東華書局。

97. 梁蔭本，1991，《圖案設計畫法》，台北，藝術圖書公司。

98. 李薦宏，1979，《工業設計與形態研究》，台北，六合出版社。

99. 李澤厚，1996，《批判哲學的批判──康德述評》，台北，三民書局。

100. 何秀煌，1996，《我的哲學提綱》，台北，三民書局。

101. 梁蔭本，1996，《走我自己的路》，台北，三民書局。

102. 李澤厚，1996，《中國現代思想史論》，台北，三民書局。

103. 吳澤義，1997，《米開朗基羅》，台北，蘇俄圖書公司。

104. 林崇宏，1997，《平面造形基礎》，台北，亞太出版社。

105. 林崇宏，1997，《基礎設計》，台北，大中國圖書公司。

106. 翁英惠，1994，《造形原理》，台北，正文書局。

107. 王紀鯤，1997，《建築設計與教學》，台北，胡氏圖書出版社。

108. 楊裕富，1997，《設計、藝術、史學與理論》，台北，田園出版社。

109. 張紹勳，2001，《研究方法》，台中，滄海書局。

110. 漢寶德，1971，《建築的精神向度》，台北，境與象出版社。

111. 彭一剛，1980，《建築空間組合論》，台北，地景企業公司。

112. 孫全文，1985，《建築中之中介空間》，台北，胡氏圖書公司。

113. 王錦堂，1986，《論建築創意》，台北，遠東圖書公司。

114. 王錦堂，1994，《環境設計應用行為學》，台北，東華書局。

115. 劉育東，1996，《建築的涵意》，台北，胡氏圖書出版社。

116. 胡弘才，1997，《建築企劃論》，台北，建築情報出版社。

117. 林崇宏，1998，設計原理，台北，全華科技圖書公司，頁 3。

118. 林崇宏，1999，造形、設計、藝術，台北，頁 53-56。

119. 黃光雄，1995，教學原理，台北，師大書苑。

二、英文書目

1. Vredevoodg, John D. 1993,〈Excellence by Design〉, Kendall Hunt Publishing Company, Iowa, USA.

2. Stoops, Jack and Samuelson, Jerry, 1990,〈Design Dialogue〉, Davies Publication, Inc. Worcester, Massachusetts, USA.

3. Kim, Min-son, 1991,〈A problem-solving paradigm in action in computer-aided industrial design〉, New York University, New York, USA.

4. Lones, J. Christopher, 1984,〈Essays in Design〉, John Wiley & Sons Ltd., New York, USA.

5. Pirkl, James J. and Babic, Anna L. 1988,〈Guideline and Strategies for Designing Transgenerational Product: An Instructor Manual〉.

6. Cross, Nigel, Christiaans, Henri and Dorst, Kees, 1996,〈Design Activity〉, John Wiley & Sons Ltd. New York. USA.

7. Cross, Nigel, Dorst, Kees, and Roozenburg, Norbert, 1991,〈Research in design thinking, Delft University Press, The Netherlands.

8. Burgess, John H. 1989,〈Human Fuman Factors in Industrial Design〉, TAB Professional and Reference Books, Pennsylvania, USA.

9. Edwards, Dave/Hanks, Kurt and Belliston, Larry, 1977,〈Design yourself〉, TAB Professional and Reference Books, Pennsylvania, USA.

10. Green, Peter, 1974,〈Design Education〉, BT Batsford Limited, London, UK.

11. Frank, Peter, 1987,〈Design Center Stuttgart〉, Landesgewerbeam Baden-Wurttemberg, Mackie, West Germany,

12. Mackie RDI, George, 1986,〈Royal Designers on Design〉, The Design Counil, United Kingdom.

13. Hamilton, Nicola, 1985,〈From Spitfire to Microchip〉, The Design Council, United Kingdom.

14. McDermott, Catherine, 1987, 〈Street Style, British Design in the 80s〉, The Deign Council, United Kingdom.

15. Sembach, Klaus-Jurgen, 1986, 〈Into the Thirties〉, Thames and Hudson Ltd., London, United Kingdom.

16. Sparke, Penny, 1986, 〈Did Britain Make It?〉, The Design Council, United Kingdom.

17. Whiteley, Nigel, 1987, 〈Pop Design:Modernism To Mod〉, The Design Council, United Kingdom.

18. Bernsen, Jens, 1989, 〈Why Design?〉, The Design Council, United Kingdom.

19. Jones, Terry, 1990, 〈Instant Design〉, Architecture Design and Technology Press, United Kingdom.

20. Blake, Avril, 1984, 〈Misha Black〉, The Design Council, United Kingdom.

21. Atkins, Stephen T, 1989, Critical Paths, 〈Design for Secure Travel〉, The Design Council, United Kingtom.

22. Harbison, Robert, 1991, 〈The Built, the Unbuilt and The Unbuildable〉, First MIT Press, Cambridge, MA. USA.

23. Richards, Brian, 1990, 〈Transport in Cities〉, Architecture Design and Technology Press.

24. Hambidge, Jay, 1946, 〈The Elements of Dynamic Symmetry〉, W. W. Norton, New York, USA.

25. Laur, David A. 1979, 〈Design Basics〉, Holt, Rienhart & Winston, New York, USA.

26. Scott, Robert Gillam, 1951, 〈Design Fundamantals〉, Mcgraw-Hill, New York, USA.

27. Taylor, John F. A., 1964, 〈Design and Expression in the Visual Art Dover〉, New York.

28. Nagy Moholy, 1947, 〈Vision in Motion〉, Paul Theobald & Co. Chicago, USA.

29. Mloomer, Carolyn M., 1976, 〈The Principles of Visual Perception〉, Van Nostrand Reihold, New York, USA.

30. Berlo, David K. 1960, 〈The Process of Communication〉, Holt, Reinehart & Winston, New York, USA.

31. Bolian, Polly, 1971, 〈The Language of Communication〉, Franklin Watts Inc. New York, USA.

32. Dreyfuss, Henry, 1972, 〈Symbol Sourcebook〉, McGraw-Hill, New York, USA.

33. Ghyka, Matila, 1964, 〈The Geometry of Art and Life〉, Sheed and Ward, New York, USA.

34. Gibson, James J. 1950, 〈The Perception of the Visual World〉, Houghton Mifflin, Boston, MA. USA.

35. Albers, Josef, 1961, 〈Despite Straight Lines〉, Yale University Press, New Haven, Ct. USA.

36. Beardslee, David C. and Michael Wertheimer, 1958, 〈Readings in Perception〉, Nostrand C. Inc. Princeton, NJ USA.

37. Dember, William N. 1960, 〈The Psychology of Perception〉, Holt, Rinchart & Winston, New York.

38. Wong, Wucius, 1986, 〈Principles of Color Design〉, Van Nostrand Reinhold, New York, USA.

39. Wong, Wucius, 1987, 〈Principles of Two-Dimensional Form〉, Van Nostrnd Reinhold, New York, USA.

40. The Over Look Press, 1988, 〈Raymond Loewy Industrial Design〉, The Over Look Press, New York, USA.

41. Roukes, Nicholas, 1988, 〈Design Synectics〉, Davis Publications, Inc. MA, USA.

42. Rowland, Anna, 1990, 〈Bauhaus Sources Book〉, Van Nostrand Reinhola, New York, USA.

43. Hora, Mies R. 1981, 〈Design Elements〉, The Art Direction Book Company, New York, USA.

44. Bloomer, Carolyn M. 1990, 〈Principles of Visual Perception〉, Design Press, New York, USA.

45. Sausmare Z, Maurice de, 1964, 〈Basic Design: The Dynamics of Visual Form〉, Renhold Publishing Corp. New York, USA.

46. Neuman, Eckhard, 1992, 〈Bauhaus and Bauhaus People〉, Van Nostrand Reinhold, New York, USA.

47. Grand, Luigina De, 1986, 〈Theory and Use of Color〉, Harry H. Abrams Inc., New York, USA.

48. Critchlow, Keith, 1987, 〈Order in Space〉, Thames & Hudson, New York, USA.

49. Lawley, Leslie W. 1965, 〈A Basic Course in Art〉, Boston Book and Art Shop, MA, USA.

50. Nagy, Laszlo Moholy, 1947, 〈Abstract of an Artist〉, George Witenborn, New York, USA.

51. Itten, Johannes, 1987,〈Design & Form〉, Thames Hudson, New York, SA.

52. Donis, Dondis, 1973,〈A Primer of Visual Literacy〉, 1st Ed. MIT Press, Cambridge MA, USA.

53. Fisher, Mary P. & Zelanski, Paul, 1981,〈Shaping Space〉, 1st Holt Rinhart & Winston Inc. FL, USA.

54. Collins, Michael, 1987,〈The Post-Modern Object〉, Academy Group Ltd., London, UK.

55. Larkin, Eugene, 1985,〈The Search for Unity〉, WM. C. Brawn Publisher, Iowa, USA.

56. Farugue, Omar, 1984,〈Graphic Communication As a Design Tool〉, Van Nostrand Reinhola Co. New York, USA

57. Alexander, Christopher, 1970, 〈Notes on the Synthesis of Form〉, Resident & Fellows of Harvard College, London, UK.

58. Lindinger, Herbert, 1990,〈Ulm Design〉, Ernst & Sohn Verlag, Berlin, West Germany.

59. Thiel, Philip, 1983,〈Visual Awareness and Design〉, Univer of Washington Press, Seattle, USA.

60. Arnheim, Rudolf, 1954,〈Art and Visual Perception〉, University of California Press, Los Angeles, USA.

61. Forseth, Kevin, with David Vaughan, 1980, 〈Graphics for Architecture〉, Van Nostrand Reinhold, New York, USA.

62. Doblin, Jay, 1956, 〈A New System for Designess〉, Whitney Publications, new York, USA.

63. Crowe, Norman, and Paul Laseau, 1984, 〈Visual Notes for Architects and Designers〉, Van Nostrand Reinhold, New York, USA.

64. Ballinger, Louise Bowen, 1969, 〈Space and Design〉, Van Nostrand Reinhold, New york, USA.

65. Hanks, Kurt and Larry Belliston, 1980, 〈Draw A Visual Approach to Thinking, learning and Communicating〉, 1st Ed. William Kaufmann, Inc., Los Altos, CA, USA.

66. Bro, Lu 1978, 〈Drawing: A Studio Guide〉, Horton Company, New York, USA.

67. Collier, Graham, 1967, 〈Form, Space and Vision〉, Prentice-Hall, New Jersey , USA.

68. Ocvirk, et al, 1990, 〈Art Fundamentals〉, WM. C. Brown Publishers, IA. USA.

69. Olsen, Shirley A. 1982, 〈Group Planning and Problem Solving Methods in Engineering Management〉, John Wiley and Sons, New York, USA.

70. Collins, Michael, 1987, 〈The post Modern Object〉, Academy Group Ltd., London, UK.

71. Vickers, Graham, 1980, 〈Style in Product Design〉, The Dsign Council London, UK.

72. Jenny Peter, 1980, 〈The Sensual Fundamentals of Design〉, Verlagder Fachvereine an den Sehweizerischen, Eurich, Switzerland.

73. Alexander, Christopher, 1970, 〈Notes on the Synthesis of Form〉, President & Fellows of Harvard College, London, UK.

74. Adams, James 1978, 〈Conceptual Blockbusting〉, Norton & Company, New York, USA.

75. Archer, Bruce L. 1963, 〈Systematic Method for Designers〉, Reprinted from Design, London, UK.

76. Kaufman, A. 1968, 〈The Science of Decision-Making〉, New York, USA.

77. Mager, Robert F. 1962, 〈Preparing Instructional Objectives〉, Fearon Publishers, CA. USA.

78. Vonoech, Roger, 1983, 〈A Whack on the Side of the head〉, Harper & Row, New York, USA.

79. McKn, Robert H. 1980, 〈Experiences in Visual Thinking〉, Pacific Grove, CA USA.

80. Samson, Richard, 1965, 〈The Mind Bulder: A Self-Teaching Guide to Creative Thinking and Analysis〉, Dutton & Co. New York, USA.

81. Pearce, Peter and Pearce Susan, 1978, 〈Polyhedra Primer〉, Van Nostrand, New York, USA.

82. Pearce, Peter, 1978, 〈Structure in Nature is a Strategy for Design〉, Combridge, MA The Hit Press, USA.

83. Hemmessey, James and Victor Papanek, 1973, 〈Nomadic Furniture〉, Pantheon Books, New York.

84. Cross, Nigel, Christiaans Henri, Dorst Kees, 1996, 〈Analysing Design Activity〉, John Wiley & New York, USA.

85. Baxter, Mike, 1995, 〈Product Design〉, Chapman & Hall, London, UK.

86. Buchanan, Richard and Margolin, Victor, 1995, 〈Discovering Design〉, The University of Chicago Press, Chicago, USA.

87. Cooper, Rachel and Press Mike, 1995, 〈The Design Agenda〉, John Wiley & Sons, New York, USA.

88. Kress, Gunther and Leeuwen, Theo van, 1996, 〈Reading Images The Grammar of Visual design〉, Routledge Cor, New York, USA.

89. Chriselin, Brewster, 1952, 〈The Creative Process A Symposium〉, University of California Press, Berkeley CA, USA.

90. Margolin, Victor and Buchanan, Richard 1995, 〈The Idea of Design/A Design Issues Reader〉, The MIT Press, Cambridge, MA, USA.

91. Rowe, Peter G. 1991, 〈Design Thinking〉, The MIT Press, Cambridge, MA, USA.

92. Meador, Roy and Woolston, Donald C. 1934, 〈Creative Thinking Problem Solving〉, 1st Ed. Lewis Publishers, Inc. Michigan, USA.

93. Kim, Steven H. 1990, 〈Essence of Creativity〉, Oxford University Press, New York, USA.

94. Gilhooly, K.J. 1996, 〈Thinking, Diredted, undirected and creative〉, Academic Press Harcourt Brace & Company, New York, USA.

95. Lupton, Ellen and Miller, Abbott, 1993, 〈The bauhaus and Design theory〉 1st Ed. Thames and Hudson, New York, USA.

96. Ernst, Bruno, 1986, 〈Optical Illusions〉, Benedikt Taschen Verlag, Germany.

97. Pearce, Susan and Pearce, Peter, 1980, 〈Experiments in Form〉, Van Nostrand Reinhold Com. Ontario, Canada.

98. Wick, R. K., 2000, Teaching at the Bauhaus, Hatje Cantz Verlag, Germany, pp.15.

99. Hannah, G. G., (2002) Elements of Design, New York: Princeton Architectural Press, pp.42.

三、翻譯書籍

1. 大智浩等四人合著,蘇茂生譯,1971,《工業設計製品預想圖》,台北,大陸書店。

2. John Zeisel 著,關華山譯,1996,《研究與設計》,台北,田園城市文化出版。

3. Willian J. Mitchell 著,劉育東譯,1995,《建築的設計思考》,台北,胡氏圖書出版社。

4. Willian H. Cushman 著,蔡登傳、宋同正合譯,1996,《產品設計的人因工程》,初版,台北,六合出版社。

5. Bruno Munari 著,曾堉、洪進丁譯,1996,《物生物》,台北,博遠圖書公司。

6. 基提恩著,劉英譯,1977,《時空與建築》,台北,銀來圖書公司。

7. 榮久 Þ 司著,楊靜、賴屏珠譯,1989,《設計鑑賞》,台北,六合出版社。

8. N.F.M. Roozenburg 著,張建成譯,1995 ,《產品設計——設計基礎和方法論》,台北,六合出版社。

9. 高橋正人著,許和捷、康敏嵐審訂,1994,《視覺設計概論》,台北,藝風堂出版社。

10. Norman W. Heimstra & Leseie H. Mofoling 著,王錦堂譯,1985,《環境心理學》,台北,茂榮圖書公司。

11. Read Herbert 著,呂 § 和譯,1975,《形象與觀念》 ,台北,雄獅圖書公司。

12. Robert Sommer 著,黃健敏等譯,1976,《建築設計＋環境心理》,台北,北屋出版事業。

13. Rudolf Anheim 著,郭小平、翟燦譯,1990,《藝術心理學新論》,台北,台灣商務印書館。

14. 大智浩著，陳堯岡譯，1983，《設計的色彩計劃》，台北，大陸書店。

15. Edward T. Hall 著，關紹箕譯，1973 ，《隱藏的空間》，台北，三山出版社。

16. 藤英昭著，林品章譯，1990，《平面構成》，台北，六合出版社。

17. P. Roe, G. N. Soulis, V. K. Handa 著，漢寶德譯，1988，《合理的設計原則》，台北，境與象出版社。

18. 勝井三雄，神田昭夫，廣橋桂子著，林品章譯，1995，《Visual Design》，台北，龍溪圖書公司。

19. Kurt Rowland 著，柯志偉譯，1991，《我們所需要的造形》，台北，六合出版社。

20. Wassily Kandinsky 著，吳瑪琍譯，1985，《點線面》，台北，藝術家出版社。

21. Wassily Kandinsky 著，吳瑪琍譯，1985，《藝術的精神 © 》，台北，藝術家出版社。

22. Wassily Kandinsky 著，吳瑪琍譯，1985，《藝術與藝術家論》，台北，藝術家出版社。

23. Rudolf Arnheim 原著，李長俊譯，1987，《藝術與視覺心理學新論》，台北，雄獅圖書公司。

24. 大智浩著，王秀雄譯，1968，《美術設計的基礎》，台北，大陸書店。

25. Penny Sparke 著，李玉龍、張建成合譯，1993，《The New Design Source Book 》，台北，六合出版社。

26. Ludwig Hilberseimer、Kurt Rowland 著，劉其偉譯，1982 ，《近代建築藝術源流》，台北，六合出版社。

27. 日本建築學會著，王錦堂譯，1972，《設計方法》，台北，遠東圖書公司。

28. Robin Landa，1996，《平面設計的成功之鑰》，台北，六合出版社。

29. 佐口七朗著，李新富審訂，1990，《圖案設計》，台北，藝風堂出版社。

30. Nicholas Roukes 著，呂靜修譯，1995，《設計的表現形式》，台北，六合出版社。

31. 小林重順著，丘永福譯，1991，《造形構成心理》，台北，藝風堂出版社。

32. 高橋正下原著，曾炳南、賴瓊琦校訂，曾劍峰譯，1987，《平面設計的基礎》，台北，大陸書店。

33. Benedotto Croce 著，正中書局編審委員，1947，《美學原理》，台北，正中書局。

34. 瓦倫汀著，潘彪譯，1991，《實驗審美心理學—音樂詩歌篇》，台北，商鼎文化出版社。

35. Bruno Zevi 著，張似贊譯，1994，《建築空間論》，台北，博遠出版公司。

36. 朝倉直巳原著，呂清夫譯，1993，《藝術、設計的平面構成》，台北，北星圖書公司。

37. 朝倉直巳原著，朱柄樹、洪嘉永、林品章合譯，1994，《藝術設計的立體構成》，台北，龍溪圖書公司。

38. 馬場雄二著，王秀雄譯，1968，《美術設計的點線面》，台北，台隆書店。

39. Michael Cannell 著，蕭美惠譯，1996，《Mandarn of Modernism》，台北，智庫股份公司。

40. Herbert Read 著，李長俊譯，1982，《現代雕塑史》，台北，大陸書店。

41. Charles Wallschlaeger, Cynthia Busic-Snyder 著，張建成譯，Basic Visual Concepts & Principles，1996，《設計基礎》，台北，六合出版社。

42. Berhard E. Burdek 著，胡佑宗譯，1996，《工業設計之產品造型歷史、理論及實務》，台北，亞太圖書公司。

43. W. Tatar Kiewicz 著，劉文潭譯，1981，《西洋古代美學》，台北，聯經出版事業公司。

44. 朝倉直巳著，廖偉強譯，1993，《紙的立體構成與設計》，台北，大陸書店。

45. Henri Focillon 著，吳玉成譯，1995，《The Life of Forms in Art》，高雄，炎黃藝術股份有限公司。

46. marc Jimenez 著，欒棟、關寶艷譯，1990，《Art, ideologie et theorie de I'art》，台北，遠流出版社。

47. Denis Huisman 著，欒棟、關寶艷譯，1990，《Esthetique》，台北，遠流出版社。

48. N. F. M. Roozenburg, J. Eekels 著，張建成譯，1995，《產品設計》，台北，六合出版社。

49. Herbert Marcuse 著，陳昭英譯，1987，《美學的面向、藝術與革命》，台北，南方叢書出版社。

50. Kurt Rowland 著，王梅珍譯，1989，《形態的發展》，台北，六合出版社。

51. Elliot, W. Eisner 著，郭禎祥譯，1991，《Educating Artistic Vision》，台北，文景書局。

52. 克里斯提安·哥爾哈爾著，吳瑪俐譯，1991，《保羅克利》，台北，藝術家出版社。

53. Wallschlaeger, C & Busic-Snyder, C. 原著，張建成譯（1998），Basic Visual Concepts and Principles，六合出版社，台北，P.10。

四、中文期刊

1. 黃衍明，1997，《基本設計之基礎認識》，1997 基本設計研討會。

2. 林品章，1997，《使用「線」的造形發展研究》，1997 基本設計研討會。

3. 杜瑞澤、吳梵，1997，《基礎設計之教學原理與方法探索》，1997 基本設計研討會。

4. 呂薇，1997，《單元與組合之關聯研究》，1997 基本設計研討會。

5. 林品章、蘇文清，1997，《使用重疊法的造形研究》，1997 基本設計研討會。

6. 林崇宏，1997，《基本設計教育課程的規劃理論與方法》，1997 基本設計研討會。

7. 林崇宏，1997，《平面造形設計方法研究》，1997 基本設計研討會。

8. 許鳳火、陳坤淼，1997，《以學生能力目標為導向的產品設計》，1997 基本設計研討會。

9. 官政能、邊宛茹、鄧建國，1997，《設計基礎課程之案例觀摩與規劃省思》，1997 基本設計研討會。

10. 楊敏芝，1997，《象徵類似法運用於基本設計教學之研究》，1997 基本設計研討會。

11. 林崇宏，1997，《造形異象理念應用於傢具設計之理論探討》，設計：教育、文化、科技，中華民國設計學會第二屆研究成果論文研討會。

12. 林崇宏，1997，《中國哲理思想應用於產品設計之理論與實案研究》，設計：教育、文化、科技，中華民國設計學會第二屆研究成果論文研討會。

13. 傅銘傳、林品章，1997，《對稱在造形活中之研究》，設計：教育、文化、科技，中華民國設計學會第二屆研究成果論文研討會。

14. 王文雄、楊裕富，1997，《符號學在視覺傳達上的運用》，設計：教育、文化、科技，中華民國設計學會第二屆研究成果論文研討會。

15. 黃琡雅、嚴貞，1997，《造形特徵之心理意象分析》，設計：教育、文化、科技，中華民國設計學會第二屆研究成果論文研討會。

16. 王月琴、莊明振，1997，《國家形象設計視覺識別符號》，設計：教育、文化、科技，中華民國設計學會第二屆研究成果論文研討會。

17. 余耀明，1997，《設計在科技教育的教學模式》，設計：教育、文化、科技，中華民國設計學會第二屆研究成果論文研討會。

18. 張宗祐、陳國祥，1997，《產品造形風格辨識之探討》，設計：教育、文化、科技，中華民國設計學會第二屆研究成果論文研討會。

19. 陳建志，1997，《專科技職教育實務化教學探討與實例》，設計：教育、文化、科技，中華民國設計學會第二屆研究成果論文研討會。

20. 林崇宏，1996，《造形中的反覆形式原理圖形變化研究》，設計：教育、文化、科技，中華民國設計學會第二屆研究論文研討會。

21. 林崇宏，1995，《設計訊息之傳達研究》，東海學報，第 36 卷。

22. 林崇宏，1995，《公式化造形法則理論應用於產品造形設計之探討》，工業設計，第 24 卷，第二期。

23. 林崇宏，1996，《平面設計造形研究》，工業設計雜誌，第 25 卷，第二期。

24. 楊裕富，1993，《基本設計在設計教育中角色探討》，工業設計技術暨學術研討會，雲林，國立雲林技術學院。

25. 陳建志，1995，《為所有使用者設計的理念—設計的新方向》，工業設計，第 24 卷，第三期，台北，明志工專。

26. 陳振甫，1996，《造形理論與工業設計教學上之階段 © 應用》，工業設計，第 25 卷，第一期，台北，明志工專。

27. 王鴻祥，1993，《工業設計的生態觀》，工業設計，第 27 卷，第一期，台北，明志工專。

28. 官政能，1993，《產品概念設計之意義與應用》，工業設計，第 22 卷，第一期，台北，明志工專。

29. 陳振甫，1993，《設計教育理念之探討》，工業設計，第 22 卷，第二期，台北，明志工專。

30. 陳振甫，1993，《創造力與視覺化之實現－基本產品設計課程之教學探討》，工業設計，第 22 卷，第二期，台北，明志工專。

31. 黃室苗，1993，《產品語意學及其在設計上之應用》，工業設計，第 22 卷，第二期，台北，明志工專。

32. 李薦宏，1996，《日本創造力培養和生活工業整合之探討》，台北技術學院學報，第 29 期之二，台北，國立台北科技大學。

33. 王鴻祥，1996，《設計思考》，工業設計，第 25 卷，第二期，台北，明志工專。

34. 林漢裕，1996，《用設計來解讀設計》，工業設計，第 25 卷，第二期，台北，明志工專。

35. 林盛宏，1987，《隱喻類比法在產品造形發展上的應用》，工業設計雜誌，第 16 卷，第二期。

36. 張寶明，1992，《產器造形活。的外表與實貌》，工業設計雜誌，第 20 卷，第一期，台北，明志工專。

37. 陳國祥，1988，《基礎設計課程教案之設計與規劃》，技術與教學研討會，明志工專。

38. 黃室苗，1993，《象徵意義的衝突》，工業設計，第 22 卷。

39. 林銘煌，1992，《產品語意學，一個三角關係和四個設計理論》，工業設計雜誌，第 21 卷，第二期，台北，明志工專。

40. 陳國祥，1988，《基礎設計課程教案之設計與規劃》，77 年技術與教學研討會論文集。

41. 楊英風，1995，《中國造形語言探討》，1995 年基礎形學會年會暨學術發表會，台北，國立台灣工業技術學院。

42. 編輯部，1995，《美育》，第六十二期，國立台灣藝術教育館。

43. 楊清田，1996，《簡論「造形形式的原因」》，國立台灣藝術學院藝術學報，第 56 期。

44. 楊清田，1994，《造形的意義內涵與形成之研究》，國立台灣藝術學院藝術學報，第 55 期。

45. 川崎和男、吳江山譯，1990，《設計教育之提案》，設計簡訊，全面提昇工業設計能力北區中心。

46. 鄭傳儒，1996，《德國設計教育整合策略與課程架構》，第一屆研究成果論文研討會論文集，中華民國設計學會。

47. 林品章，1985，《談設計的基礎—造形教育》，美育，第 62 期，台北，國立台灣藝術教育館。

48. 趙鴻哲、游萬來，1996，《產器設計的造形文法模式研究》，第一屆研究成果論文研究會、論文集，中華民國設計學會。

49. 陳光大，1995，《構成與現代科技》，藝術家報誌，第二四一期。

50. 黃世輝，1996，《從產品設計到社區設計—台灣社區總體營造的發展與方法》，台灣手工藝，第六十期。

51. 王世榮，1992，《現代家具設計研討會》，台灣手工業，第四十三期。

52. 柯鴻圖，1994，《紙與創作》，台灣手工業，第四十九期。

53. 王慶臺，1996，《台灣雕塑史的過往》，台灣美術，第八卷，第三期。

54. 趙雅博，1995，《東方哲人論醜（三）》，台灣美術，第七卷，第三期。

55. 趙雅博，1995，《東方哲人論醜（一）》，台灣美術，第六卷，第四期。

56. 杜瑞澤，吳梵，1997，《基礎設計之教學原理與方法探索》，1997 基本設計研討會。

57. 廖武藏，1997，《技職體系大專院校工業設計科系學生造形能力訓練的重要之研究》，97 海峽兩岸暨國際工業設計研討會論文集，台北，台北科技大學。

58. 吳千華‧劉人誠，1997，《我國「基本設計」教育之探討》，97 海峽兩岸暨國際工業設計研討會論文集，台北，台北科技大學。

59. 杜瑞澤 ，1997，《產品設計開發之互。 式多媒體電腦輔助教學系統研究》，97 海峽兩岸暨國際工業設計研討會論文集，台北，台北科技大學。

60. 陳振甫 ，1997，《實務化設教學與企業設計開發程序之互。 關係研究》，97 海峽兩岸暨國際工業設計研討會論文集，台北，台北科技大學。

61. 葉晉利 ，1997，《設計基礎課程—造形構成設計教學方法之研究》，97 海峽兩岸暨國際工業設計研討會論文集，台北，台北科技大學。

62. 李薦宏 ，1997，《從視感到超常識探討設計思維》，97 海峽兩岸暨國際工業設計研討會論文集，台北，台北科技大學。

63. 林崇宏（2004），基礎設計教學中的造形創意訓練課題研究，第九屆中華民國民國設計學會設計學術研討會，成功大學，頁 43。

64. 劉國余，2005，設計創新能力的培育－工業設計教學中造型基礎設計課教學隨想，2005 亞洲基礎造型聯合學會上海年會，中國上海，頁 138。

65. 潘祖平，2005，基礎造形教育與研究，2005 亞洲基礎造型聯合學會上海年會，中國上海，頁 146。

66. 張桂宜及高德榮，2005，基礎造形與設計教育，2005 亞洲基礎造型聯合學會上海年會，中國上海，頁 142-143。

五、英文期刊

1. Crinnion, John. A role for Prototyping in information systems design methodology, ＜ Design Study ＞ , Vol.10 No 3, July 1989.

2. Cagdas, Gulen. A shape grammar model for designing, ＜ Design Study ＞ , Vol.17 No 1, January 1996.

3. Eckersley, Michael, The form of design processes: a Protocol analysis study, ＜ Design Study ＞ , Vol.9 No 2, April 1988.

4. Hasdogan, Gulay. The role of user models in product design for assessment of user needs, ＜ Design Study ＞ , Vol.17 No 1, January 1996.

5. Liu, Yu-Tung. Some Phenomena of seeing shapes in design, ＜ Design Study ＞ , Vol.16 No 3, July 1995.

6. Baynes, Ken and Roberts, Phil. Design education: the basic issues, ＜ Design education ＞ , Vol.5, 1984.

7. Adams, Eileen. Local curriculum Development an environment education, ＜ Design education ＞ , Vol.5, 1984.

8. Sale, R.C. Curriculum development in design at further education level, ＜ Design education ＞ , Vol.5, 1984.

9. Daley, Janet. Design creativity and the understanding of objects, ＜ Design theory and practice ＞ , Vol.3, 1984.

10. Walsh, Vivien. Plastics products: successful firms and good design, ＜ Design and industry ＞ , Vol.2, 1984.

11. Klaus Krippendorff, Design Is making sense of Things, ＜ Design Issues ＞ , Volume 5, No. 2, 1989.

12. Richard Walthers, A User-Based Design, ＜ Innovation IDSA ＞ , Fall 1990.

13. Ann C. Tyler, Shaping Belief: The Role of Audience in Visual Communication, ＜ Design Issues ＞ , Volume 6, Number 1 Fall 1992.

14. Sergio Correa de Jesus, Environmental Communication: Design and Planning for Wayfinding, ＜ Design Issues ＞ , Volume 10, Number 3, Autumn 1994.

15. David Andrews, Principles of Project evaluation, ＜ The Conference of the Design Research Society and the Design Council ＞ , Volume 4.

16. Huang，S. T., (1998), The Meanings of Design and Aesthetics in the Modernization of Crafts in Taiwan, Third Asia Design Conference China-Japan-Korea Design Symposium, vol. (1), pp.87-92.

提供作品的學生名單

李泓岑	石　涵	林亞農	薛青芳	李秀美	呂探筠	劉燕怡	張琪樺	林宜靜	許芸臻
陳奕安	江昊臻	王筱涵	林詩寒	吳慧倫	黃美心	黃羽襄	陳毓婷	陳羿賢	陳冠亨
謝冠仁	陳美吟	葉子漪	劉景文	王旨悅	戴育儒	羅健彰	徐　藝	劉喬宇	陶　濤
江宜衿	郭敏君	康靜媛	吳玉秋	施昕屏	鍾煜婷	莊玉娟	李芳妮	謝佳妤	柯惠珊
林杏香	蔡亞妮	潘聰聰	潘怡臻	陳盈吟	曹紘齊	黃佳真	吳鈺珏	林尚民	陳菊真
梁晏瑜	陳彥彰	邱　仲	徐　筱	胡庭宜	周沛萱	陳睿林	林　俐	紀彥宇	唐心悅
劉育琪	劉晴晴	蔡錦鄉	林培淳	蕭順源	顏意霖	黃紫庭	許卉璇	王俊揚	陳雲翰
周芷瑩	朱璧伊	莊沛芳	陳昆葦	蘇郁淇	林芊妤	黃士庭	沙夢潔	葉　澄	何姿蓉
溫添洧	黃思瑜	吳美儒	蕭雨潔	王瀅筑	蔡盈玟	林鈺潔	羅敏慈	郭綺雯	林慧語
鄭明蕙	江佩蓁	李昀叡	郭晉宇	魏嘉筠	曾勇翔	李子明	劉欣宜	曾于珊	蘇怡靜
陳妍禎	梁儷馨	鍾玟光	唐于婷	褚唯君	高淨雯	許祐禎	林煒程	謝健生	陳品甄
應露飛	王璐莎	朱俊玥	姚思綺	舒佳佳	梁育茹	郭靜茹	黃慈映	李靜誼	葉子謙
吳欣樺	邱筱蕙	王唯任	張恩慈	王少甫	黃俊凱	蘇妤芳	江琭容	謝芳宜	劉怡蓁
邱佳德	梁慈晏	莊豐穗	黃姵元	吳翊慈	林妤臻	陳怡廷	黃曉螢	謝　宣	胡　韻
胡哲瑋	沈麗婷	樊怡辰	陳艾暐	林政穎	王冠茹	施孟辰	閻欣琳	歐庭華	黃婉琦
李翊琳	吳昀樵	蘇健維	戴雲翔	黃士庭	陳訢傳	姚思綺	柯孟君	于安如	羅吟依
朱柏丞	楊鎮愷	吳珮瑤	王懷斌	孫鵬儒	林尚民	鐘煜婷	林湘霓	李宜旂	褚唯君
朱韻婷	余承翰	曾天翠	楊雅琳	張婷婷	官珊羽	劉珈君	蔡旻容	王偉益	江振玉
黃立瑜	呂季蓉	徐裕鈞	王商琦	劉　彤	邵　慧	陳佳麗	朱　玲	柯惠珊	蒲瑞朵
蔡薇琪	黃顗庭	李佳瑾	陳艾暐	陳怡廷	楊鎮愷	林政穎	邱筱蕙	吳欣樺	郭靜茹
歐庭華	柯孟君	梁慈晏	李翊琳	蘇妤芳	黃姵元	葉子謙	王少甫	吳翊慈	謝芳宜
黃慈映	王唯任	江振玉	林湘霓	余承翰	劉思吟	楊雅琳	蒲瑞朵	劉珈君	王瑋益
邵　慧	張簡師惠	唐賴聭妮							

國家圖書館出版品預行編目（CIP）資料

設計基礎原理：平面造形與構成 / 林崇宏 著.
-- 一版. -- 新北市：全華圖書, 民105.03
　　面；　公分
　　ISBN 978-986-463-163-6（平裝）

1. 平面設計

964　　　　　　　　　　　　　105002821

設計基礎原理：平面造形與構成

作　　者　林崇宏
發 行 人　陳本源
執行編輯　楊雯卉
封面設計　蕭暄蓉
出 版 者　全華圖書股份有限公司
郵政帳號　0100836-1號
印 刷 者　宏懋打字印刷股份有限公司
圖書編號　08166
初版一刷　2016年4月
定　　價　580元
I S B N　978-986-463-163-6
全華圖書　www.chwa.com.tw
全華科技網 Open Tech / www.opentech.com.tw
若您對書籍內容、排版印刷有任何問題，歡迎來信指導book@chwa.com.tw

臺北總公司（北區營業處）
地址：23671新北市土城區忠義路21號
電話：(02) 2262-5666
傳真：(02) 6637-3695、6637-3696

南區營業處
地址：80769高雄市三民區應安街12號
電話：(07) 381-1377
傳真：(07) 862-5562

中區營業處
地址：40256臺中市南區樹義一巷26號
電話：(04) 2261-8485
傳真：(04) 3600-9806